101 CAMPOS DE GOLF

101 CAMPOS DE GOLF

Un recorrido por los campos de golf más espectaculares del mundo

Geoffrey Giles

Bath · New York · Singapore · Hong Kong · Cologne · Delhi · Melbourne

Copyright © Parragon Books Ltd

Creación y producción: JOLLANDS EDITIONS
Diseño: JC LANAWAY
Mapas de los campos: COMPARE INFOBASE LIMITED

Copyright © 2009 de la edición española
Parragon Books Ltd
Queen Street House
4 Queen Street
Bath BA1 1HE, Reino Unido

Traducción del inglés: Laura Bartolomé para Equipo
de Edición, S.L., Barcelona
Redacción y maquetación: Equipo de Edición, S.L.

ISBN 978-1-4075-6238-4

Impreso en China / Printed in China

DETALLES PRÁCTICOS

La mayoría de los campos de este libro aceptan jugadores visitantes, con la excepción de algunos clubes privados, la mayoría de ellos de Estados Unidos y Canadá. Los campos de competición más conocidos se ven abrumados por la gran cantidad de solicitudes para jugar en ellos, así que es recomendable realizar las reservas con bastante antelación. Las webs de los clubes suelen ofrecer detalles sobre los green-fees, la disponibilidad, las restricciones de handicap, los códigos de indumentaria y la necesidad o no de una carta de presentación. Muchos ofrecen la posibilidad de reservar horas por Internet.

Las fichas de los campos muestran las longitudes de los hoyos desde los tees más atrasados o de campeonato vigentes al cierre de esta edición. Hay que tener en cuenta que, en un torneo, lo que para los socios es un par 5 corto, para los profesionales a veces se transforma en un par 4 largo. Los clubes construyen a menudo tees nuevos o cambian las dimensiones del campo, así que las distancias aquí descritas deben considerarse sólo indicativas.
Se ha hecho todo lo posible por comprobar la veracidad de todos los datos. Aun así, el editor agradecerá cualquier corrección para futuras ediciones.

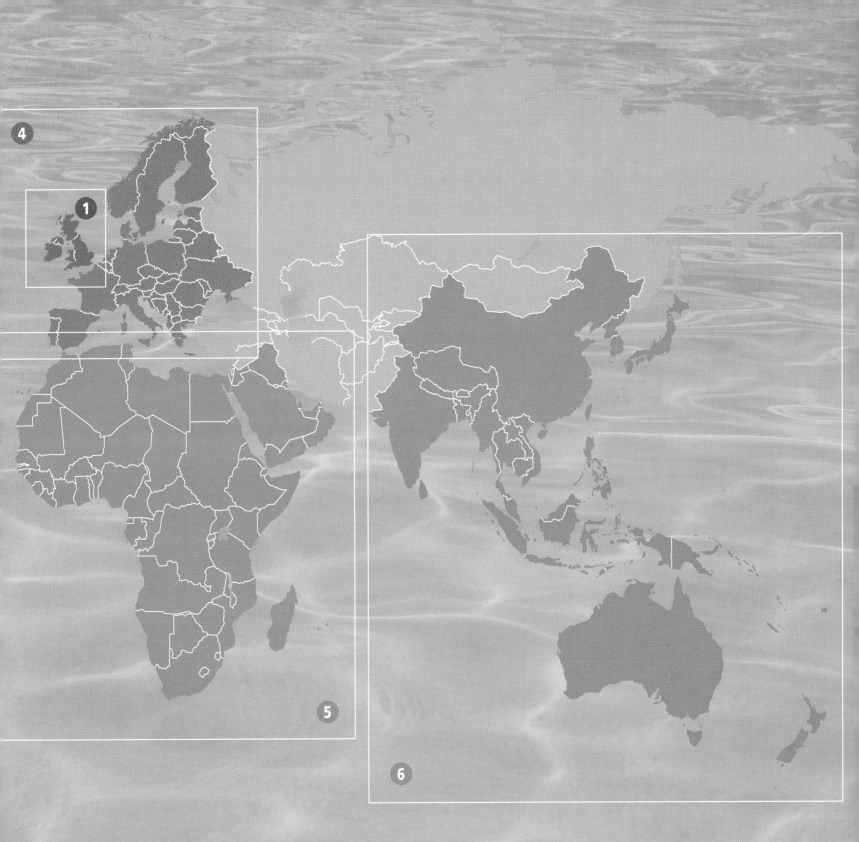

Contenido

▶▶▶ Introducción

Robert Trent Jones, el gran diseñador de campos de golf norteamericano nacido en Inglaterra, escribió: «El primer diseñador de campos de golf fue, por supuesto, el Señor, y desde entonces no ha habido ninguno mejor». Los primeros golfistas de Escocia y los Países Bajos jugaron a golf en tramos relativamente indefinidos de terreno en los que, casualmente, también vivían. No existía nada parecido a un campo de golf arquetípico. De hecho, aunque algunos elementos de los campos se han unificado, aún no existe un modelo de campo de golf estándar.

Los escoceses se convirtieron en la influencia principal del golf cuando la Honourable Company of Edinburgh Golfers estableció la primera reglamentación en 1974. En 1754, veintidós «nobles y caballeros» se reunieron en St. Andrews para formar el Royal and Ancient Golf Club of St. Andrews (R&A) y los recién llegados iban ganándose el ascenso gradualmente. Sus reglas se ocupaban sobre todo de las situaciones que podían producirse en el transcurso de un partido; eran las normas del match play. Los golfistas jugaban uno contra el otro, no contra el campo. El medal play hubiese sido impensable, porque el número de hoyos por campo varió hasta que St. Andrews, que había reducido su

ARRIBA *El hogar espiritual del golf, St. Andrews. El R&A no es propietario de los campos de golf. El Old Course es uno de los muchos que gestiona Links Management Trust en beneficio de la ciudad. Los visitantes pueden reservar por Internet, por correo o por teléfono con mucha antelación, aprovechar los paquetes de golf de las agencias de viajes o probar suerte en los sorteos diarios.*

ABAJO *Royal County Down, creado originalmente por Old Tom Morris hace más de cien años.*

campo hasta un recorrido de 18 hoyos, estandarizó este número para una vuelta de golf en 1858.

A mediados del siglo XIX se empezaron a «diseñar» campos de golf. Los grandes jugadores de la época eran requeridos para crear los «links» de los nuevos clubes. Dichos jugadores eran escoceses en su totalidad y jugaban en campos links de Escocia, en esos tramos de tierra yerma y arenosa entre la playa y la ciudad o las granjas. Inevitablemente, esos hombres intentaron reproducir los elementos que distinguían a sus campos. Trataron de ubicar los greenes en hondonadas que se regasen solas con el rocío o en montículos y lomas para experimentar la técnica. La arena levantada por las ovejas o la erosión natural se habían convertido en características comunes de los links y fueron reproducidas con los primeros búnkeres.

Los diseñadores de campos de golf actuales son maestros artesanos y están haciendo lo que Allan Robertson, Tom Morris y Willie Park hicieron un siglo y medio atrás. Ahora tienen las ventajas del diseño por ordenador, máquinas para mover la tierra, ingenieros y protectores del medio ambiente. Dadas las restricciones desde el punto de vista ecológico y las fatales consecuencias que puede comportar el más mínimo error, debería alegrarnos que los mejores jugadores de hoy estén dispuestos a emular a Robertson, Morris y Park.

ARRIBA *Cape Kidnappers, en Nueva Zelanda, un ejemplo del trabajo del diseñador norteamericano Tom Doak. Doak tiene un talento increíble para lograr ubicaciones impresionantes para los greenes y mantener al golfista pensando hasta embocar su último putt.*

PÁGINAS SIGUIENTES
Los montículos y las hondonadas del Old Course, en St. Andrews. Las calles irregulares ofrecen todo tipo de lies y stances distintos, y abundantes búnkeres a menudo presentes en los lugares más inesperados.

▶▶▶ Campos 1-27

ESCOCIA
1 St. Andrews (Old), Fife
2 Boat of Garten, Condado de Inverness
3 Carnoustie, Angus
4 Gleneagles, Perthshire
5 Kingsbarns, Fife
6 Loch Lomond, Dunbartonshire
7 Muirfield, East Lothian
8 Royal Dornoch, Sutherland
9 Royal Troon, Ayrshire
10 Turnberry, Ayrshire

INGLATERRA
11 The Belfry, Warwickshire
12 Ganton, Yorkshire
13 Royal Birkdale, Merseyside
14 Royal Liverpool, Cheshire
15 Royal Lytham & St. Annes, Lancashire
16 Royal St. George's, Kent
17 Sunningdale, Surrey
18 Wentworth, Surrey
19 Woodhall Spa, Lincolnshire

GALES
20 Celtic Manor, Gwent
21 Pennard, West Glamorgan

IRLANDA DEL NORTE
22 Royal County Down, Condado de Down
23 Royal Portrush, Condado de Antrim

REPÚBLICA DE IRLANDA
24 Ballybunion, Condado de Kerry
25 The K Club, Condado de Kildare
26 Lahinch, Condado de Clare
27 Old Head, Condado de Cork

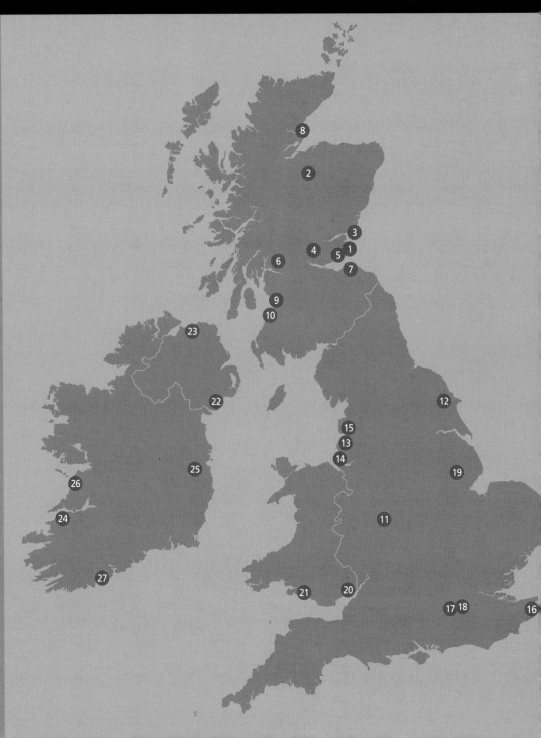

▶▶▶ Gran Bretaña e Irlanda

Escocia es la cuna del golf. Este deporte se disfruta allí desde la Edad Media, y existen documentos que demuestran que los escoceses de la corte de Jaime I de Inglaterra (Jaime VI de Escocia) ya jugaban a golf en Blackheath, Inglaterra, en 1608. Sin embargo, en las islas británicas hay que valorar el golf por los campos actuales, de los que se cuentan unos tres mil.

Algunos son históricos, como el Old Course de St. Andrews, el Royal Liverpool o el Royal County Down. Pero es la calidad de los campos que no forman parte de los 10 mejores la que ilustra el poderío de los campos de golf del Reino Unido e Irlanda.

En ningún otro lugar del mundo se encuentran tantos y tan buenos campos links y de monte. Pero también hay muchos otros terrenos donde elegir: los de roca caliza, los pantanosos, los páramos y las ancestrales extensiones verdes con arboledas. La mayor parte de estos campos son obra de los grandes arquitectos de la Edad de Oro como Harry Colt, Alister McKenzie, Herbert Fowler, George Abercromby y Tom Simpson, aunque los mejores arquitectos contemporáneos no se han quedado atrás.

St. Andrews

St. Andrews

Old Course, St. Andrews, Fife, Escocia

St. Andrews es la ciudad del golf por excelencia. Al fin y al cabo, se trata de la cuna de este deporte, que se practica allí desde el siglo xv. Con vistas al Old Course se levanta el Royal and Ancient Golf Club (R&A), relativamente nuevo en comparación porque se fundó en 1754. En la actualidad, el R&A regula la práctica de este deporte en todo el mundo con la excepción de Norteamérica. Cada cinco años celebra su Open Championship (u Open Británico, como se conoce en el mundo del golf) en el Old Course, un campo que ha visto proclamarse campeones a jugadores del calibre de Tiger Woods, Jack Nicklaus, Severiano Ballesteros y Nick Faldo en tiempos recientes, y James Braid y Bob Jones en el pasado.

Jones fue uno de los muchos golfistas que comprendieron que se necesita tiempo para apreciar las sutilezas del Old Course. Hay montículos y hondonadas por doquier; cientos de búnkeres, muchos en los lugares más insólitos y algunos, como Hell, Strath, Hill o Road, capaces de aterrorizar a los mejores golfistas; greenes grandes y ondulados, de los que todos –excepto cuatro– son dobles y están compartidos por hoyos que se juegan en direcciones opuestas. Todo ello unido a la gran riqueza histórica que rezuma de cada brizna de hierba, ya que todos los grandes han jugado aquí y los habitantes de St. Andrews pueden contar historias increíbles sobre proezas y catástrofes acaecidas en cualquier punto del campo. Quien visite por primera vez el Old Course hará bien en contratar los servicios de un buen caddie local, no sólo para desentrañar los misterios del campo, sino también para descubrir algunas de sus muchas leyendas.

BOBBY JONES Y ST. ANDREWS

Por extraño que parezca, a Bobby Jones no le hizo ninguna gracia el Old Course en su primera visita, e incluso hizo trizas su tarjeta durante la celebración del Open de 1921. Sin embargo, cuando lo conoció mejor acabó amándolo y llegó a afirmar: «En mi vida podría prescindir de todo excepto de mi experiencia en St. Andrews, y aun así mi vida seguiría siendo fructífera y completa». Fue en el Old Course, en 1930, donde Jones ganó el Amateur Championship, derrotando a Roger Wethered por 7 y 6. En ese excepcional año, Jones también ganó el US Amateur en el Merion, el US Open en el Interlachen y el Open Británico en el Royal Liverpool, una hazaña difícilmente repetible que hoy se conoce como «el cuadrilátero inexpugnable». Al final de esta temporada, Jones, con 28 años, se retiró del golf de competición para concentrarse en su carrera como abogado.

FICHA DEL CAMPO

Hoyo	Distancia (metros)	Par
1	344	4
2	414	4
3	363	4
4	439	4
5	519	5
6	376	4
7	357	4
8	160	3
9	322	4
Ida	**3.294**	**36**
10	347	4
11	159	3
12	318	4
13	425	4
14	565	5
15	417	4
16	387	4
17	416	4
18	326	4
Vuelta	**3.360**	**36**
Total	**6.654**	**72**

IZQUIERDA *Una de las imágenes más famosas del golf: la vista de la casa-club del R&A sobre el puente Swilcan.*

ABAJO DERECHA *El búnker Road es uno de los más temidos del Old Course. Muchos grandes jugadores prefieren terminar con un bogey antes que arriesgarse a no poder escapar de sus garras.*

Tras los pasos de los mejores

No hay drive más simple que el del hoyo 1 del Old Course, al menos así sería si estuviese en cualquier otro lugar que no fuera justo delante de la casa-club del R&A. El hoyo se extiende por una amplia calle compartida con el 18 y no hay búnkeres. Sin embargo, hay que superar el serpenteante arroyo Swilcan para llegar al green. Luego el campo adopta la forma del cayado de un pastor hasta el estuario de Eden, dibujando una curva antes de volver sobre sus pasos junto a los hoyos de ida por calles y greenes amplios y compartidos. El espacio, que parece invitar a un drive desinhibido y a un juego de approach atrevido, resulta engañoso. El ingenio de las defensas de este campo es tal que la forma de jugar cada hoyo depende de la ubicación exacta de la bandera.

No importa lo mucho que uno disfrute de su vuelta, no hay opción para relajarse hasta haber pasado el 17, el hoyo Rad, combinado con el peligroso búnker Road. ¡Si cae en él puede que no pueda salir! Aun así, toda la tensión desaparece de camino al 18, uno de los paseos más célebres del golf.

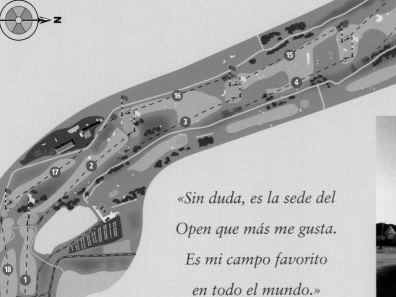

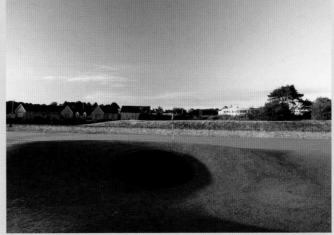

«Sin duda, es la sede del Open que más me gusta. Es mi campo favorito en todo el mundo.»

TIGER WOODS, GANADOR DEL OPEN EN ST. ANDREWS EN 2000 Y 2005

ORÍGENES DEL NOMBRE DE LOS BÚNKERES

Se dice que hay 112 búnkeres en el Old Course, lo que parece una estimación a la baja para cualquiera que haya jugado allí. Algunos están tan ocultos que cuesta imaginarse a los golfistas llegando a ellos, pero lo cierto es que lo han conseguido. La mayoría de estos búnkeres tienen un nombre propio, y a continuación se enumeran algunos de los más originales:

CHEAPE'S (HOYO 2): bautizado en honor a la familia Cheape, propietaria de la cercana finca Strathtyrum. Sir James Cheape compró el Old Course en 1821 para salvarlo de los criadores de conejos. Su hijo lo vendió más tarde al R&A que, a su vez, lo vendió a la ciudad. Los golfistas tienen con sir James una enorme deuda de gratitud.

CARTGATE (HOYO 3): comparte su nombre con el hoyo, llamado así por el camino de carros que cruzaba este terreno en dirección a la playa.

GINGER BEER (HOYO 4): se refiere a «Old Daw» Anderson, que montó aquí un tenderete de cerveza de jengibre a mediados del siglo XIX.

SUTHERLAND (HOYOS 4/15): el Sutherland no debería dar problemas en el hoyo 4 si no fuese por las dificultades del lado derecho de la calle que obligan a los golfistas a golpear demasiado a la izquierda. Fue bautizado en honor a A. G. Sutherland, que mandó volver a excavar el búnker tras rellenarlo en la década de 1860.

COTTAGE (HOYOS 4/15): el Cottage no debería ser determinante en el 4, pero lo es por los mismos motivos que el Sutherland. Se refiere a Pilmour Cottage, una vivienda que se erigió cerca de allí y que hoy es la casa-club del campo Eden.

STUDENTS (HOYO 4): hay dos teorías al respecto del nombre de estos búnkeres. Se ha dicho que se refieren a la práctica de los estudiantes más ajetreados que, sin tiempo para completar una vuelta, jugaban hasta aquí y luego regresaban a casa. Otra teoría defiende que estos búnkeres ofrecían un espacio cómodo (e íntimo) al que los estudiantes podían llevar a sus amigas.

SPECTACLES (HOYO 4): este búnker semeja un par de gafas a los pies de las crestas que cruzan esta calle.

COFFINS (HOYOS 6/13): quien cae en ellos en el hoyo 6 es que juega de un modo un tanto extravagante, aunque en el 13 son una amenaza para cualquiera. Son tan parecidos a ataúdes que da la impresión de que no hay escapatoria.

SHELL (HOYO 7): aparte de que desde arriba recuerda a la valva de un mejillón, el nombre se refiere a los días en que la base del búnker estaba tachonada de valvas de berberecho. (Si se juega muy desviado en el 7 se puede terminar en los búnkeres Hill o Strath. ¡Mejor dejarlos para el 11!)

SHORT HOLE BUNKER (HOYO 8): el búnker del hoyo corto; a veces los nombres son prosaicos.

KRUGER (HOYO 9): en realidad se trata de dos búnkeres construidos durante la guerra de los Bóers bautizados en honor del ex presidente del Transvaal. Un tercer búnker, más adelante, recibe el nombre de «Señora Kruger». Se rumorea que existe otro llamado «La querida de Kruger».

STRATH (HOYO 11): conmemorativo de los hermanos Strath. Andrew ganó el Open de 1865. Su hermano David empató en el primer puesto en 1876, pero rehusó participar en el play-off, dejando a Bob Martin como campeón.

HILL (HOYO 11): el Hill no se queda atrás respecto al Strath en malevolencia. Está recortado en la vertiente en la que reposa el green del 11.

ADMIRAL'S (HOYO 12): ubicado cerca del tee, se dice que este búnker se llama así en honor de un almirante que, a sus ochenta y tantos años, cayó en él porque no lo vio al salir del tee. Al parecer, el anciano se distrajo con la visión de una hermosa joven que pasaba por allí y llevaba, según dicen, un llamativo vestido rojo.

ABAJO *El búnker Hell domina la estrategia del hoyo 14 para los golfistas de handicap. ¿El segundo golpe lo superará o es mejor rodearlo por el lado?*

STROKE (HOYO 12): quien cae aquí no cabe duda de que dropa un golpe (*stroke* en inglés).

NICK'S (HOYO 13): el primero de varios búnkeres que amenazan a un drive con pull, seguramente bautizado en honor al demonio que lo puso allí.

CAT'S TRAP (HOYO 13): invisible desde la calle, el búnker atrapa la bola como un gato a un ratón.

WALKINSHAW (HOYO 13): llamado así en recuerdo a un golfista local que convirtió en hábito sus visitas a este búnker redondo.

LION'S MOUTH (HOYO 13): otro búnker al acecho después del Cat's Trap. Contra toda lógica, la boca del león es más pequeña que la trampa del gato.

THE BEARDIES (HOYO 14): un cuarteto de búnkeres cuyos bordes están adornados con una hierba bigotuda.

BENTY (HOYO 14): este nombre se refiere a un tipo de césped que suele plantarse en los campos de la costa, la *bent grass*.

KITCHEN (HOYO 14): en su día se conocía como Devil's Kitchen («cocina del infierno») porque era un búnker redondo y pequeño pero profundo. Posteriormente ha sido ampliado.

HELL (HOYO 14): el «infierno» es uno de los búnkeres más célebres del golf, con una gran tamaño y un talud seriamente elevado del que no está garantizada la huida.

GRAVE (HOYO 14): un búnker pequeño delante del green que antes tenía forma de ataúd.

PRINCIPAL'S NOSE (HOYO 16): un grupo de tres búnkeres que al parecer representan la prominente nariz del director del St. Mary's College a mediados del siglo XIX. También se cuenta que este nombre hace referencia a la fea protuberancia del porche que había bajo la entrada de la casa de un director en la ciudad.

DEACON SIME (HOYO 16): se refiere al clérigo de St. Andrews, quien pidió que sus cenizas fuesen esparcidas en este búnker. Consideró que había

pasado tanto tiempo de su vida terrenal allí que bien podía quedarse en él toda la eternidad.

GRANT'S (HOYO 16): recuerda a un capitán del R&A del siglo XIX que solía caer en este búnker.

WIG (HOYO 16): antes llamado Jackson Wig, se refiere a la indumentaria formal de los golfistas en el pasado. Jackson fue capitán del R&A.

SCHOLAR'S (HOYO 17): el Scholar's recuerda que antes en el campo se jugaba en dirección contraria. Los jóvenes estudiantes prometedores lograban evitar este búnker con su drive.

PROGRESSING (HOYO 17): si alguien conseguía superar este búnker, significaba que lo estaba haciendo bien pero todavía no había alcanzado el nivel de un *scholar*.

ROAD (HOYO 17): el temible búnker que muerde el green del hoyo Road. Tanto el búnker como el hoyo deben su nombre a la carretera asfaltada que pasa cerca del green, por el lado derecho.

Boat of Garten

Boat of Garten Golf and Tennis Club, Condado de Inverness, Escocia

Pocas veces se puede jugar a golf en un entorno tan privilegiado como el de Boat of Garten. Las montañas Cairngorm ofrecen un telón de fondo impresionante ante el que se despliegan numerosas calles onduladas flanqueadas por grupos de abedules plateados. Los abundantes brezos y retamas añaden franjas de color púrpura y oro refulgente a los más contenidos verdes y azules de las montañas y del bosque de Abernethy. La presencia de ciervos y alguna que otra águila recuerda que esta parte de Escocia es particularmente rica en fauna, y el humo de un viejo motor de vapor del antiguo ferrocarril de Strathspey, aún hoy en funcionamiento, otorga un toque añejo a este rincón tan bien conservado de las Highlands.

ARRIBA Con las montañas Cairngorm de fondo, el campo de Boat of Garten es un lugar de una belleza indudable. Además, resulta muy divertido sea cual sea el nivel de juego. En la fotografía se muestra el hoyo 2.

De hecho, la llegada del tren en 1863 puso Boat of Garten en el mapa. La aldea de Gart, con el transbordador que cruzaba el río Spey, ya existía. Cuando se construyó la estación, se bautizó con el nombre de dicho transbordador, Boat of Garten. Con las facilidades de acceso, la villa se convirtió en un destino popular entre excursionistas, cazadores y amantes del aire puro y cristalino (más recientemente, también esquiadores). Poco después se construyó un campo de golf.

Inicios modestos

En 1898, el campo de golf tenía una estructura sencilla de seis hoyos. Más tarde se construyeron un par de hoyos más y pistas de tenis. Con el tiempo, se dispuso de más terrenos y James Braid se encargó de supervisar la creación de un campo completo de 18 hoyos que abrió sus puertas en 1932 y hoy sigue siendo prácticamente igual a excepción de la conversión de dos pares 4 en pares 5. Por aquel entonces,

Braid era uno de los arquitectos más solicitados y demostró que podía crear campos para poner a prueba a los mejores golfistas del mundo. Con 5.373 metros desde los extremos, Boat difícilmente puede ser apto para un campeonato, pero tampoco es pan comido para los buenos jugadores. El encanto del recorrido es su sutileza, aunque el golf irregular se ve rigurosamente penalizado. Hay brezos que esperan devorar los golpes descuidados desde el tee, búnkeres bien colocados, y precipicios junto a los greenes o detrás de ellos.

Cosa insólita, Boat abre con un hoyo corto. Este hecho no plantearía una especial dificultad si no fuera porque al ser el primero del día es normal cierta incertidumbre. Un par 4 sencillo y otro hoyo corto llevan el juego hasta el límite del cam-po, al otro lado del cual circula el tren de Strathspey. A partir de aquí, la calle adopta un carácter ondulado y malicioso, y a menudo exige la habilidad de jugar con la bola por encima o por debajo de los pies desde un lie elevado o colgado. El 6 es un hoyo especialmente bueno, con una calle larga y algo curvada que pide un excelente cálculo de la distancia y la dirección desde el tee, y un green elevado por encima de búnkeres que requiere un segundo golpe perfecto. El propio Braid supo dominar el hoyo 12, quizás el más atractivo. Boat guarda uno de sus hoyos más difíciles para el final, con un golpe de approach complicado en dirección a un green en alto en el 18. Después de la vuelta, desde la casa-club de Boat of Garten se contemplan unas vistas espectaculares.

«Con un paisaje como éste, ¿de verdad importa el golf?»

PETER ALLISS,
THE GOOD GOLF GUIDE

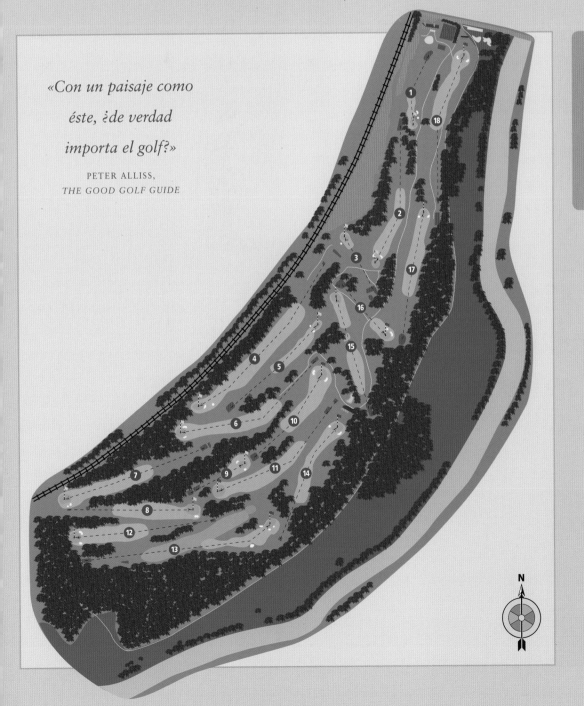

FICHA DEL CAMPO

Hoyo	Distancia (metros)	Par
1	173	3
2	329	4
3	149	3
4	470	5
5	275	4
6	368	4
7	353	4
8	325	4
9	141	3
Ida	2.583	34
10	247	4
11	347	4
12	319	4
13	432	5
14	295	4
15	281	4
16	154	3
17	315	4
18	400	4
Vuelta	2.790	36
Total	5.373	70

Carnoustie

Carnoustie

Championship Course, Carnoustie Golf Links, Angus, Escocia

¿Carnoustie es el campo más difícil del British Open? Tal como se preparó para el Open de 1999, azotado por el viento y la lluvia, sí lo es. El ganador, Paul Lawrie, obtuvo una puntuación de seis golpes sobre par. En 2007, las condiciones fueron más amables: Padraig Harrington y Sergio García empataron a 277 golpes, siete bajo par, y Harrington se impuso en un play off a cuatro hoyos. Muchos observadores estuvieron de acuerdo en que la preparación de ese año permitió que este histórico links luciese en todo su esplendor, y que es posible atacar cada hoyo con dos o tres estrategias distintas en función de los puntos fuertes y flacos de los jugadores, el viento y la meteorología.

Se desconoce cuándo se empezó a jugar a golf en Carnoustie (seguramente hace más de 500 años), pero hacia 1842, Allan Robertson, el golfista más prestigioso de la época, fue llevado a St. Andrews para construir un campo de diez hoyos en el Barry Links. Otro incondicional de St. Andrews, Old Tom Morris, realizó modificaciones considerables en 1867, ampliando el campo a 18 hoyos. En 1926, James Braid hizo los últimos cambios significativos.

El campo más largo del British Open

Carnoustie acogió su primer Open en 1931, en el que el norteamericano de origen escocés Tommy Armour recuperó cinco golpes de desventaja y se proclamó vencedor. Entre los campeones posteriores se cuentan Henry Cotton (1937), Ben Hogan (1953), Gary Player (1963) y Tom Watson (1975). Carnoustie siempre ha figurado entre los campos de campeonato más largos. Para el Open de 2007 midió nada menos que 6.778 metros, su mayor longitud, con dos pares 4 de casi 460 metros. Aun así, la destreza de los profesionales y sus accesorios modernos hizo que muchos dejasen sus drivers y optasen por usar hierros largos desde el tee por la sencilla razón de que no se pueden permitir desviaciones en este campo. Hay que preparar todo el recorrido. Los búnkeres son profundos y están perfectamente colocados, el raf puede ser salvaje, el fuera de límites acecha en varios hoyos, y los arroyos Jockie's y Barry se incorporaron de forma brillante en el diseño, sobre todo en los dos últimos hoyos.

El Jockie's limita la longitud del lanzamiento desde el tee en el hoyo 5, concentrando la presión en el approach hasta un green sinuoso de varios niveles

resguardado por búnkeres y de unos 46 metros de profundidad. El fuera de límites espera para destrozar puntuaciones en el hoyo 6, condenando muchos golpes desviados desde el tee a una aproximación al raf del lado opuesto.

El peor obstáculo es el arroyo Barry, sobre todo porque entra en juego de forma feroz en los dos últimos hoyos. Le pisa los talones al 16, un par 3 en el que sólo los drives más rectos superan los montículos que guardan el frontal del green. Aquí, los birdies son raros y los golpes dropados, la norma. El 17 pide un buen golpe por encima del riachuelo, que se ensancha mucho hasta crear una calle similar a una isla. Aquí la longitud de los golpes se ve limitada por los puntos en los que el agua atraviesa la calle.

Pero el drive más temido aún está por llegar. El Barry reaparece en una calle estrecha a la que pone límites. Tras superar el drive, aún falta un largo segundo golpe hacia el green, que reposa peligrosamente junto a una valla de fuera de límites, que a su vez reposa por detrás de otro meandro del terrible arroyo! ¡Todo un reto!

IZQUIERDA *El arroyo Barry serpentea a través del hoyo 17 y el 18. A Jean van de Velde, las refriegas con el Barry le costaron un siete en el British Open de 1999, cuando habría ganado con un seis.*

FICHA DEL CAMPO

Hoyo	Distancia (metros)	Par
1	371	4
2	423	4
3	327	4
4	377	4
5	379	4
6	528	5
7	375	4
8	167	3
9	437	4
Ida	3.384	36
10	426	4
11	350	4
12	456	4
13	161	3
14	470	5
15	432	4
16	227	3
17	422	4
18	456	4
Vuelta	3.400	35
Total	6.784	71

▶ Casi 300 jóvenes de Carnoustie y alrededores han emigrado a Estados Unidos para dedicarse profesionalmente al golf. Uno de los más conocidos fue Stewart Maiden, el profesor de Bobby Jones en el East Lake Club de Atlanta.

▶ Los hermanos Smith, de Carnoustie, lograron un envidiable registro personal. Alex fue dos veces campeón del US Open, Willie lo fue una vez y Macdonald quedó segundo tras Bobby Jones en el British Open y el US Open de 1930.

▶ Ben Hogan, uno de los grandes del golf, entró en el British Open una sola vez, en 1953, en Carnoustie. Ganó el campeonato por cuatro golpes. El Open pasó a engrosar una lista de victorias que incluía el US Masters y el US Open.

«Me encanta jugar aquí porque te permite ser creativo.»
TIGER WOODS

Gleneagles

King's Course, Gleneagles Hotel, Auchterarder, Perthshire, Escocia

Cuando la Ryder Cup de 2014 se dispute en Escocia, Gleneagles será su sede. El PGA Centenary Course de Jack Nicklaus tiene el honor de albergar este campeonato tras haber demostrado sus excelentes cualidades en el Johnnie Walker Championship anual del Tour Europeo. El gran hotel, construido al estilo de un *château* francés y sede de la reunión del G8 en 2005, cumplirá entonces 90 años de vida.

ARRIBA El hoyo 7 del King's Course tiene una curva difícil en la que, cuanto más a la izquierda se apunta para reducir la curva, más lejos se tiene que mandar el drive para sortear una cresta.

Más antiguos aún son los dos campos de James Braid, inaugurados antes que el hotel, en 1919. Los campos de King's y Queen's eran elementos clave para atraer a la realeza, a la nobleza o sencillamente a los ricos al hotel, que era el orgullo de la Caledonian Railway y se describió como Palacio de las Cañadas («glens» en inglés) y Riviera de las Highlands. La ambición de la compañía de ferrocarril estaba bien fundada, ya que el hotel sigue siendo uno de los mejores del mundo y los campos de Braid son más venerados que nunca.

Tanto el King's como el Queen's son firmes candidatos al codiciado título de mejor campo de interior de Escocia. Ninguno de ellos es bastante largo para desafiar a los mejores jugadores de la actualidad –de ahí la necesidad de construir el PGA Centenary– pero, para quienes valoran el encanto, la variedad, la sutileza y la ingenuidad de un campo de golf con un entorno cautivador, jugar una vuelta al menos en uno de ellos puede seguir siendo toda una satisfacción. Además, huelga decir que se mantienen en condiciones impecables.

FICHA DEL CAMPO

Hoyo	Distancia (metros)	Par
1	331	4
2	399	4
3	342	4
4	426	4
5	163	3
6	439	5
7	406	4
8	163	3
9	374	4
Ida	3.043	35
10	456	5
11	210	3
12	404	4
13	424	4
14	283	4
15	420	4
16	144	3
17	345	4
18	480	5
Vuelta	3.166	36
Total	6.209	71

▶ La razón principal de las maravillosas condiciones de los campos de Gleneagles es que se construyeron sobre la arena y la grava que quedaron tras fundirse el hielo de la última glaciación.

▶ «La mejor parcela de tierra del mundo en la que he tenido la oportunidad de trabajar». Así definió Jack Nicklaus la construcción del PGA Centenary Course, sede de la Ryder Cup de 2014.

Un juego exigente en un entorno fascinante

Los hoyos de ambos campos tienen nombre, como manda la vieja tradición escocesa. En Gleneagles, dado que los hoyos eran nuevos, se bautizaron con nombres que resultasen divertidos para los visitantes en lugar de las típicas referencias al pasado. Drum Sichty se refiere a la vista de las montañas y Kittle Kink a una curva peligrosa. Nombres como estos sirven para romper el hielo entre el golfista y el caddie. Un buen caddie no sólo guía al jugador por los obstáculos que plantean los campos montañosos, sino que sabe compartir los detalles de los inteligentes diseños de Braid con quien sabe apreciarlos.

Una de las grandes bazas de estos campos es el modo en la forma de seguir los hoyos, los estimulantes cambios de ritmo, el equilibrio entre desafíos y la sensación constante de evolución. Para el golfista consagrado, los 5.486 metros del Queen's Course pueden parecer pocos, pero no hay que dejarse engañar. Siete de los pares 4 superan los 366 metros de longitud y hay dos pares 3 dignos de mención, el 14 y el 17. Éste era el campo preferido de Lee Treviño.

Se dice que, en comparación con el Queen's, el King's resulta más masculino. Sandy Lyle siente un respeto especial por el complejo hoyo 4 de colina arriba: «Es un hoyo de primera en todos los sentidos». El hoyo favorito de Braid era el 13. Se trata de otro hoyo largo de dos golpes apodado Braid's Brawest (el mejor de Braid). En Gleneagles se respira una intensa sensación de espacio, y los doglegs y los recodos de ambos campos permiten disfrutar de vistas cambiantes del maravilloso paisaje de montaña. Más que campos de golf, constituyen toda una experiencia.

«Si el cielo es como este campo, espero que aún queden plazas libres.»

LEE TREVIÑO EN ALUSIÓN AL QUEEN'S COURSE

Kingsbarns

Kingsbarns Golf Links, St. Andrews, Fife, Escocia

«Que no sea difícil sólo porque sí, sino que sea interesante y atractivo». Esto es lo que opina Mark Parsinen, uno de los responsables del nuevo campo de Kingsbarns, situado 10 km al sur de St. Andrews, en la costa de Fife. Ya impresionó a jugadores y espectadores durante el Dunhill Links Championship, que se disputa en las sedes de Carnoustie, Kingsbarns y St. Andrews. Incluso se dice que podría engrosar la lista del British Open, aunque es poco probable considerando su proximidad con St. Andrews.

Aunque el campo moderno abrió sus puertas en 2000, en Kingsbarns se ha jugado a golf desde 1793. El campo original se abandonó a mediados del siglo XIX y se convirtió en tierras de labranza. En 1922 se construyó otro recorrido, que también se fue al traste cuando lo minaron para impedir una invasión al estallar la Segunda Guerra Mundial. Tras el conflicto, las tierras volvieron a su uso agrícola. El origen de los primeros campos fue humilde y ninguno alcanzó el nivel del vanguardista Kingsbarns actual, sin duda impresionante.

Recreación de un links

El arquitecto encargado de la construcción del campo fue el norteamericano Kyle Phillips, que trabajó en colaboración con Parsinen. Afrontó un proyecto titánico, ya que parte del terreno era cenagoso y arcilloso, y fue preciso mover grandes cantidades de tierra para redistribuir las arenas profundas del lado oriental de la parcela de forma equitativa por todo el campo, construir dunas desde cero y lograr un suelo de drenaje rápido para las calles. Como las vistas desde el

campo hacia el interior son de tierras de labranza llanas con poco interés, Phillips intentó orientar el recorrido de modo que la mayoría de los hoyos disfrutaran de vistas al mar. En cuanto a los que se juegan lejos del agua, cuentan con dunas o árboles como telón de fondo. En Kingsbarns, el aspecto visual del campo resulta tan impresionante como el desafío que representa a nivel golfístico.

En un lugar tan expuesto como éste donde el viento raramente está ausente, Phillips optó por calles amplias que forman parte de un diseño inteligente con varias opciones de juego. Hay varias formas de jugar cada hoyo en función de la habilidad y la inteligencia del golfista. Kingsbarns supone, por tanto, un agradable cambio frente a muchos diseños actuales unidimensionales que exigen constante-

mente golpes concretos perfectamente ejecutados y, por lo tanto, no dejan lugar a la inventiva y el individualismo.

Ya en el primer drive del día se puede empezar a elegir. Un golpe potente a la izquierda prepara un approach más fácil al green, y viceversa. El green es tan espectacular que parece estar colgado de un precipicio sobre el mar. De hecho, ésta es una de las muchas ilusiones ópticas de Phillips. Hay espacio de sobra para varios hoyos debajo del green. Phillips no dejó escapar la oportunidad de dirigir el juego junto a la costa, y hay nada menos que seis hoyos a cuyos pies rompen las olas. Uno de ellos es el mayestático hoyo 12, uno de los más fotografiados de este campo. Su calle curvada abraza las rocas y las playas con sus 549 metros de longitud. Un buen hoyo en un entorno mágico.

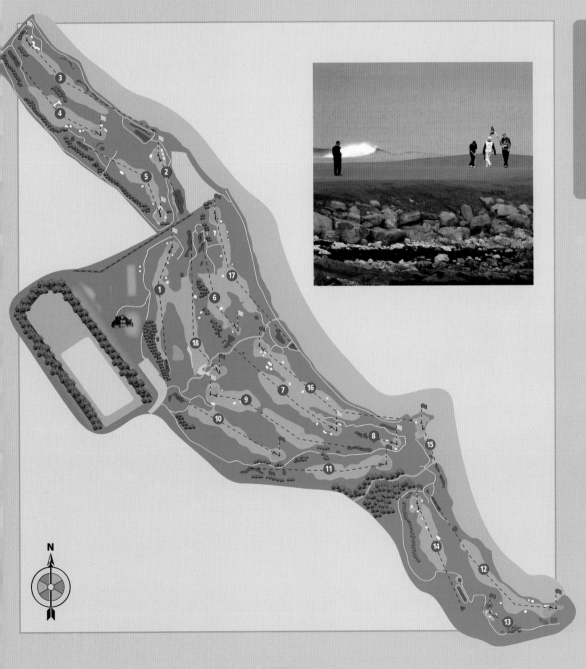

FICHA DEL CAMPO

Hoyo	Distancia (metros)	Par
1	379	4
2	183	3
3	472	5
4	373	4
5	364	4
6	308	4
7	430	4
8	154	3
9	510	5
Ida	3.173	36
10	354	4
11	416	4
12	554	5
13	135	3
14	335	4
15	194	3
16	517	5
17	433	4
18	406	4
Vuelta	3.344	36
Total	6.517	72

Loch Lomond

Loch Lomond Golf Club, Luss by Alexandria, Dunbartonshire, Escocia

Cada año, en la semana previa al British Open, todas las miradas se centran en Loch Lomond, sede del Scottish Open desde 1996. Muchos de los grandes del golf participan en este campeonato para preparar su juego de cara al Open Británico. Para otros, representa la última oportunidad de clasificarse para el gran torneo. En cuanto a los espectadores y los millones de televidentes, supone una ocasión excepcional de deleitarse con el romántico entorno de este campo de golf a orillas del lago Lomond.

Un nacimiento complicado

Loch Lomond no fue un éxito instantáneo. Los permisos de obras para empezar a construirlo tardaron años en llegar. Tan pronto como el ex ganador del Open Británico Tom Weiskopf y su compañero de diseño, Jay Morrish, completaron la obra, llegó la recesión y la suspensión de pagos. La hierba quedó en barbecho. Después apareció un hombre de negocios de Arizona, Lyle Anderson, y Weiskopf le convenció para que visitase el campo dormido. A Anderson le gustó lo que vio y aceptó arriesgarse invirtiendo su propio dinero. Ahora preside un club internacional con unas instalaciones de lujo, actividades al aire libre y dos campos de golf de primera clase (el otro es Dundonald, en la costa de Ayrshire).

El efectismo es la principal dificultad de la arquitectura moderna, pero Weiskopf y Morrish no necesitaron recurrir a trucos. El entorno es espectacular, y los arquitectos utilizaron las vistas al lago y las montañas de forma soberbia, añadiendo riachuelos, charcas, pantanos y bosques. En el hoyo 13, por ejemplo, no hay vistas del lago, de modo que un pasillo de árboles dirige la mirada desde el tee en alto a la calle repleta de búnkeres, y luego cuesta arriba de nuevo hasta las montañas pobladas de brezos. Es un estupendo par 5.

Le sigue un hoyo espectacular, el 14, par 4. Lo más seguro es apoyarse en el lado izquierdo para caer en la calle y, después, jugar un hierro para colocar bien el siguiente golpe, un pitch hasta el green por encima de un riachuelo y un búnker. La opción atrevida es un golpe a todo o nada sobre una peligrosa ciénaga que prepare un putt para eagle.

Estos hoyos forman parte de un glorioso final de vuelta. El 17 es un hoyo corto bien defendido y el último con una marcada curva donde arriesgarse con éxito tiene una excelente recompensa y fallar constituye una ruina.

DERECHA En el 17 de Loch Lomond se han embocado tres hoyos en uno durante el Bell's Scottish Open: Jarmo Sandelin y Mathias Grönberg en 2000, y Peter Lonard en 2003.

FICHA DEL CAMPO

Hoyo	Distancia (metros)	Par	Hoyo	Distancia (metros)	Par
1	389	4	10	416	4
2	416	4	11	215	3
3	466	5	12	379	4
4	357	4	13	512	5
5	174	3	14	315	4
6	572	5	15	379	4
7	402	4	16	453	4
8	146	3	17	187	3
9	315	4	18	398	4
Ida	3.237	36	Vuelta	3.254	35
			Total	6.491	71

UN «CAMPO AMERICANO»

En realidad el «campo americano» estándar no existe. ¿Qué tienen en común el TPC de Sawgrass, el Merion y el Pinehurst aparte de su fama mundial? Desde el punto de vista arquitectónico, tienen pocas similitudes. Sin embargo, en Europa abundan los campos de «estilo americano». Los golfistas habituales del Algarve o Andalucía los reconocen enseguida. Loch Lomond es un campo de estilo americano, seguramente el mejor de Europa, aunque muy distinto a todos los demás.

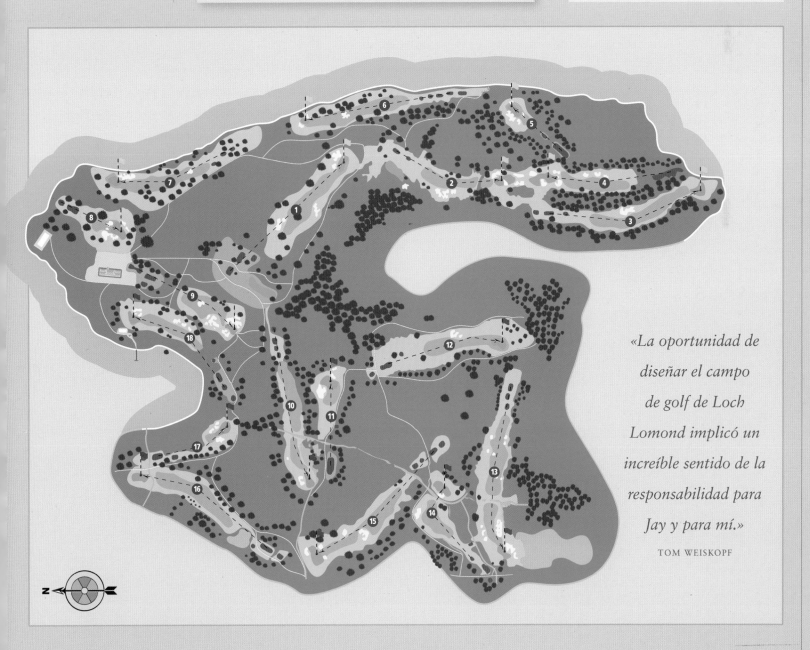

«La oportunidad de diseñar el campo de golf de Loch Lomond implicó un increíble sentido de la responsabilidad para Jay y para mí.»

TOM WEISKOPF

Muirfield

The Honourable Company of Edinburgh Golfers, Muirfield, Gullane, East Lothian, Escocia

Muirfield es el tercer hogar de la Honourable Company of Edinburgh Golfers, que empezó a albergar el Open Británico a partir de 1874 en rotación con Prestwick y St. Andrews. En 1891, se trasladó de Musselburgh a Muirfield, unos 32 km al este de Edimburgo, y se recurrió a Old Tom Morris para construir el nuevo campo.

Un año después de su inauguración, Muirfield albergó su primer Open (el séptimo del club). Le han seguido otros 14, así como el Amateur Championship, el Senior Open, la Ryder Cup, la Walker Cup y la Curtis Cup. Algunos de los grandes nombres han triunfado en Muirfield, como Vardon, Braid, Hagen, Cotton, Player, Nicklaus, Treviño, Watson, Faldo y Els.

El recorrido de Tom Morris resultó inédito en su día. Constaba de dos espirales de nueve hoyos en contrarrotación, una dentro de la otra. Esto hacía que el viento soplase desde una dirección distinta prácticamente en cada hoyo. La estructura sigue siendo la misma, pero poco queda del campo de Morris. El recorrido actual se debe sobre todo a la intervención de Harry Colt y Tom Simpson en la década de 1920.

EL CLUB DE GOLF MÁS ANTIGUO

Se sabe que Royal Blackheath, al sureste de Londres, ya existía en 1608. También que en 1457 se jugaba a golf en Escocia, porque ese año Jaime II dictó un decreto que lo prohibía. Fue en el barrio de Leith, en Edimburgo, donde la Honourable Company celebró por primera vez, en 1744, una competición en su campo de cinco hoyos, y desde entonces ha documentado toda su actividad. Por tanto, la Honourable Company, que redactó el primer reglamento de este deporte, constituye el club de golf más antiguo con una historia ininterrumpida.

ABAJO *El green del 12 de Muirfield queda ligeramente elevado, con pendientes y búnkeres por todas partes y, como suele ser habitual en este campo, todo queda a la vista al golpear.*

Un desafío limpio

El campo es respetado por los mejores jugadores porque se trata de un recorrido limpio con pocos puntos ciegos y rebotes caprichosos. Ofrece un examen de drive notablemente bueno, el raf resulta especialmente codicioso y algunos de los búnkeres son, como poco, feroces. Quizá sea el único campo del Open Británico que carece de un hoyo destacado, pero la mayoría de los profesionales estarían de acuerdo en que el 6, el 8 y el 18 se encuentran entre los mejores hoyos largos de dos golpes del golf links. El 13 es un interesante hoyo corto con un green largo y estrecho colgado sobre cinco terroríficos búnkeres. Una huida brillante de uno de ellos permitió a Ernie Els ganar el Open en 2002.

En cuanto a los visitantes, merece la pena destacar que el club no introduce tees provisionales ni greenes de invierno fuera de temporada. Es posible jugar en el campo auténtico y, por si fuera poco, por un green fee reducido.

▶ Tras ganar el Open Británico de 1966, Jack Nicklaus dijo: «Es, sobre todo, un campo limpio. Tiene más definición que cualquier otro links en el que se ha disputado el Open». Nicklaus bautizó el primer campo de su creación -en Dublin, Ohio, EE.UU.- como Muirfield Village.

▶ Fue en Muirfield, en 1982, cuando el Open Británico se disputó por primera vez con 72 hoyos. Anteriormente se jugaba con 36. También fue en Muirfield, en 1892, cuando se impuso por primera vez un fee de entrada para jugar en el Open.

▶ Ben Creshaw (ex ganador del US Masters y un destacado diseñador de campos de golf) alabó Muirfield por «su hermosa honestidad como examen de golf».

FICHA DEL CAMPO

Hoyo	Distancia (metros)	Par
1	410	4
2	321	4
3	346	4
4	195	4
5	512	5
6	428	4
7	169	4
8	405	3
9	465	4
Ida	3.251	36
10	434	4
11	356	4
12	348	4
13	175	3
14	410	4
15	379	4
16	170	3
17	499	5
18	411	4
Vuelta	3.182	35
Total	6.433	71

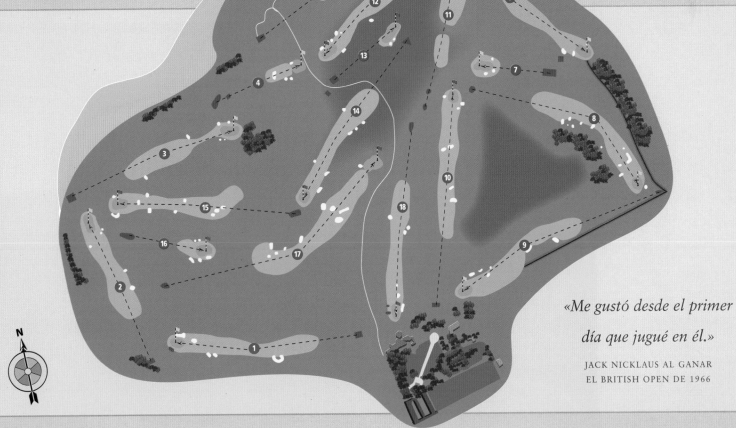

«Me gustó desde el primer día que jugué en él.»

JACK NICKLAUS AL GANAR EL BRITISH OPEN DE 1966

Royal Dornoch

Royal Dornoch Golf Club, Dornoch, Sutherland, Escocia

«Donde más me he divertido jugando», dijo Tom Watson refiriéndose a Royal Dornoch. Esta opinión la comparten muchos de los célebres golfistas que han peregrinado hasta allí. Muchos lo han visitado, porque Dornoch ocupa un lugar destacado en la lista de campos imprescindibles para los interesados en el diseño de campos de golf.

Hace unos 500 años que se juega a golf en Dornoch. El club actual, con un modesto campo de nueve hoyos, se fundó en 1877. Sin embargo, 1883 fue un año más significativo para Dornoch porque John Sutherland fue nombrado secretario. Fue él quien contrató a Old Tom Morris para que ampliara el campo a 18 hoyos en 1886; quien más adelante redefinió y mejoró el diseño; quien logró poner el campo en condiciones ejemplares; quien trabajó para convertir Dornoch en un club «Royal», y quien promocionó el club en sus escritos para la prensa de Londres. Sutherland implicó a sus profesionales y greenkeepers en la construcción del campo. Uno de ellos fue Donald Ross, quien luego emigró a Estados Unidos e introdujo el concepto de los greenes en alto al estilo Dornoch en el diseño de los campos norteamericanos.

La distancia, una bendición para Dornoch

Como Dornoch queda tan alejado de los grandes núcleos de población, nunca ha albergado grandes torneos profesionales. Por ese motivo, se ha salvado de las incesantes ampliaciones y alteraciones que se consideran imprescindibles para mantener a los profesionales modernos a raya. Sus hoyos siguen siendo tal y como eran veinte, treinta o incuso cincuenta años atrás, y el visitante actual todavía debe jugar una gran variedad de golpes de pitch para lograr el acceso a sus greenes astutamente situados. Pero el juego exigente no es necesario sólo en el approach, ya que las calles hacen un uso inteligente de pendientes, montículos y hondonadas naturales que exigen un drive preciso y bien meditado. También hay que tener en cuenta la acción del viento.

DERECHA *El exquisito hoyo 10 de Dornoch, un par 3 bastante amable si se acierta el green desde el tee pero diabólico si se falla.*

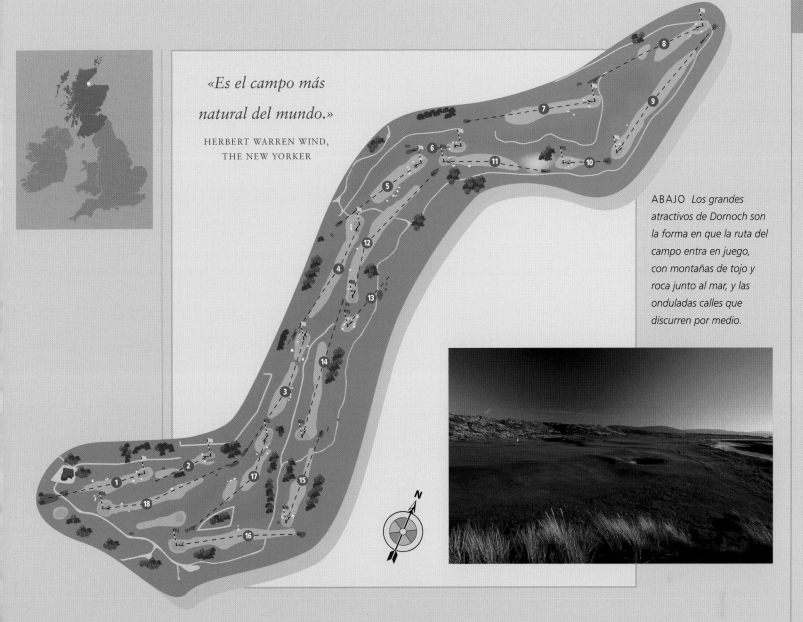

«Es el campo más
natural del mundo.»

HERBERT WARREN WIND,
THE NEW YORKER

ABAJO *Los grandes
atractivos de Dornoch son
la forma en que la ruta del
campo entra en juego,
con montañas de tojo y
roca junto al mar, y las
onduladas calles que
discurren por medio.*

FICHA DEL CAMPO

Hoyo	Distancia (metros)	Par	Hoyo	Distancia (metros)	Par
1	303	4	10	162	3
2	168	3	11	411	4
3	379	4	12	464	5
4	390	4	13	165	3
5	324	4	14	407	4
6	149	3	15	327	4
7	423	4	16	368	4
8	400	4	17	370	4
9	484	5	18	417	4
Ida	3.020	35	Vuelta	3.091	35
			Total	**6.111**	**70**

El hoyo favorito de Tom Watson es el 5, una muestra de que un buen hoyo no está reñido con las distancias cortas. La vista desde el tee en alto es atractiva y la amplia calle parece estar esperando el drive. Aquí, el golpe ideal debe ir a la izquierda, aunque en ese lado haya problemas en forma de montaña cubierta de tojos y ávida de bolas perdidas. A la derecha, la calle se inclina, dirigiendo la bola inexorablemente a una serie de búnkeres. Incluso cuando pueden evitarse, hay que jugar el golpe de approach en dirección al eje de un estrecho green en forma de riñón. Si se pasa de largo, hay más búnkeres esperando.

Otro de los grandes hoyos de Dornoch es el 14 o Foxy, que no tiene búnkeres. Todo el hoyo está gobernado por una serie de dunas que entran en la calle desde la derecha y ocultan el green a menos que se juegue desde el extremo izquierdo de la calle. El green está encastado a la derecha, detrás de la última duna. Es amplio pero poco profundo y está elevado lo justo como para dificultar el approach desde cualquier distancia. El 17 también es un buen hoyo, que se extiende cuesta abajo desde el tee y luego se estrecha en dirección a un green perfectamente ubicado.

EL ATRACTIVO DE DORNOCH

John Sutherland, el primer secretario del club, dio mucha publicidad a Dornoch, sobre el que escribía en el *London Daily News* y en *Golf Illustrated*. Pero, a diferencia de muchos de los grandes links escoceses que se construían cerca de líneas de ferrocarril, a Dornoch no llegó el tren hasta 1902. Cuando abrió la línea, Sutherland no perdió el tiempo y advirtió a los golfistas que tomaran el coche-cama nocturno desde Londres para jugar a la mañana siguiente. Entre los visitantes de la época se contaba el «Gran Triunvirato» formado por James Braid, Harry Vardon y J.H. Taylor. Este último estaba tan entusiasmado con el campo que destinaba dos semanas de vacaciones al año a jugar en él cuando estaba en la cima de su carrera para no perder la práctica. Mucho después, el campo recibió la ilustre visita de Ben Crenshaw, que entrenó en Dornoch como parte de sus preparativos para el Open Británico de 1980, que ese año se celebró en Muirfield. Cuando regresó a Muirfield y le preguntaron qué le había parecido Dornoch, exclamó: «Un poco más y me quedo allí».

DERECHA *El hoyo 2 de Dornoch parece bastante inofensivo desde aquí, pero si se cae en el búnker que hay delante a la derecha, sólo se puede salir golpeando hacia un lado o hacia atrás.*

Fotografía de Iain Lowe

Royal Troon

Royal Troon

Royal Troon Golf Club, Troon, Ayrshire, Escocia

Troon ya era un puerto importante del estuario de Clyde cuando se inauguró una línea de ferrocarril desde Glasgow en 1840. Pronto, sus playas y su aire puro atrajeron a los habitantes de la gran ciudad, que iban de vacaciones y compraban grandes casas de veraneo. La siguiente estación de tren al sur de Troon era Prestwick, lugar de nacimiento del golf de competición. En 1878 se decidió que Troon debía tener su propio campo.

Los terrenos fueron arrendados al duque de Portland y se creó un campo de cinco hoyos en la zona de los actuales 1, 2, 17 y 18. Ese recorrido se fue ampliando de forma poco sistemática y, en 1888, ya tenía 18 hoyos, 5.121 metros de longitud y un trazado más o menos igual al actual. Con los años se realizaron varias mejoras y, en 1923, Troon ya estuvo listo para acoger su primer Open Británico.

En 1962, Arnold Palmer estaba en la cima de su carrera cuando ganó el Open en Troon. Pero, incluso con su extraordinaria capacidad de recuperación, supo que debía hacer lo posible para no quedar «atrapado en una lucha a vida o muerte contra el campo». Hay que ser indulgentes con quie-

nes visitan Troon por primera vez, miran a la calle desde el tee del 1 y se cuestionan el comentario de Palmer. Desde allí, todo parece muy sencillo. Y lo es, pero sólo un rato.

Amenaza creciente

«Tanta maña como fuerza» es el lema del club. Los tres primeros hoyos se extienden apaciblemente junto a la playa. Ninguno supera los 370 metros de largo. Dos pares 5 susceptibles de birdie quedan separados por un par 3 en lo alto de las dunas. Hasta aquí, todo parece bastante sencillo. El drive más interesante lo plantea el hoyo 7, pero la mente ya se está preparando para las diabluras del 8, el Postage Stamp.

ESTATUS SOCIAL

Al término del Open Británico de 1923, el ganador, Arthur Havers, y el subcampeón, Walter Hagen, fueron invitados a la casa-club para la presentación. Hagen rehusó la invitación porque ninguno de los golfistas profesionales había sido admitido en la casa-club durante el torneo. Optó por encaminarse al pub, donde un buen número de espectadores se unió a él.

FICHA DEL CAMPO

Hoyo	Distancia (metros)	Par
1	330	4
2	358	4
3	347	4
4	510	5
5	192	3
6	548	5
7	369	4
8	112	3
9	387	4
Ida	3.153	36
10	401	4
11	446	4
12	394	4
13	430	4
14	163	3
15	440	4
16	496	5
17	203	3
18	414	4
Vuelta	3.387	35
Total	**6.540**	**71**

▶ Con 71 años, Gene Sarazen jugó el Open Británico de 1973 en Troon y embocó su golpe desde el tee en el Postage Stamp, logrando un ace en la primera vuelta. En la segunda vuelta cayó en un búnker desde el tee, pero embocó su golpe de recuperación.

IZQUIERDA *Al principio, el Postage Stamp se jugaba de forma ciega. El nuevo hoyo, construido entre 1909 y 1910, fue inagurado por Harry Vardon, James Braid, J.H. Taylor y Alex Herd.*

Es el hoyo más corto del Open, pero tanto se puede llegar a su minúscula superficie de putt en un golpe para aspirar a un birdie como, si se falla el green, caer en un montículo de raf, en uno de los cinco profundos búnkeres que hay junto al green o muy lejos de éste, en una hondonada repleta de hierba. No hay garantía de evasión de ninguna de estas trampas, como descubrió el jugador alemán Hermann Tissies en el Open de 1950, en el que acabó con un 15.

Donde Troon enseña de verdad sus dientes es en los nueve de vuelta, jugados invariablemente con viento. Empiezan con un intimidatorio drive en ángulo hacia la escurridiza calle del 10. El consiguiente approach hasta un green en alto es difícil de juzgar. En cuanto al 11, Arnold Palmer lo describió como «el hoyo más peligroso que he visto jamás». El joven Jack Nicklaus salió de aquí con un 10 en su primer Open en Troon. Y, durante el Open de 1997, el hoyo registró una media de 4,65 golpes. Sin duda, es el más difícil del campo. Los tojos y la proximidad a las vías de tren son las principales amenazas a cualquier tarjeta.

Las serpenteantes calles del 13 y del 15 pueden ser difíciles de tomar, y el 17 resulta especialmente complicado con cualquier tipo de viento. No interesa pasarse de largo el green del 18, que tiene la humillación del fuera de límites justo por detrás de la superficie de putt.

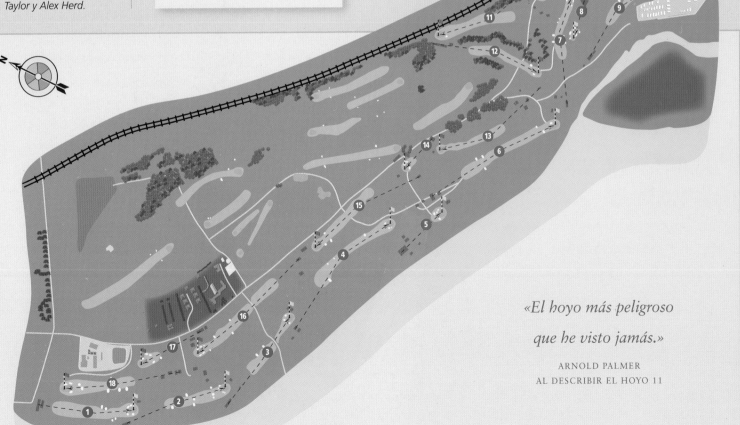

«El hoyo más peligroso
que he visto jamás.»

ARNOLD PALMER
AL DESCRIBIR EL HOYO 11

Turnberry

Ailsa Course, Westin Turnberry Hotel, Turnberry, Ayrshire, Escocia

El Ailsa Course disfruta de las vistas más espectaculares de los seis campos que acogen el Open Británico. Comparado a menudo con el Pebble Beach de California, debutó en el Open en 1977 y se convirtió inmediatamente en un clásico. A pesar de ello, este majestuoso campo estuvo al borde de la desaparición en dos ocasiones.

El ferrocarril desempeñó un papel crucial en la expansión del golf en Gran Bretaña. Asimismo, impulsó la construcción de algunos de los mejores hoteles del país, como los de Gleneagles, Cruden Bay y Turnberry. A principios del siglo xx, Glasgow y la South Western Railway acordaron un contrato de arrendamiento con el marqués de Ailsa para erigir un hotel en Turnberry. En el lugar ya existía un campo privado de 13 hoyos que se amplió con otros 13. En 1906, Turnberry ya podía considerarse, con razón, un resort de golf. Era lo

bastante bueno como para acoger el British Ladies Championship de 1912. Parecía esperarle un futuro prometedor.

Pero su evolución se vio truncada por el estallido de la Primera Guerra Mundial, cuando el campo se convirtió en base aérea. Tras la guerra pudo remodelarse y recuperar su antiguo esplendor pero, en 1939, volvió la destrucción. Esta vez, el campo se convirtió en una base aérea todavía mayor que fue vital para la defensa de los transportes transatlánticos. Aquello sería, sin duda, el fin de Turnberry.

NOMBRES DE HOYOS

Igual que en muchos campos escoceses, en Turnberry existe la tradición de poner nombre a los hoyos. Por ejemplo, el 2 se llama Mak Siccar (asegúrate); el 3, Blaw Wearie (sin respiración); el 6, Tappie Tourie (alcanza la cima); el 10, Dinna Fouter (no la pifies); el 13, Tickly Tap (un golpecito algo complicado); el 15, Ca Canny (ten cuidado), y el 17, Lang Whang (buen porrazo).

IZQUIERDA *El corto hoyo 11, con el faro y el Ailsa Craig, es la esencia del golf de Turnberry, un escenario que queda muy lejos de las pistas de un aeródromo en tiempos de guerra.*

Una resurrección extraordinaria

Pero para el director de Turnberry, Frank Hole, eso no era el fin. Pese a los obstáculos, tras la Segunda Guerra Mundial reunió indemnizaciones públicas y el apoyo necesario de la recién creada British Railways, propietaria de los hoteles, para convertir tres pistas de cemento y toda la parafernalia que las rodeaba en un campo de golf en el que valiera la pena invertir. Así, el escocés Philip Mackenzie Ross creó uno de los campos más atractivos de Gran Bretaña.

Turnberry trabajó para hacerse merecedor de torneos importantes y, en 1977, obtuvo su recompensa: su primer Open. Resultó ser uno de los grandes de la historia, con el famoso «duelo al sol» entre Tom Watson y Jack Nicklaus, un enfrentamiento que dio como resultado uno de los juegos más espectaculares que se han visto jamás en el que Watson se impuso por la mínima a Nicklaus.

Se podría decir que los tres primeros hoyos del Ailsa Course pasan algo desapercibidos, porque los jugadores están deseando llegar a los hoyos costeros que van del 4 al 11, sin parangón con los demás campos del Open Británico y sólo comparables a los célebres hoyos junto al mar de Pebble Beach. Las vistas sobre el agua son impresionantes, sobre todo al ponerse el sol. Pero en este punto, el golf requiere concentración máxima, ya que algunos hoyos bajan por valles entre las dunas, y otros (como los cortos 4 y 6) quedan expuestos al viento en lo alto de las dunas. Seguramente, el 8 es el mejor de esos exigentes pares 4, pero el visitante deseará ser fotografiado en el tee peninsular del 9. Desde allí, el drive debe sobrevolar parte del océano hasta alcanzar una lejana calle en lo alto de una colina con un golpe apto sólo para los más hábiles.

Quizás la austeridad de la Gran Bretaña de la posguerra hizo que Ross optase por el minimalismo en los búnkeres. Pero la dificultad del campo en este sentido se incrementará con los preparativos para el Open Británico de 2009, que será el cuarto del club. Donald Steel también ha remodelado de arriba abajo el segundo campo, rebautizado como Kintyre.

▶ En la última vuelta del Open Europeo de 1979, Sandy Lyle logró birdie en seis de los siete primeros hoyos y se situó con una ventaja de ocho golpes que le permitió ganar con comodidad. El único de los primeros hoyos en el que no consiguió birdie fue el 2, sencillo en comparación con los demás.

FICHA DEL CAMPO

Hoyo	Distancia (metros)	Par
1	320	4
2	393	4
3	422	4
4	151	3
5	404	4
6	211	3
7	484	5
8	394	4
9	415	4
Ida	3.194	35
10	413	4
11	159	3
12	408	4
13	377	4
14	411	4
15	191	3
16	374	4
17	454	5
18	397	4
Vuelta	3.184	35
Total	6.378	70

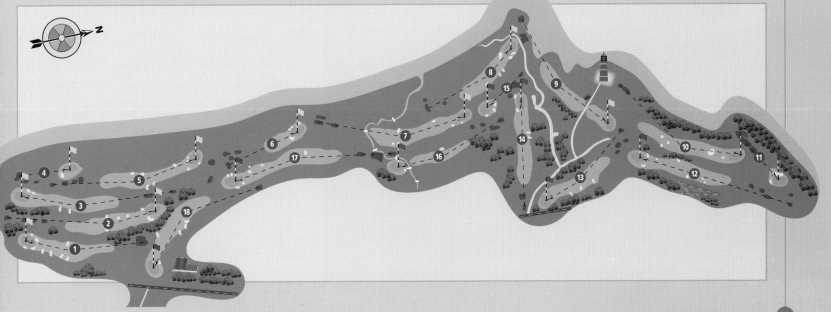

The Belfry

Brabazon Course, The Belfry, Warwickshire, Inglaterra

El Brabazon ostenta el récord de ser el único campo a ambos lados del Atlántico que ha albergado cuatro Ryder Cups. Los europeos ganaron aquí en 1985 y 2002, y los norteamericanos en 1993. La copa de 1989 acabó en empate. Por lo tanto, ha sido un buen terreno de caza para los europeos.

Hoy, al conducir por los campos (hay tres), sólo se aprecia un terreno llano, poco prometedor y con hileras paralelas de árboles que indican dónde pueden estar las calles. Antiguamente, lo que se veían eran campos de patatas sobre el frío suelo arcilloso de las Midlands. La propiedad no tenía ninguna de las cualidades que se suelen buscar para la adecuación al golf, menos aún de alto nivel.

La tarea de transformar los antiguos campos de cosecha en un campo de golf recayó en Peter Alliss y Dave Thomas, y este último realizó cambios y ajustes en años posteriores para ponerlo al día de los prodigiosos avances tecnológicos con relación a los golfistas, los palos y las bolas que han tenido lugar sobre todo en los últimos 20 años. Alliss y Thomas crearon un campo profesional de buena longitud repleto de desafíos con un terreno de dimensiones sorprendentemente modestas.

En general, la estrategia que hay que emplear en el Brabazon consiste en sortear los numerosos riachuelos y lagos que entran en juego en casi todos los hoyos. También hay numerosos búnkeres, sobre todo en el corto hoyo 7 que, desde el tee, recuerda un poco a Pine Valley. Los hoyos revienta-puntuaciones empiezan pronto. El 3, un par 5 asequible (sobre todo desde los tees estándares), obliga a superar el extremo de un lago en dirección al green. Pero es fácil caer en el lago del 12, sencillamente porque se cruza en el camino. Los hoyos que más exponen al golfista (tanto aficionados como profesionales) son el 10 y el 18.

Dos hoyos de categoría internacional

El 10 es un par 4 muy corto que da mejores resultados cuanto más corto se juega. Para la Ryder Cup se reduce de los 284 metros habituales a 247. El motivo es simple: tentar a los participantes para que ataquen el green desde el tee. Aunque se puede llegar a él con dos hierros 9, es difícil vencer la tentación de patear para eagle. Naturalmente, un fallo comporta pescar la bola en el agua o perderla entre las ramas de alguno de los árboles que hay junto al green.

Lo mejor se reserva para el final. El 18 ofrece uno de los drives más temibles. Si se quiere atacar la bandera, hay que evitar el lago de la izquierda. En caso de salir airoso, el segundo golpe se juega cuesta arriba por encima de otro tramo de lago y en dirección a un alargadísimo green de tres niveles. Todos los golfistas deberían jugar este hoyo al menos una vez en la vida, aunque sólo fuera por entender el coraje de los jugadores de la Ryder Cup que han logrado par o birdie aquí en momentos de alta tensión.

ABAJO *El complicado 18, de par 4 y 433 metros, del Brabazon Course es uno de los mejores hoyos finales, que además implica dos angustiosos golpes por encima del lago.*

DERECHA *El atractivo 10, un hoyo de sirena que atrae a muchos golfistas que intentan alcanzar el green con el drive hasta el punto de tener que salir tres veces del tee.*

FICHA DEL CAMPO

Hoyo	Distancia (metros)	Par	Hoyo	Distancia (metros)	Par
1	376	4	10	284	4
2	347	4	11	383	4
3	492	5	12	190	3
4	404	4	13	351	4
5	373	4	14	174	3
6	361	4	15	498	5
7	162	3	16	378	4
8	391	4	17	516	5
9	396	4	18	433	4
Ida	3.302	36	Vuelta	3.207	36
			Total	6.509	72

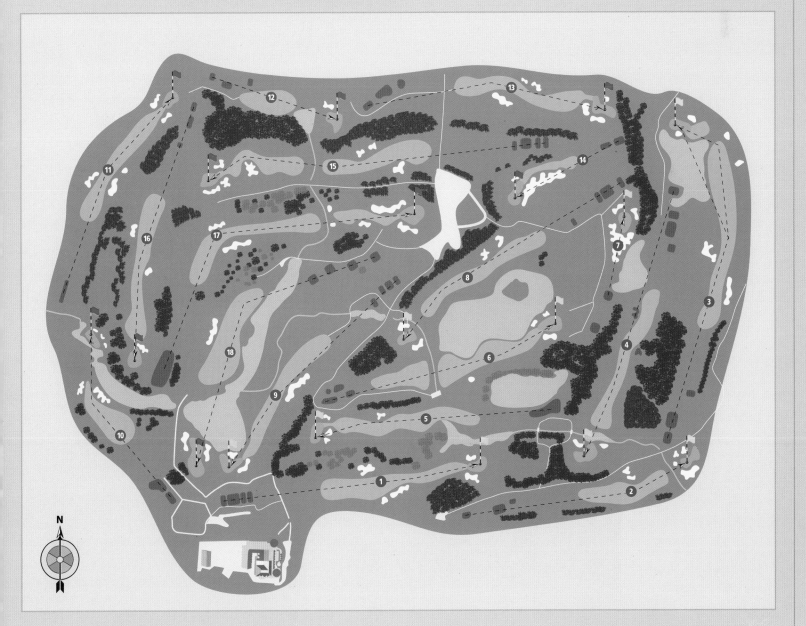

Ganton

Ganton Golf Club, Scarborough, North Yorkshire, Inglaterra

Si hubiera que elegir un campo que reúna todo lo bueno del golf inglés, Ganton sería tan buena opción como cualquier otra. Tiene solera, ya que se fundó en 1891; ha acogido muchos torneos de alto nivel amateurs y profesionales; es una combinación de golf links y de monte; es un club tradicional y, a la vez, cálido y hospitalario, y también pone a prueba de forma excelente todos los aspectos del juego de un golfista.

Cuando se conduce hacia el campo por la concurrida carretera de York a Scarborough, suele asaltar la duda de si es el camino correcto, ya que esto no parece una región golfística. Pero basta tomar la vía que lleva al club para que todo cambie, incluso la calidad del aire. El camino ofrece tentadoras vistas de calles y greenes inmaculados, pinos altos, búnkeres gigantescos y tojos hostiles. Por fin hay indicios de que aquí hay golf de primera.

Ganton es un campo compacto que asegura un ritmo de juego vivo, aunque lo ingenioso de su recorrido hace que los golfistas coincidan en distintos momentos de sus vueltas. Los comunicativos socios aprovechan cualquier oportunidad para comparar las notas de sus respectivos partidos.

LINKS DE INTERIOR

Lo que distingue al campo de Ganton de sus alrededores más inmediatos es el terreno en el que se construyó. Hace cientos de miles de años, antes de que el mar retrocediese hasta el punto en el que está hoy, estas tierras eran playas. Bajo el campo hay una capa profunda de arena que constituye un drenaje excelente y mantiene la hierba fresca que suele encontrarse en la costa. Ganton se juega como un links, es firme y rápido. Normalmente, el pitch rodado resulta mucho más eficaz que el wedge por alto, sobre todo cuando el viento fuerte sopla por el valle de Pickering.

DERECHA *El 14 de Ganton es uno de los mejores pares 4 de menos de 300 metros de Gran Bretaña. El entorno, en el valle de Pickering, hace que este recorrido sea uno de los más agradables donde jugar.*

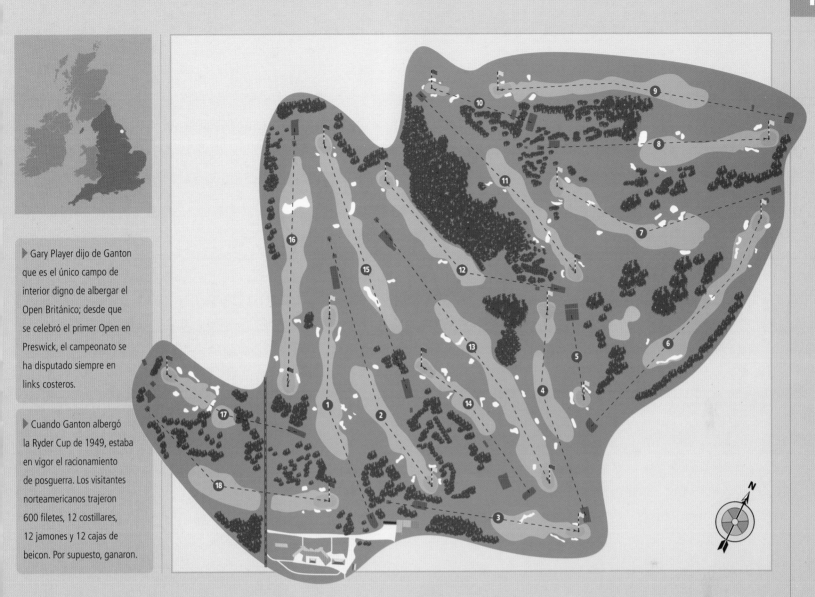

▶ Gary Player dijo de Ganton que es el único campo de interior digno de albergar el Open Británico; desde que se celebró el primer Open en Preswick, el campeonato se ha disputado siempre en links costeros.

▶ Cuando Ganton albergó la Ryder Cup de 1949, estaba en vigor el racionamiento de posguerra. Los visitantes norteamericanos trajeron 600 filetes, 12 costillares, 12 jamones y 12 cajas de beicon. Por supuesto, ganaron.

En el campo

La perspectiva desde el tee del 1 es atractiva. La calle se eleva suavemente antes de deslizarse a la derecha y pasar por unos búnkeres junto al green, con arena a ambos lados. No es un hoyo difícil, pero la sensación de que un juego descuidado recibirá su castigo es inminente. Una vez más, los búnkeres mantienen al golfista en alerta en el hoyo 2 y suponen un desafío para los aspirantes a llegar al green del 3 desde el tee. Desde aquí, el campo serpentea y gira en una sucesión de hoyos tocados por el viento desde todos los ángulos. En el hoyo 14, el recorrido enseña los dientes. Quizá sea un par 4 excesivamente corto, pero tienta a jugar de forma atrevida y castiga con crueldad los errores.

Hay que golpear fuertemente para conquistar el 15 y, también en el tee del 16, donde hay que sobrevolar un monstruoso búnker. Lo más difícil es colocar bien el drive para garantizar un approach sin impedimentos al green, que queda elevado sobre unos búnkeres y respaldado por un tojo amarillo. El 17 es un hoyo corto brutalmente largo (que los visitantes juegan como par 4) y la vuelta termina con una curva estratégica. La avaricia rompe el saco. Luego, llega la hora de tomar una bebida y una porción de la famosa tarta de Ganton.

FICHA DEL CAMPO

Hoyo	Distancia (metros)	Par	Hoyo	Distancia (metros)	Par
1	341	4	10	154	3
2	407	4	11	381	4
3	305	4	12	332	4
4	371	4	13	479	5
5	144	3	14	258	4
6	430	4	15	422	4
7	398	4	16	410	4
8	379	4	17	228	3
9	461	5	18	397	4
Ida	3.236	36	Vuelta	3.061	35
			Total	6.297	71

Royal Birkdale

Royal Birkdale Golf Club, Southport, Merseyside, Inglaterra

Resulta sorprendente que un club y un campo con tanta solera sean tan poco pomposos. A Royal Birkdale le basta con haber sido elegido para el centenario del Open Británico y mantenerse en la lista de los diez mejores campos del mundo.

Los visitantes de Royal Birkdale son recibidos con unas vistas impresionantes: una casa-club de estilo *art déco* que parece un barco surcando un agitado mar de dunas. Fue diseñada en 1935 a imagen y semejanza de los grandes transatlánticos que salían por entonces de Liverpool en gran número rumbo a todos y cada uno de los rincones del aún intacto imperio Británico. Aun así, en el interior de la casa-club, el confort y el lujo son sin lugar a dudas propios del siglo XXI.

El golf links auténtico va a la par que la naturaleza, y en Royal Birkdale se utilizan pocos trucos y poca intervención humana para generar los desafíos del campo. En realidad, las dificultades son fruto de un diseño sutil y unas longitudes sustanciales. El raf grueso y los matorrales devoran los golpes errados y ofrecen un refugio maravilloso a una gran variedad de fauna. Sin embargo, el diseño (mejorado con los años por la familia de arquitectos Hawtree) es en realidad muy simple. Así, los hoyos se deslizan por los valles entre colinas de arena, y generan calles planas (¡para un links!), regalan muchos metros de rodado a los golpes buenos y preparan un buen stance para el siguiente golpe. Las crestas y las depresiones de este agitado mar de dunas de arena están omnipresentes, pero sólo dan problemas al desviarse del recorrido previsto. Cuentan con tees y greenes muy bien ubicados, como el tee del 11 y el green del 12.

Una historia longeva y distinguida

Sede del Open Británico en nueve ocasiones entre 1954 y 2008, Royal Birkdale siempre da muestras de ser un anfitrión excepcional, con una naturaleza justa que recompensa el buen juego mientras las colinas de arena que flanquean las calles sirven de gradas naturales para el público, las mejores de todos los campos del Open. La opinión preponderante tras cada Open es que el campo es difícil pero justo y que es un firme favorito entre los profesionales.

▶ El raf puede ser brutal en la semana de un Open. En 1971, Lee Treviño bromeó: «En el 15, dejamos la bolsa en el suelo para buscar la bola: ¡encontramos la bola y perdimos la bolsa!».

IZQUIERDA *Con vistas al último green, la casa-club de Royal Birkdale recuerda a uno de los muchos transatlánticos que solían pasar junto al campo camino de Liverpool.*

UN MOMENTO DE ORGULLO PARA EL GOLF

Uno de los grandes caballeros del golf, Jack Nicklaus, concedió un putt corto pero arriesgado a Tony Jacklin en el green del 18, en el clímax de la Ryder Cup de 1969. Dicho putt permitió al equipo de casa empatar con el norteamericano. «Estoy seguro de que lo habrías embocado, pero no estaba preparado para verte fallar», fue el fraternal comentario de Nicklaus a su oponente.

El complejo hoyo 1, con una largo viraje a la izquierda, sienta el precedente de que la precisión es la clave: presenta un fuera de límites a la derecha, el infame búnker Jutland a la izquierda, y unos característicos montículos que bloquean los approaches a green desde ubicaciones malas. Aunque los árboles nunca son determinantes para el juego regular, a menudo ofrecen un telón de fondo atractivo, por ejemplo en lo alto de las dunas del green del 2, astutamente protegido por búnkeres redondos.

Como en todos los buenos diseños, una planificación adecuada desde el tee permite preparar un correcto golpe de approach hacia el green. Así sucede en el difícil hoyo 6, donde hay que flirtear con un gran búnker a la derecha para preparar un buen ángulo respecto al green en alto. Los hoyos giran y se retuercen entre las dunas, dejando que el viento sople desde todos los ángulos.

Hay buenas variaciones entre los hoyos, como los pares cuatro como el 5, con un dogleg muy marcado, y el 11 cuesta abajo. Los greens, reconstruidos por Martin Hawtree en la década de 1990, constituyen un buen examen. Están rodeados por montículos, hondonadas y búnkeres que exigen un juego corto imaginativo como del que hizo gala Seve Ballesteros al ejecutar ese famoso chip rodado entre los búnkeres del 18 en 1976.

FICHA DEL CAMPO

Hoyo	Distancia (metros)	Par
1	411	4
2	385	4
3	372	4
4	186	3
5	315	4
6	439	4
7	162	3
8	418	4
9	376	4
Ida	3.064	34
10	369	4
11	373	4
12	167	3
13	455	4
14	181	3
15	497	5
16	380	4
17	500	5
18	432	4
Vuelta	3.354	36
Total	6.418	70

Royal Liverpool

Royal Liverpool

Royal Liverpool Golf Club, Hoylake, Wirral, Inglaterra

Fundado en 1869, Royal Liverpool (u Hoylake) es uno de los clubes de golf más antiguos de Inglaterra. Aquí se jugó a golf por primera vez de forma paralela a carreras amateurs de caballos y ponis, ya que era la sede del Liverpool Hunt Club. Naturalmente, no era cuestión de que los caballos trotasen por las dunas así que, en buena parte, este campo es excepcionalmente plano. Pero las apariencias engañan, sobre todo aquí.

Ya en 1872, Hoylake albergó su primer torneo profesional, de hecho el primero de cierta trascendencia fuera de Escocia. El primer premio era casi dos veces más cuantioso que el del Open Británico. Atrajo a pocos pero distinguidos jugadores y Young Tom Morris se alzó con la victoria. El siguiente torneo importante fue el de la inauguración del Amateur Championship (1885), seguido de su primer Open Británico (1897). En esta ocasión, el ganador fue el jugador del Royal Liverpool Harold Hilton. Él y su compañero de club, John Ball,

fueron los únicos amateurs que ganaron el Open hasta la aparición de Bobby Jones, que se impuso en Hoylake en 1930. Ésta sería la segunda victoria del increíble «cuadrilátero inexpugnable», que ganó los Open y los Amateur Championships de Estados Unidos y Gran Bretaña en el mismo año. El Open regresó a Hoylake en varias ocasiones, pero tras la victoria de Roberto de Vicenzo en 1967, no volvió a albergar el torneo hasta 2006, cuando Tiger Woods enseñó a todo el mundo cómo se jugaba en este campo.

DERECHA *El green del 12 representa un objetivo difícil en lo alto de las dunas, pero ofrece unas vistas maravillosas del estuario de Dee y las montañas de Flintshire.*

Woods, el gran estratega

Como ya había hecho en St. Andrews en 2005, Woods analizó el campo desde el punto de vista de sus propios puntos fuertes. Decidió que era demasiado peligroso golpear siempre el driver desde el tee. Consideró que, si jugaba a buscar posición en lugar de distancia, asegurándose de que la bola aterrizase en el mejor punto posible desde el que atacar el green, su juego con los hierros largos le acercaría al hoyo. Esa semana, se impuso su juego de approach.

Aunque para el Open se alteró el orden de los hoyos, Hoylake suele empezar con un par 4 sin búnkeres en el que es posible mandar el drive fuera de límites. El green linda con un cop (un talud recubierto de hierba) que también queda fuera de límites. La mayoría de los primeros hoyos están al nivel de la calle, pero exigen una perspicacia constante. Y el viento raramente descansa.

A medida que la vuelta progresa, el carácter del campo cambia gradualmente hasta el 8, en el que el pitch se ejecuta cuesta arriba con una pendiente marcada y hasta un green ondulado en lo alto de las dunas. A partir de aquí, hay una secuencia de hoyos costeros con unas vistas impresionantes. El mejor de todos es el 12, un majestuoso par 4 que empieza con un drive a una calle baja y curvada seguido de un largo segundo golpe cuesta arriba hasta un green de ubicación estupenda que rechaza cualquier approach de baja calidad. Woods solventó sus problemas en el segundo día del Open golpeando un pitch que le preparó un eagle. Su approach de la última tarde, sólido como una roca, fue asombroso. Una demostración de golf magnífica en un campo a la altura.

▶ Para celebrar el Open Británico de 2006 se realizaron distintas modificaciones en el campo, incluyendo un hoyo 17 totalmente nuevo (que durante el campeonato se jugaba como el hoyo 1). El antiguo green quedaba tan cerca de una carretera que algunos jugadores pateaban fuera de límites.

FICHA DEL CAMPO

Hoyo	Distancia (metros)	Par
1	392	4
2	340	4
3	483	5
4	185	3
5	414	4
6	387	4
7	181	3
8	488	5
9	359	4
Ida	3.229	36
10	410	4
11	181	3
12	417	4
13	147	3
14	507	5
15	420	4
16	512	5
17	415	4
18	399	4
Vuelta	3.408	36
Total	6.637	72

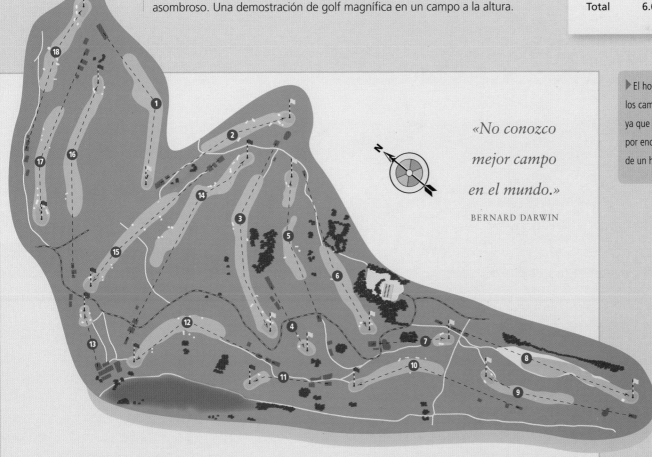

«No conozco mejor campo en el mundo.»

BERNARD DARWIN

▶ El hoyo 6 es poco usual entre los campos de competición, ya que el drive se ejecuta por encima del extremo de un huerto.

Royal Lytham

Royal Lytham y St. Annes Golf Club, Lancashire, Inglaterra

El golf inglés está lleno de sorpresas, y Royal Lytham es una de ellas. Se encuentra en la región poco atractiva de Fylde, cuyo máximo esplendor es el complejo vacacional más bien aburrido de Blackpool. El entorno tampoco es nada del otro mundo, sin rastro de dunas de arena ni olas rompiendo en la costa. De hecho, el club queda encerrado entre algunas viviendas y la línea de ferrocarril. Y, a pesar de todo, es innegable que se trata de uno de los grandes clubes de Inglaterra, con uno de los mejores campos del país, merecedor de su papel como sede habitual del Open Británico.

Lytham tuvo un comienzo de lujo como sede del Open. Corría el año 1926 y el ganador fue nada menos que Bobby Jones, el mejor golfista amateur de la historia. El club no volvió a albergar el Open hasta después de la Segunda Guerra Mundial, pero a partir de entonces el ilustre palmarés estuvo representado por Bobby Locke, Peter Thomson, Bob Charles, Tony Jacklin, Gary Player y Seve Ballesteros (dos veces); no hay ningún norteamericano en el grupo. La situación se enmendó en 1996, 70 años después de la primera victoria de un norteamericano, cuando Tom Lehman se proclamó campeón, seguido en 2001 por un David Duval que hizo realidad todo el potencial de su talento.

Todos estos campeones necesitaron agallas, porque Lytham nunca da un respiro. Es un campo absolutamente implacable.

EL RESURGIMIENTO DE EUROPA

La victoria de Tony Jacklin en el Open celebrado en Lytham en 1969 supuso un punto de inflexión para el golf británico y europeo, ya que marcó la recuperación de la confianza en el propio juego. A partir de ahí, los europeos dejarían de temer a los norteamericanos, los australianos y los sudafricanos, que hasta entonces dominaban el panorama golfístico. Esta victoria abrió la senda de los triunfos de Sandy Lyle, Ian Woosnam, Seve Ballesteros, Bernhard Langer, José María Olazábal, Nick Faldo, Paul Lawrie y Padraig Harrington.

Lytham, un campo nada ortodoxo

Esto no significa que Lytham sea excéntrico, ni mucho menos, pero no es habitual abrir con un par 3 y tener tres pares 4 bastante por debajo de los 370 metros en los nueve de vuelta. A pesar de ello, los últimos nueve hoyos son aterradores. Es en la segunda mitad del campo en la que se deciden las puntuaciones, y es muy habitual perder de camino a casa.

Lytham es despiadado. Para el jugador medio es, seguramente, el campo del Open que más pone a prueba a los jugadores, en gran parte por la abundancia de búnkeres. A medida que se han ido sucediendo los Open y los equipos han evolucionado tanto como la destreza de los golfistas, se han tenido que ir añadiendo búnkeres, aunque los antiguos se han dejado intactos. Todos están para amenazar golpes de cualquier longitud desde cualquier hoyo.

Resulta edificante seguir a los mejores jugadores en los hoyos finales. Jack Nicklaus dijo del 15: «¡Díos, es un hoyo difícil!». La calle se desvía bajo la línea del drive, es estrecha y está bien protegida por búnkeres. Un drive conservador prepara para un golpe a ciegas para llegar al green. En 1979, Seve Ballesteros jugó un golpe de recuperación asombroso desde un aparcamiento y hasta el lado derecho del green del 16, logrando un birdie increíble camino de la victoria. Para el resto de mortales, el mejor approach es desde la izquierda.

Bobby Jones logró otra recuperación sorprendente en el 17 de su vuelta final en 1926 con un golpe que se conmemora con una placa en el suelo, a la izquierda de los búnkeres de la calle. Con dos hileras diagonales de búnkeres que atraviesan la calle, el drive final es uno de los más tensos del golf.

IZQUIERDA *La casa-club fue construida por los arquitectos Woolfall and Eccles de Liverpool, que poco antes habían concluido la de Royal Liverpool. Tenía que ser «un edificio pintoresco con profusión de madera».*

FICHA DEL CAMPO

Hoyo	Distancia (metros)	Par
1	188	3
2	401	4
3	419	4
4	358	4
5	194	3
6	452	5
7	510	5
8	383	4
9	150	3
Ida	3.055	35
10	306	4
11	496	5
12	181	3
13	312	4
14	407	4
15	425	4
16	328	4
17	427	4
18	377	4
Vuelta	3.259	36
Total	6.314	71

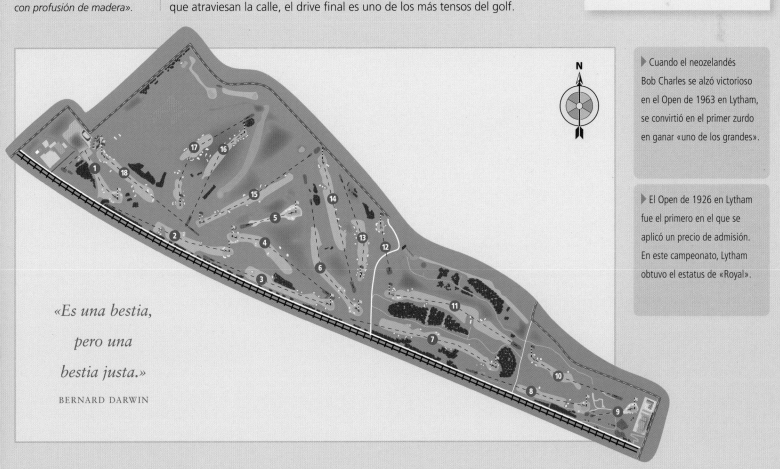

N

▶ Cuando el neozelandés Bob Charles se alzó victorioso en el Open de 1963 en Lytham, se convirtió en el primer zurdo en ganar «uno de los grandes».

▶ El Open de 1926 en Lytham fue el primero en el que se aplicó un precio de admisión. En este campeonato, Lytham obtuvo el estatus de «Royal».

«*Es una bestia, pero una bestia justa.*»
BERNARD DARWIN

Royal St. George's

Royal St. George's Golf Club, Sandwich, Kent, Inglaterra

El Open Británico fue monopolio escocés durante sus 33 primeros años de existencia, pero en 1984 se permitió que el campeonato se disputase por primera vez al sur de la Muralla de Adriano. Difícilmente se podría haber llevado más al sur, dado que llegó a la costa de Kent, a Sandwich, donde el Royal St. George's Golf Club llevaba establecido (de la mano de dos escoceses, cómo no) desde 1887.

Esos dos escoceses (el doctor Laidlaw Purves y Henry Lamb) habían recorrido buena parte de la costa del Canal de la Mancha con la intención de descubrir una parcela de terreno que recordase a los grandes links de su tierra natal. Empezaban a descartar la posibilidad de encontrarla cuando descubrieron en Sandwich un páramo lleno de ondulaciones y con las condiciones adecuadas para construir un campo de golf complejo y apasionante.

Un campo natural

Con semejante territorio, Purves y Lamb no necesitaron mover grandes cantidades de tierra. Simplemente se trataba de encontrar una ruta variada de ida y vuelta entre las dunas y por encima de ellas. Hicieron un trabajo tan bueno que el campo sigue hoy el mismo recorrido. Han habido algunos cambios, pero no se han eliminado los golpes ciegos, entre los que destaca un par 3, el Maiden.

DERECHA *El green del 6, justo en el corazón de una de las zona de dunas más hermosas del mundo. Más adelante, junto a la costa, está el Prince's Golf Club, que fue sede del Open Británico en 1932.*

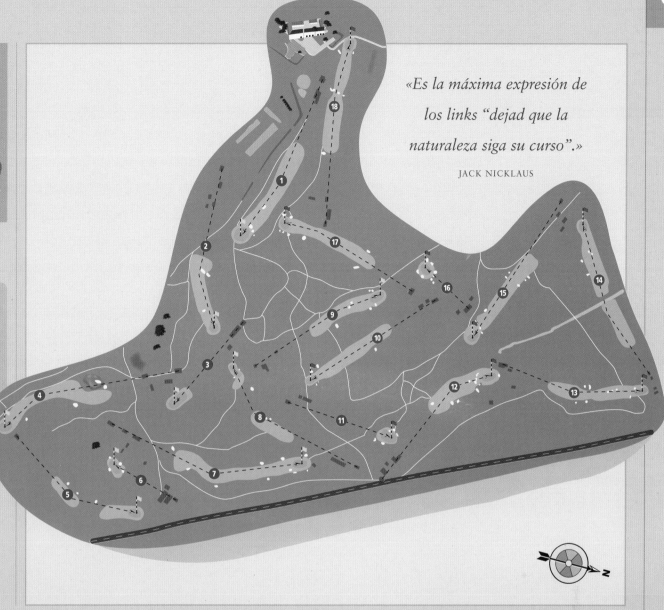

> Durante el Dunlop Masters de 1967, el hoyo 16 marcó un hito cuando Tony Jacklin embocó su golpe desde el tee: era la primera vez que se retransmitía un ace en vivo por la televisión británica.

«Es la máxima expresión de los links "dejad que la naturaleza siga su curso".»

JACK NICKLAUS

FICHA DEL CAMPO

Hoyo	Distancia (metros)	Par	Hoyo	Distancia (metros)	Par
1	403	4	10	378	4
2	378	4	11	219	3
3	192	3	12	347	4
4	452	4	13	420	4
5	385	4	14	504	5
6	157	3	15	437	4
7	485	5	16	149	3
8	416	4	17	389	4
9	356	4	18	428	4
Ida	3.224	35	Vuelta	3.271	35
			Total	6.495	70

De todos los recorridos del Open, Sandwich es el que parece más alejado de la vida cotidiana. La casa-club se erige, como ha sido siempre, en los campos que se encuentran al final del recorrido. La sensación de aislamiento se mantiene en el hoyo de apertura, que se abre a una gran extensión, hacia el horizonte. En el 4, quien visite este club por primera vez quedará boquiabierto ante la panorámica desde el tee, ya que una duna gigante bloquea la visión de la calle y ante ella se hallan dos de los búnkeres más temibles que puedan imaginarse. Es el comienzo de una maravillosa secuencia de hoyos que se juegan junto a la costa.

El inicio de los nueve de vuelta da un respiro, pero el regreso a casa a partir del 14 es de infarto. De hecho, el 14 ha arruinado las opciones de más de un aspirante a ganar el Open, porque un muro fuera de límites acompaña de cerca la calle hasta el green (el Prince's Golf Club, sede del Open Británico de 1932 que ganó Gene Sarazen, está al otro lado de este muro). Se precisa un golpe potente para superar las dificultades que representan los tres hoyos largos de dos golpes que quedan muy expuestos al viento. Pese a ser el más corto del campo, el delicado hoyo 16 no es en absoluto pan comido.

Sunningdale

Old Course, Sunningdale Golf Club, Berkshire, Inglaterra

El carné de socio del Sunningdale Golf Club es de los más buscados de Inglaterra. Uno de los motivos principales es que se trata de un club en toda regla, con mucha energía y un buen ambiente que se respira tanto en la casa-club como en el campo. Además, Sunningdale es uno de esos clubes privilegiados que poseen dos campos igual de estupendos, el Old y el New. Como exponente de la vanguardia del golf inglés durante casi un siglo, también posee un arraigado sentido de la tradición y la historia.

Cuando el golf llegó a Inglaterra en 1608, este deporte se practicaba en las hierbas cortas tipo links de Blackheath. Los escoceses lo dieron a conocer cuando viajaron al sur con su recién coronado rey, Jaime I de Inglaterra y VI de Escocia. Como cabría esperar, no tardaron en ponerse a buscar lo más parecido posible a sus links para jugar a golf. Cuando descubrieron Blackheath, abandonaron la búsqueda. No tenían motivo para viajar hasta el condado de Surrey, que entonces estaba densamente arbolado y tenía pocas poblaciones. Por eso no llegaron a descubrir el potencial golfístico que les esperaba a poco más de 30 km del centro de Londres.

El golf no echó raíces en esta parte de Inglaterra hasta las dos últimas décadas del siglo xix, en parte gracias a la llegada del ferrocarril y a la necesidad de desplazarse por motivos de trabajo. La mayoría de los profesionales que se trasladaban del campo a Londres, como médicos, abogados, banqueros y agentes de bolsa, empezaron a crear campos de golf allí donde vivían. Para su satisfacción, descubrieron que esos terrenos –una gran franja arenosa que va de Berkshire, a través de Surrey, hasta Hampshire y West Sussex– podían aportarles el suelo firme y rápido ideal para jugar a golf, a años luz de los terrenos arcillosos y pesados de Londres.

LA VUELTA PERFECTA

Las vueltas de clasificación para el Open de 1926 tuvieron lugar en Sunningdale, donde Bobby Jones obtuvo un 66 y un 68, resultados «increíbles e indecentes» según Bernard Darwin. Su 66 (33 de ida y 33 de vuelta) incluyó 33 putts y 33 golpes más, y cada hoyo era de tres o cuatro golpes. En su momento, se describió como la mejor vuelta de la historia de Gran Bretaña.

IZQUIERDA *El hoyo 10, par 5, uno de los más hermosos en un campo de gran belleza. Park y Colt supieron explotar con acierto la topografía de Sunningdale.*

Sunningdale lidera el camino

Aunque ya había varios campos en la zona, Sunningdale dejó huella cuando se inauguró en 1901 a bombo y platillo. El campo fue diseñado por el ex ganador del Open Willie Park Jr., que quiso reproducir los elementos del golf links que hasta entonces se habían echado tanto en falta en los campos del interior. Los golfistas tenían que pensar aquí de una forma muy distinta para abrirse camino a través de una serie de sutiles (y nada toscos) desafíos.

ABAJO DERECHA *El hoyo 17 y luego el 18 conducen hasta la bonita casa-club de Sunningdale. Estos dos potentes pares 4 constituyen un clímax final excelente.*

FICHA DEL CAMPO

Hoyo	Distancia (metros)	Par	Hoyo	Distancia (metros)	Par
1	452	5	10	437	5
2	447	5	11	297	4
3	292	4	12	412	4
4	147	3	13	169	3
5	383	4	14	465	5
6	379	4	15	207	3
7	368	4	16	401	4
8	166	3	17	385	4
9	250	4	18	395	4
Ida	2.884	36	Vuelta	3.168	36
			Total	6.052	72

Park quizás tuvo mala suerte porque su diseño coincidió con la desaparición de la bola de gutapercha y la llegada de la nueva bola Haskell y sus nuevas prestaciones. Sin embargo, el club apostó fuerte al contratar a Harry Colt como su primer secretario, que reconstruyó el campo en la década de 1920 y lo convirtió en el que conocemos hoy, e incorporó el New Course.

El Old Course de Sunningdale es toda una experiencia. Un recorrido mágico aprovecha magníficamente todos los elementos naturales con los que el arquitecto quiso poner a prueba al golfista. Aquí no se pueden bombardear los greenes a base de lob wedges, sino que hay que conducir la bola con cuidado hasta la superficie de putt. El campo ofrece hoyos de todos los tamaños y longitudes –con grandes cambios de ritmo– y requiere sabiduría en cada tee. Si se manda el drive al sitio equivocado, difícilmente se podrá detener el siguiente golpe en el green. Como sería de esperar en un club como éste, los dos campos se encuentran siempre en perfectas condiciones.

Wentworth

West Course, Wentworth Club, Virginia Water, Surrey, Inglaterra

Conducir por la vasta urbanización de Wentworth Estate es todo un descubrimiento. Las mansiones de los ricos y famosos flanquean los caminos, y muchas se erigen cerca de los tres campos de golf que, en ocasiones, se cruzan con las carreteras, obligando a parar al conductor mientras un partido de cuatro lanza sus golpes desde el tee.

ARRIBA *El atractivo del West Course de Wentworth se debe tanto a su belleza como a su nivel de exigencia. Es uno de esos campos que invitan a ejecutar buenos golpes. Éste es el 2, un par 3.*

Wentworth Estate nació en la década de 1920 gracias a la visión de futuro, la habilidad empresarial y la gran confianza del constructor George Tarrant. Cuando llegó el momento de construir los campos de golf, supo exactamente a quién recurrir: Harry Colt. Tarrant y Colt habían colaborado en un proyecto similar unos años antes en St. George's Hill. Gracias al éxito de ambas iniciativas, es uno de los rincones más agradables para vivir de los alrededores de Londres.

Colt construyó el East Course en 1924. Hoy mide cerca de 5.490 metros, pero es un campo muy divertido y fue lo suficientemente bueno como para albergar un encuentro de profesionales de Estados Unidos, Gran Bretaña e Irlanda en 1926, abriéndose así camino hacia la Ryder Cup. El East fue el campo de la primera Curtis Cup, un encuentro disputado por mujeres amateurs de Estados Unidos, Gran Bretaña e Irlanda en 1932. El segundo campo fue el West Course, también diseñado por Colt e inaugurado en 1926. Habría que esperar más de 60 años hasta que abriera las puertas el tercer campo, el Edinburgh, en 1990. Éste fue diseñado por John Jacobs, Gary Player y Bernard Gallagher.

La «carretera de Birmania»

Cuando abrió sus puertas, el West Course resultaba tan largo e intrincado que algunos lo apodaron la «carretera de Birmania». Hoy, su longitud ha mermado pero el nombre permanece. Dos veces al año, los espectadores se congregan frente al televisor para comprobar el perfecto estado de las instalaciones durante el PGA Championship de primavera y el World Matchplay de otoño. Las recientes mejoras realizadas por Ernie Els (que vive en el recinto) han ampliado el campo de poco más de 6.400 metros a unos 6.675 m. Los visitantes que juegan desde los tees amarillos lo encuentran bastante largo con sus más de 6.125 metros.

Pero la longitud no lo es todo, y algunos de los mejores hoyos parecen modestos sobre el papel. Por ejemplo, el 2, de 141 metros, se juega desde un tee en alto, atravesando una carretera y hasta un esquivo green de tipo cornisa. El 6, el 7 y el 8 se cuentan entre los pares 4 más cortos, pero sus greenes son extraordinariamente difíciles de localizar. El corto 14 se juega cuesta arriba hacia un green de varios niveles; la pendiente es lo bastante marcada para engañar a la vista y el viento puede complicar aún más la elección del palo. El 16 también plantea problemas a los profesionales en los torneos.

Se ha encontrado un nuevo tee para el 17 que se estira nada menos que 558 metros. Es extremadamente fácil mandar el drive fuera de límites a la izquierda, así que la reacción natural es cometer el error de irse a la derecha, incrementando la longitud del hoyo y, seguramente, cayendo en un lie o incluso detrás de algún árbol. Tampoco es fácil llegar al green, que está en alto. El 18, modificado por Els, es ahora un hoyo final especialmente potente.

▶ Además del PGA Championship y el World Matchplay, el West Course ha albergado la Ryder Cup (1953) y la Canada Cup (1956), ocasión en la que Ben Hogan realizó una de sus escasas visitas al Reino Unido y ganó el torneo con Sam Snead como compañero.

FICHA DEL CAMPO

Hoyo	Distancia (metros)	Par
1	433	5
2	141	3
3	425	4
4	505	5
5	194	3
6	382	4
7	362	4
8	367	4
9	413	4
Ida	3.222	36
10	168	3
11	380	4
12	486	5
13	430	4
14	164	3
15	448	4
16	350	4
17	558	5
18	492	5
Vuelta	3.476	37
Total	6.698	73

Woodhall Spa

Woodhall Spa

Hotchkin Course, Woodhall Spa, Lincolnshire, Inglaterra

De todos los campos de Gran Bretaña, el Hotchkin Course de Woodhall Spa debe de ser el menos conocido por la sencilla razón de que se halla en un rincón remoto del país y ni siquiera es un lugar de paso. A pesar de su sugerente nombre, Woodhall Spa es poco más que un pueblo encantador, pero tiene campo de golf desde 1890.

El club ha vivido una historia más bien atribulada. El terrateniente local Stafford Vere Hotchkin tuvo que acudir repetidamente en su rescate, primero para pagar las deudas de arrendamiento del club y luego para comprarlo en 1919. Tras una serie de traslados y reestructuraciones, el club tuvo la suerte de poder contar con un buen recorrido de Harry Colt sobre una compleja extensión de monte. Pero Hotchkin era más que un mero benefactor financiero, también era un golfista competente al que le gustaba diseñar campos.

Entre 1919 y 1953, año de su muerte, realizó un gran numero de modificaciones en el campo, convirtiéndolo en uno de los más exigentes de Inglaterra. Su hijo, Neil, recogió el testigo tras la muerte de su padre, lo que garantizó que el diseño del campo no sería suavizado y conservaría el espíritu de Hotchkin. En 1995, Neil vendió el campo a la English Golf Union (EGU), que estableció su sede central aquí, contrató a Donald Steel para construir un segundo campo (el Bracken) y conservó el campo de Hotchkin tal como a él le hubiera gustado.

DERECHA *Los búnkeres de Woodhall Spa se cuentan entre los más formidables de Gran Bretaña. Son profundos, con taludes verticales y abundantes. Éste es el green del 5, rodeado de arena.*

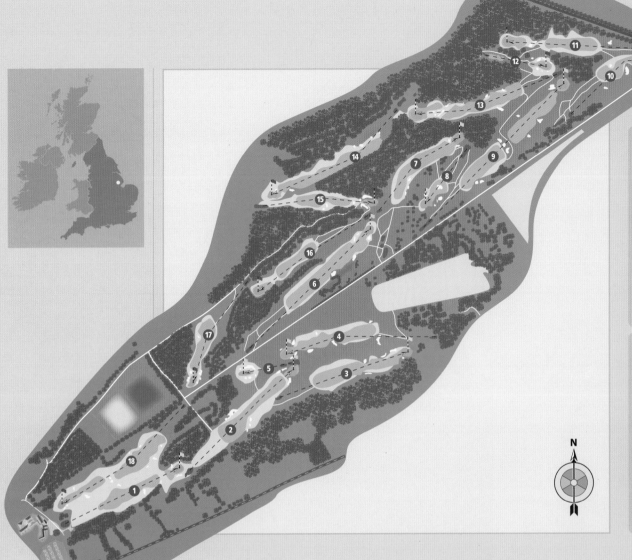

▶ Uno de los principios de Hotchkin para el diseño de campos era: «Los mejores resultados se obtienen haciendo un campo conforme al entorno natural que ya existe, de modo que no parezca artificial y se integre en el paisaje». Woodhall Spa ha seguido este sabio consejo a pie juntillas.

▶ Debido a su ubicación, Woodhall Spa ha albergado pocos torneos profesionales, pero ha desempeñado un papel destacado en el calendario amateur, siendo sede de campeonatos como el English Amateur, el Brabazon Trophy, el St. Andrews Trophy y el Ladies British Open Amateur.

N

▶ Durante un partido celebrado en 1982, un socio embocó un hoyo en uno en el 12. Después, su contrincante hizo lo propio para empatar.

Quizá los búnkeres más temibles de Inglaterra

Si no se ha jugado en Woodhall Spa cuesta imaginar la ferocidad de sus búnkeres. Puestos a elegir entre Ganton y Woodhall Spa, a día de hoy no se ha decidido cuál es el club inglés con los búnkeres más salvajes. Los de Ganton son más visibles y quizá impresionan más. Los de Woodhall Spa son más profundos –trincheras a menudo con cejas de brezos– y a veces invisibles desde la distancia. Algunos búnkeres pueden ser tan profundos como la estatura de un hombre. A veces están muy pegados a unos greenes elevados, por lo que la única opción es salvar una pared vertical de tres metros para alcanzar la superficie de putt. Paradójicamente, Ganton y Woodhall Spa son campos maravillosos que, por más que resulten un hueso duro de roer, ofrecen grandes satisfacciones.

Woodhall Spa seduce desde el principio con un hoyo corto de dos golpes que arranca el juego. La falsa sensación de seguridad queda en nada en el hoyo 2, donde el campo enseña los dientes. Búnkeres muy profundos amenazan a los drives de cualquier longitud y el green tiene un acceso estrecho. Si no se cae en la trampa de un búnker, se cae en la de los brezos. Puede parecer bonito, pero una serie de golpes para escapar puede acabar con una muñeca rota.

El atractivo de Woodhall Spa se debe a la variedad de hoyos, de los que no hay dos iguales. Hay magníficos hoyos largos de dos golpes, pero quizá sea su colección de pares 3 (sólo hay tres) la que perdura más tiempo en la memoria.

FICHA DEL CAMPO

Hoyo	Distancia (metros)	Par	Hoyo	Distancia (metros)	Par
1	330	4	10	309	4
2	404	4	11	400	4
3	379	4	12	157	3
4	379	4	13	412	4
5	135	3	14	476	5
6	481	5	15	294	4
7	430	4	16	361	4
8	191	3	17	307	4
9	534	5	18	494	5
Ida	3.263	36	Vuelta	3.210	37
			Total	6.473	73

ACORDE CON LA NATURALEZA

El Hotchkin Course ocupa una valiosa parcela de monte, un hábitat que está desapareciendo a marchas forzadas en Gran Bretaña. Por eso se ha declarado «lugar de especial interés científico». El National Golf Centre, sede de la EGU, trabaja en colaboración con Natural England para gestionar el territorio de manera que se preserve su biodiversidad. Con el tiempo, el proyecto permitirá recuperar más terreno de monte como el original, prescindiendo de plantas y árboles que no son autóctonos. Al mismo tiempo, se están descubriendo y recuperando búnkeres que llevaban tiempo ocultos y otros elementos de campos de golf anteriores.

DERECHA *En Woodhall Spa, el golf se disfruta con cierta atemporalidad, como si fuera un mundo aparte. Esta vieja torre en ruinas evoca una época muy anterior al golf.*

Celtic Manor

Twenty Ten Course, Celtic Manor Resort, Newport, Gales

Los campos de Celtic Manor, sede de la Ryder Cup de 2010, son modernos en todos los sentidos, pero el terreno sobre el que descansan está cargado de historia. Estas tierras tienen vistas a la antigua ciudad romana de Caerleon, desde la que salía la Via Julia, una ruta de comunicación que conectaba esta avanzada militar galesa con los asentamientos romanos de Inglaterra. Sus ruinas atraviesan las tierras de Celtic Manor.

En el siglo v, estas tierras fueron adquiridas por los obispos de Llandaff y, en el siglo xvii, se construyó una casa solariega para el máximo representante local de la corona. Pero la finca tal como la conocemos hoy tomó forma en 1860, cuando el próspero industrial Thomas Powell mandó construir Coldra House para su hijo. Posteriormente, el edificio se convirtió en una maternidad. Cerró sus puertas en 1975 y estuvo a punto de convertirse en ruinas hasta que un adinerado hombre de negocios, sir Terry Matthews, la compró en 1981 y la restauró para convertirla en un hotel de lujo. Desde entonces, la historia de Celtic Manor no ha parado de evolucionar. El hotel tiene capacidad para casi 2.000 personas y, en 1995, llegó el golf en forma del Roman Road Course, que discurre muy cerca de la Via Julia.

El Roman Road Course fue diseñado por toda una leyenda, Robert Trent Jones, quien en sus 70 años de carrera diseñó más de 300 campos, incluida una de las sedes de la Ryder Cup, la española Valderrama, y remodeló 150 campos. Jones volvió a Celtic Manor para construir un campo corto, Coldra Woods, y luego trabajó junto a su hijo, Robert Jr., para crear el larguísimo Wentwood Hills Course, una extraordinaria combinación de hoyos alpinos y otros que parecen traídos directamente de Florida, salpicados por los obligados lagos en primer plano de las zonas más bajas.

IZQUIERDA *El apacible Usk Valley será un hervidero de emociones cuando se disputen los partidos de la Ryder Cup en Celtic Manor. Éste es el hoyo 14.*

Decisiones valientes

Matthews afrontó un proyecto ambicioso. Quería atraer a las estrellas de este deporte y se propuso llevar la Ryder Cup a Gales. El problema era que ninguno de los campos existentes podía albergar semejante torneo. Roman Road no era lo bastante difícil y Wentwood Hills no era adecuado para los espectadores, ya que los nueve de ida tenían unas pendientes agotadoras. Se necesitaban medidas drásticas y a Matthews no le tembló el pulso a la hora de decidirse.

La decisión más valiente fue abandonar el Wentwood Hills Course, considerado la joya de la corona del resort. En realidad no prescindió de él por completo, ya que los hoyos más elevados se han incorporado a un nuevo campo diseñado por Colin Montgomerie y nueve de los hoyos bajos se han conservado como parte del campo diseñado para atraer la Ryder Cup. El atrevido movimiento de Matthew tuvo éxito y los partidos de la Ryder Cup se jugarán en Gales por primera vez en 2010, en este campo que ahora se llama Twenty Ten.

Como era de esperar, se trata de un campo fabuloso que mide cerca de 6.900 metros desde los tees más atrasados. En los partidos que lleguen hasta el hoyo 18, par 5 (uno de los tres pares 5 de más de 550 metros), los jugadores tendrán que decidir si intentan la temeridad de alcanzar el green en dos golpes por encima del lago que hay ante el green. Los gladiadores romanos habrían entendido estas presiones; los espectadores de la Ryder Cup disfrutarán del combate.

FICHA DEL CAMPO

Hoyo	Distancia (metros)	Par
1	425	4
2	558	5
3	173	3
4	422	4
5	418	4
6	413	4
7	195	3
8	401	4
9	609	5
Ida	3.614	36
10	192	3
11	514	5
12	419	4
13	173	3
14	378	4
15	345	4
16	465	4
17	193	3
18	561	5
Vuelta	3.240	35
Total	6.854	71

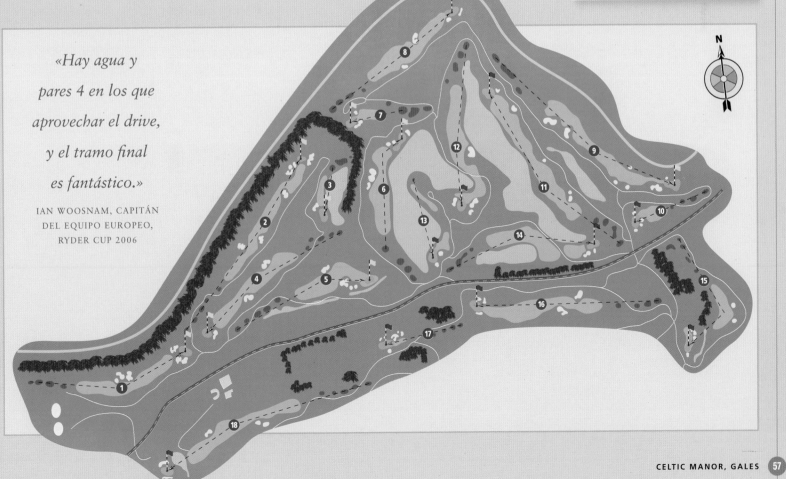

«Hay agua y pares 4 en los que aprovechar el drive, y el tramo final es fantástico.»

IAN WOOSNAM, CAPITÁN DEL EQUIPO EUROPEO, RYDER CUP 2006

Pennard

Pennard Golf Club, Southgate, Swansea, West Glamorgan, Gales

La presencia de Pennard puede resultar chocante en un libro como éste, pero lo cierto es que ocupa este espacio por méritos propios. Es hermoso y pintoresco, tiene carácter, y es extravagante y muy divertido. Más aún, es un links aunque no quede al nivel de la playa sino sobre las colinas de la península de Gower con vistas a la bahía de Oxwich.

El club existe desde 1896, pero no fue hasta 1908 cuando se llamó a James Braid para crear un campo de 18 hoyos. Braid volvió a realizar arreglos y mejoras en 1911, 1920 y 1931. C.K. Cotton y Donald Steel han realizado modificaciones importantes desde entonces, pero la mayor parte del campo sigue siendo obra de Braid. Su genial idea fue colocar hoyos fáciles de jugar en un terreno muy irregular. No temía ser poco ortodoxo, por eso los jugadores siguen recordando ciertos hoyos mucho después de concluir la vuelta.

En este campo no hay ningún tramo aburrido porque el terreno en el que está construido rebosa movimiento. Incluso el hoyo 1, que se extiende hacia el interior alejándose del mar, resulta evocador gracias a su ondulada calle. Exige un drive largo para poder ver la bandera en el segundo golpe. El hoyo 2, el más corto, no es en absoluto pan comido.

Entre la Iglesia y el Estado

Uno de los mejores tramos empieza en el hoyo 6, con vistas al castillo de Pennard, del siglo XVI. El 7, el favorito de muchos jugadores, sigue su recorrido entre el castillo y las ruinas de una iglesia del siglo XIII. Los greenes de ambos hoyos están estupendamente situados. Les siguen otro par de buenos hoyos de dos golpes, siendo el 9 especialmente exigente, ya que dibuja un dogleg a la izquierda pero queda contrarrestado por la inclinación de la calle hacia la derecha.

El 10, par 5, implica un agradecido drive cuesta abajo. Pero un riachuelo cruza la calle justo por donde los jugadores de golpe más largo no querrían y hay un approach cuesta arriba hacia el green que se ve dificultado por unos búnkers muy visibles. El corto hoyo 11 no es de Braid, lo encontró C.K. Cotton en 1965. Se juega a través de un valle hacia un estrecho green de tipo cornisa y no interesa quedarse corto.

Otro excelente hoyo corto es el 13, que también se juega a través de un valle hasta un green elevado. Desde la colina de la superficie de putt hay unas vistas muy bellas del castillo.

El hoyo favorito de Braid era el 14, con su drive sobre una calle muy bacheada y un approach jugado colina arriba con una acusada pendiente. Casualmente, en los tiempos de Braid había menos raf que hoy y, en su lugar, se diseñó una traicionera arena en la superficie. Hoy en día, reses y ovejas mantienen controlado el raf. El hoyo más espectacular aún está por llegar. Es el 16, con la mágica ubicación del green al borde de unas colinas con vistas al mar.

▶ En su día trabajador de Pennard, Gus Faulkner, el padre del futuro ganador del Open Max Faulkner, fue autorizado a disparar a los conejos del campo de golf antes de las 10 de la mañana.

▶ En la edición de *Golf Illustrated* de enero de 1928, sir Ernest Holderness citó el hoyo 13 (Castle) como uno de los mejores de Gran Bretaña.

▶ La distinguida golfista Vicki Thomas fue socia de Pennard. Jugó nada menos que en seis equipos británicos de la Curtis Cup.

IZQUIERDA *Para muchos, el hoyo favorito de Pennard es el 7. Lo que hace que Pennard sea tan divertido es que el suelo tiene mucho carácter y no hay ningún tramo aburrido.*

FICHA DEL CAMPO

Hoyo	Distancia (metros)	Par	Hoyo	Distancia (metros)	Par
1	411	4	10	450	5
2	133	3	11	165	3
3	338	4	12	272	4
4	473	5	13	179	3
5	151	3	14	336	4
6	366	4	15	151	3
7	321	4	16	451	5
8	326	4	17	446	5
9	400	4	18	365	4
Ida	2.919	35	Vuelta	2.815	36
			Total	5.734	71

«Pennard es uno de mis favoritos de todos los tiempos. El emplazamiento es uno de los más espectaculares que he visto jamás.»

TOM DOAK

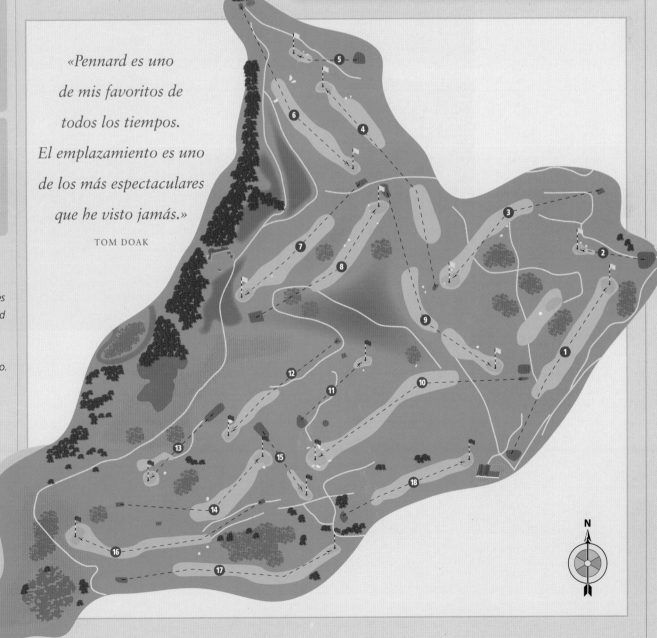

Royal County Down

Royal County Down Golf Club, Newcastle, Condado de Down, Irlanda del Norte

En la costa de la bahía de Dundrum, con las montañas Mourne como telón de fondo, 18 hoyos serpentean a propósito entre dunas y tojos para crear, en palabras de Tom Watson, «un links puro». En más de 100 años, el recorrido de Old Tom Morris apenas ha cambiado. Por eso da la impresión de que este campo ha estado siempre aquí, oculto en este lugar tan hermoso como sencillo.

No hay que dar por hecho que la antigüedad y la tradición de este campo lo han dejado obsoleto para el golf actual. Aunque puede albergar torneos importantes, Royal County Down ha optado por evitar estos eventos por miedo a que el campo y la fauna autóctona se vean afectados por un exceso de público y de medios. Los torneos más importantes de los últimos tiempos han sido el Senior British Open y la Walker Cup. Por eso resulta impresionante que muchos grandes jugadores hayan peregrinado hasta este maravilloso recorrido sólo para vivir la experiencia de jugar en él. Tiger Woods ha elegido estos hoyos para afinar su juego de links antes de un Open.

¿Un nueve perfecto?

Los nueve de ida están considerados los mejores nueve de ida del golf (lo que no significa que los nueve de vuelta sean poca cosa). Un gran hoyo de salida, el 1, par 5, se puede alcanzar en dos golpes, pero hay que mandar la bola hacia el lado izquierdo de la calle para aprovechar la inclinación, que hace rebotar la bola hacia el green. Un mal drive recibe su castigo y este hoyo sienta el precedente de que el control es imprescindible. Otra característica temible del recorrido es la necesidad de tener que golpear desde el tee por encima de las dunas con un drive ciego o semiciego.

IZQUIERDA *Slieve Donard, la más alta de las montañas Mourne, da a la bahía de Dundrum y al histórico links Royal County Down. Éste es el excelente hoyo 3 visto desde la parte posterior del green.*

▶ En 1933, durante la final del Irish Open Amateur Championship, Eric Fiddian logró dos hoyos y, aun así, acabó perdiendo.

Tras los dos primeros drives, que se juegan en la misma dirección hacia unas intimidatorias colinas, cuando un visitante llega al tee del 4, los socios suelen dejar que se coloque con el driver apuntando por encima de la duna antes de advertirle de que se trata de un par 3 que se juega en dirección contraria. Mirando en la dirección correcta desde el tee, se divisan unas vistas magníficas sobre las montañas y el mar. Pero el jugador también ve los incontables desafíos que le esperan. Tras un golpe por encima de unos arbustos, nueve búnkeres brutales rodean el green, que tiene precipicios a ambos lados y en la parte posterior.

El mejor hoyo de vuelta quizá sea el 13. Los búnkeres plagan la curva por la derecha y un buen golpe hacia la izquierda se ve recompensado con un rodado largo hasta los montículos de la calle. Si el drive es demasiado corto, una duna llena de tojos impide ver el green desde la curva. El green, amplio e inclinado, queda encastado sobre las dunas, creando su propio anfiteatro con brezos y lilas de fondo. La fuerza de hoyos como éste, junto a un entorno pintoresco y la legendaria hospitalidad del club, han convertido Royal County Down en uno de los mejores campos del mundo.

FICHA DEL CAMPO

Hoyo	Distancia (metros)	Par
1	493	5
2	406	4
3	436	4
4	195	3
5	402	4
6	364	4
7	133	3
8	393	4
9	444	4
Ida	3.266	35
10	180	3
11	402	4
12	482	5
13	406	4
14	194	3
15	427	4
16	308	4
17	398	4
18	503	5
Vuelta	3.300	36
Total	6.566	71

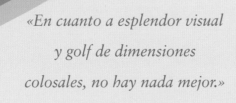

«En cuanto a esplendor visual y golf de dimensiones colosales, no hay nada mejor.»

DONALD STEEL, *CLASSIC GOLF LINKS OF GREAT BRITAIN AND IRELAND*

ABAJO *Los búnkeres de Royal County Down son imponentes, tanto en extensión como en profundidad. Muchos están coronados por cejas de brezos o un pegajoso raf. Éstos son una amenaza para el drive del 8.*

Royal Portrush

Royal Portrush

Dunluce Links, Royal Portrush Golf Club, Condado de Antrim, Irlanda del Norte

El campo Dunluce de Portrush es el único de fuera de Gran Bretaña que ha sido sede del Open Británico. Lo fue en 1951, cuando el pulcro Max Faulkner se coronó ganador. No hay duda de que el recorrido todavía podría desafiar a los mejores del mundo, pero la infraestructura de este hermoso rincón de Irlanda del Norte no podría lidiar con el gran número de visitantes, golfistas, espectadores y medios que mueve un Open hoy en día.

Royal Portrush es un club antiguo. Se fundó en 1888, pero sus dos magníficos campos de golf deben su distinción a Harry Colt, que reconstruyó y modificó el recorrido del diseño original de Old Tom Morris en 1932. Lo que Colt hizo fue arquitectura de golf en su versión más básica. Aprovechó las líneas paralelas de las dunas y dirigió los hoyos entre los valles que definían. Sin embargo, su principal genialidad fue elegir las ubicaciones óptimas para tees y greenes. De hecho, estos greenes están entre los más complejos que se pueden encontrar en el golf links de máxima categoría pese a contar con sólo un puñado de búnkeres para protegerlos. Como resultado del hábil uso de las formas de las dunas, ninguno de los pares 4 y 5 que hay del 2 al 16 es recto. Todos giran hacia un lado u otro. Dunluce Links es, por lo tanto, uno de los campos de golf británicos más exigentes con el drive.

Una expectación creciente

Incluso antes de llegar al campo, la expectación es máxima porque la carretera sinuosa que sigue la magnífica costa rocosa del condado de Antrim guía por el paso elevado de

DERECHA *Colt aprovechó al máximo la naturaleza del suelo de Portrush para crear greenes exquisitamente ubicados (y defendidos), como por ejemplo el 13. El Dunluce necesita, gracias a ello, muchos menos búnkeres que la mayoría de los campos similares.*

▶ El Senior British Open
Championship se celebró
en Royal Portrush en 1995.
Lo ganó Brian Barnes, el yerno
de Max Faulkner, ganador del
Open Británico en el mismo
campo en 1951.

▶ Inspirado por un nuevo
putt, Max Faulkner lideró el
campeonato tras la segunda
vuelta, llegando a firmar sus
llamativos autógrafos como
«Open Champion 1951». Pese a
tentar a la suerte con semejante
extravagancia, acabó victorioso.

Giant's y las ruinas del castillo de Dunluce. De
repente, tras una curva se distinguen los campos
de golf y la panorámica es apasionante. Ni
siquiera el golfista más experimentado en links
puede evitar emocionarse ante la naturaleza
ondulada del suelo y la amplitud del paisaje.

El campo se va presentando los primeros
hoyos y, al llegar al tee del 5, se observa una
calle que gira hacia la derecha en dirección a
un green situado al borde del Atlántico. Visualmente, resulta asombroso, pero con él empieza
la vuelta de tuerca del recorrido. El 5 no necesita búnkeres, como tampoco dos de los mejores
hoyos cortos, el 6 y el 14. Se precisa sobrevolar
un terreno bajo para llegar al green en alto del
6, el hoyo que lleva el nombre de Harry Colt.

FICHA DEL CAMPO

Hoyo	Distancia (metros)	Par	Hoyo	Distancia (metros)	Par
1	358	4	10	437	5
2	462	5	11	155	3
3	142	3	12	358	4
4	418	4	13	353	4
5	351	4	14	192	3
6	173	3	15	338	4
7	394	4	16	391	4
8	351	4	17	501	5
9	434	5	18	429	4
Ida	3.083	36	Vuelta	3.154	36
			Total	6.237	72

Calamity es el nombre del hoyo 14, seguramente el más famoso. Es un nombre adecuado para los golpes que se quedan cortos o, aún peor, para las caídas en el abismo
que queda a la derecha. Este hoyo es, quizás, lo más parecido a un par 3 con una curva.
Hay que apuntar a la izquierda y permitir que el suelo ante el green lleve la bola a la derecha.
Es decir, se necesita un buen golpe de juego de suelo y sus 183 metros de distancia exigen
una técnica depurada. La torpeza no tiene cabida en Portrush.

«Portrush equivale a golf
volador: desearías
despegar e ir tras la bola.»

PATRIC DICKINSON,
A ROUND OF GOLF COURSES

N

Ballybunion

The Old Course, Ballybunion, Condado de Kerry, República de Irlanda

Una vuelta en el Old Course de Ballybunion es una experiencia única. El propio Tom Watson estaría de acuerdo. Hizo muchísimo por dar a conocer al mundo la existencia de este extraordinario lugar, que era muy desconocido fuera de Irlanda cuando Watson lo visitó por primera vez en 1981. Considerado hoy uno de los mejores campos del mundo, son muchas las estrellas del golf que han peregrinado hasta allí para jugar.

Ballybunion es un club con solera que se fundó en 1893 en el extremo oeste de Irlanda. Se desliza sobre un tramo de dunas incomparables con vistas al océano Atlántico. Hay muchos campos en el oeste de Irlanda con vistas al Atlántico, pero lo que diferencia a Ballybunion es el modo en el que está trazado su recorrido: por encima de las dunas, a través de ellas y junto a las mismas. Así, exige al golfista un amplio catálogo de golpes durante toda la vuelta para adaptarse a una topografía en constante evolución.

ABAJO *La absoluta fuerza, majestuosidad y poder de Ballybunion en la perspectiva dibujada por el green del 10 –estupendamente ubicado– y, más allá, la mágica calle del 11.*

EROSIÓN COSTERA

La visión del campo de golf barrido por la fuerza imparable del mar es una pesadilla recurrente. El venerable Olympic Club de San Francisco perdió varios hoyos en el océano Pacífico hace unos años. Ballybunion también se enfrentó a la posibilidad de perder algunos de sus mejores hoyos en el Atlántico en la década de 1970. Se hizo un llamamiento y fue entonces cuando Ballybunion descubrió que tenía amigos generosos en todo el mundo. Ahora que el calentamiento global amenaza con una subida del nivel del mar, la erosión empieza a ser una prioridad en las agendas de los clubes de todo el mundo.

Obstáculos naturales

El Old Course emociona a los golfistas de todos los niveles. El comienzo de la vuelta no presagia nada bueno, porque hay un cementerio esperando el más pequeño slice desde el tee del 1. Desde allí hasta el eje de la curva del 6, se va poniendo en marcha igual que avanza la mañana irlandesa. Entonces llega la hora de la adrenalina, con un pitch ascendente hasta un green en lo alto de las dunas, el primero de una serie de greenes que ponen a prueba el juego de approach. Este hoyo no necesita búnker alguno y, una vez alejado de los hoyos de apertura (interiores), lo cierto es que hay un número reducido de búnkeres en el conjunto del campo. La ubicación de los greenes es tan brillante que el raf y las caídas protegen los hoyos todavía mejor de lo que lo haría la arena.

De hecho, uno de los mejores hoyos del campo, y del mundo, carece de búnker. Es el inolvidable 11, un hoyo extraordinario que se desliza entre colinas de arena junto al Atlántico hasta un green inteligentemente defendido por las dunas que lo rodean. Todavía quedan por llegar otros hoyos excelentes, pero fue el corto 8 el que más atrajo a Watson en su primera visita con un golpe a todo o nada hasta un diminuto green. Si se falla desde el tee, la recuperación para alcanzar la superficie de putt es endiabladamente difícil.

Hay dos pares 3 juntos en los nueve de vuelta, el 14 y el 15. Igual que los demás hoyos, fueron dictados de forma natural por la fascinante orografía. El 15 es un estupendo hoyo corto que se juega hasta un green con el Atlántico como telón de fondo. Luego llegan los excelentes 16 y 17, también en la costa. Ballybunion debería figurar en la lista de campos imprescindibles de todo golfista.

▶ Ballybunion fue ampliado a 18 hoyos en 1926. El diseñador fue un tal señor Smyth. Su recorrido fue tan bueno que, cuando Tom Simpson fue contratado para mejorarlo en 1937, sugirió sólo tres cambios menores.

▶ Ballybunion está tan alejado de los núcleos de población grandes que ha albergado el Open de Irlanda una sola vez, en 2000. El sueco Patrik Sjöland resultó victorioso tras empezar con vueltas de 64 y 65.

FICHA DEL CAMPO

Hoyo	Distancia (metros)	Par
1	358	4
2	407	4
3	201	3
4	455	5
5	465	5
6	333	4
7	387	4
8	140	3
9	415	4
Ida	3.161	36
10	328	4
11	411	4
12	176	3
13	442	5
14	120	3
15	198	3
16	448	5
17	352	4
18	347	4
Vuelta	2.822	35
Total	5.983	71

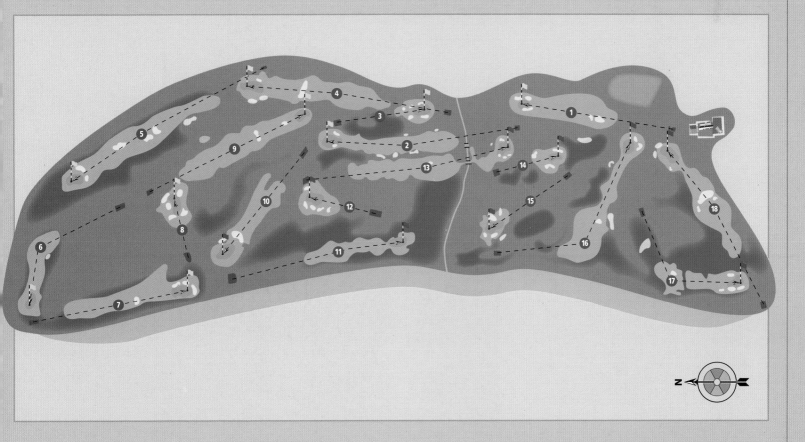

Ballybunion

LA MEJOR PARCELA LINKS

A finales de la década de 1960 se decidió comprar más terrenos de dunas en la zona sur del links. En 1980, se habían reunido fondos para plantearse la construcción de un segundo campo y se contactó con Robert Trent Jones, que escribió: «Me dieron la oportunidad de mi vida y a la vez un desafío aterrador (...). El terreno con el que tenía que trabajar es, quizá, la mejor parcela links del mundo». En 1984, se completó el Cashen Course, que está resultando polémico. Jones hizo un uso espectacular del espacio, pero el campo es demasiado difícil para los jugadores de handicap alto. Aunque el Cashen posee una fabulosa colección de greenes y Ballybunion, en conjunto, ofrece un buen examen para el juego de approach.

DERECHA *Tom Watson valoró el 11 como «uno de los hoyos más difíciles del mundo (...) un objetivo pequeño sin demasiado margen de error a izquierda o derecha».*

The K Club

The K Club, Straffan, Condado de Kildare, República de Irlanda

Con el golf irlandés cosechando un éxito tras otro en los últimos años, el K Club se convirtió en una buena sede para la Ryder Cup de 2006. El golf se vio inspirado por los gritos de un público entregado, que algo tuvo que ver con el hoyo en uno de Scott Verplank en el 14. Pero Europa acabó llevándose el torneo, igualando el margen récord con 18,5 a 9,5 puntos. El K Club será recordado por las escenas que se vivieron entonces.

Aunque casi todo el golf que se juega en el K Club es del tipo medal o de resort, el campo parece especialmente apto para partidos de match play. La mayoría de los partidos terminan en el hoyo 16 o el 17, y el diseño de Arnold Palmer es potente en este punto. Hay que decir que, para los torneos profesionales, los hoyos se juegan en un orden distinto al del recorrido habitual. Así, el que normalmente es el 7 se juega como 16 durante campeonatos como la Ryder Cup.

Resulta curioso que, en tales eventos, la longitud del hoyo se reduzca de unos 550 metros a unos 520 o menos para animar a los jugadores a atacar el green en dos golpes, uno de ellos valiente, por encima del río Liffey. El 17 también pide mucho nervio para evitar el río, sobre todo en el golpe de approach, mientras que el 18, par 5, que debe ser considerado un hoyo de dos golpes por los profesionales, presenta un exigente approach por encima de un lago.

El estilo caballeresco de Palmer

El estilo de juego de Arnold Palmer resultaba emocionante de ver. Nunca eludió un desafío ni temió asumir riesgos. Muchos hoyos del K Club funcionan bajo un principio de atrevimiento y recompensa, lo que da lugar a un golf fascinante en match play. En todo el campo, la previsión y la ejecución precisa de los golpes se recompensa con mejores líneas a green y vuelos más cortos sobre los obstáculos. Pero hay hoyos que requieren algo menos de refinamiento y un poco más de juego a lo Arnold Palmer. El hoyo 4 se llama Arnold's Pick (la elección de Arnold) y es un par 5 que puede jugarse con cautela como un hoyo de tres golpes, pero también existe la opción de ser agresivo con acierto. La línea Palmer, que requiere sobrevolar con potencia una colina poblada de búnkeres, se ve recompensada con un golpe bien alineado al green.

Con hierba exuberante, aguas cristalinas y árboles maduros en todo el recorrido, cuesta creer que el campo se terminara en 1991. Los fértiles suelos producen una hierba lozana que ha atraído a criadores de caballos de carreras. La célebre lluvia irlandesa es, obviamente, un factor determinante para tanta fertilidad. Además, el río Liffey y los lagos y los estanques ofrecen una pesca estupenda para los huéspedes del resort de cinco estrellas, y muchos obstáculos para los golfistas. Teniendo en cuenta la fructífera historia de la alta burguesía de Kildare, resulta sorprendente que el K Club no se creara antes.

Con campeonatos del más alto nivel y reforzado por un segundo campo de Palmer más parecido a un links que también acoge encuentros del Tour Europeo, queda claro que el K Club está aprovechando bien el tiempo perdido.

▶ Colin Montgomerie se impuso en los partidos individuales de 2006, conservando su récord imbatible de ocho Ryder Cup seguidas ganando en individuales. Los europeos siguieron su ejemplo, dominando los individuales y logrando la tercera victoria consecutiva.

IZQUIERDA *Jugado como el hoyo 8 de la Ryder Cup, este aterrador hoyo corto es el 17 en el juego habitual. El río Liffey devora muchas bolas de golf al día.*

FICHA DEL CAMPO

Hoyo	Distancia (metros)	Par
1	382	4
2	378	4
3	155	3
4	519	5
5	402	4
6	437	4
7	393	4
8	158	3
9	422	4
Ida	3.246	35
10	534	5
11	379	4
12	166	3
13	391	4
14	195	3
15	408	4
16	521	5
17	388	4
18	491	5
Vuelta	3.473	37
Total	6.719	72

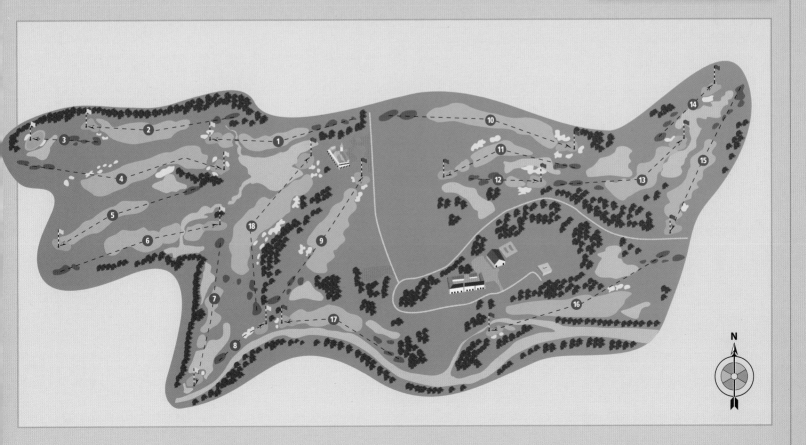

Lahinch

Old Course, Lahinch Golf Club, Condado de Clare, República de Irlanda

Ya existe un lugar que hará palpitar el corazón de los más románticos. Sus habitantes consideran que Lahinch es el St. Andrews irlandés, y con razón. Esta ciudad existe gracias al golf; esto no es cierto, por supuesto, pero es como si lo fuera. Old Tom Morris recorrió todo el camino de St. Andrews hasta aquí hace más de 100 años para convertir el campo original en lo que se describió como el primer campo de verdad.

La erosión de algunas partes del recorrido y el deseo de los socios de tener algo mejor hizo que Alister MacKenzie pusiera el campo al día en 1927. El resultado fue un campo renovado que sólo conservó algunos hoyos originales, que han resultado ser grandes clásicos. Fue una de las pocas incursiones de MacKenzie en el golf links, aunque le encantaba este tipo de terreno y siempre citaba el Old Course de St. Andrews como el modelo para todos los principios del diseño de golf.

A pesar de todo, el campo de MacKenzie no sobrevivió intacto. La erosión volvió a dañar ciertas partes y se perdió calidad en la reconstrucción. Seguía siendo un buen campo, pero ya no estaba entre los mejores. En 1999, el club decidió remediar la situación. Esta vez fue Martin Hawtree el encargado de volver a situar Lahinch junto a Portmarnock y Ballybunion en lo más alto del golf links de la república. Estuvo increíblemente acertado.

Lahinch disfruta de unas dunas tan fabulosas que cualquier campo creado sobre ellas hubiese sido, como mínimo, bueno. Pero, dado el pedigrí de los arquitectos que han trabajado aquí, resulta excepcional. Los hoyos 3, 6, 7, 9, 10, 14, 15 y 17 no tienen nada que envidiar a los mejores pares 4 del mundo. Además, el 7 es uno de los dos hoyos de Hawtree (junto al 11) que han abierto unas impresionantes vistas al mar perdidas durante años. El 13 es uno de los pares 4 más exquisitos que se pueda imaginar; quizá se pueda probar suerte con el drive, pero si el jugador no acierta puede llegar a enfurecerse.

Klondyke y Dell

De todos modos, Lahinch seguramente es más famoso por dos hoyos especialmente anacrónicos, el 4 y el 5. El primero es conocido como Klondyke por la duna de arena gigante que interrumpe la calle en buena parte del camino al green. Los que quieran un eagle tendrán que mandar su segundo golpe a ciegas por encima de ella. Tampoco resulta fácil intentar rodearla. Para empeorar las cosas, el green queda en alto y contra un peralte cubierto de raf tras el que está el fuera de límites. Ese segundo golpe en busca del eagle debe ir perfectamente encarado.

Por si el 4 no fuese suficiente, el 5, llamado Dell, es un hoyo corto que se juega totalmente a ciegas cruzando una alta duna de arena y hasta un green hundido en el otro lado. Ha quedado intacto como en el campo original de Tom Morris y es un exquisito recuerdo del pasado. Para rizar el rizo, el drive del hoyo final se juega nada menos que atravesando los hoyos 4 y 5.

▶ La previsión del tiempo en Lahinch goza de un método infalible: los socios observan las cabras que pastan libremente entre las dunas. Si están fuera del campo, hará buen tiempo. Si están cerca de la casa-club, seguro que cae un chaparrón.

IZQUIERDA *Lahinch disfruta de un links con carácter en el que abundan los montículos y las hondonadas. La hierba costera hace que jugar todo tipo de golpes sea un placer.*

FICHA DEL CAMPO

Hoyo	Distancia (metros)	Par
1	348	4
2	488	5
3	408	4
4	434	5
5	141	3
6	388	4
7	376	4
8	152	3
9	366	4
Ida	3.101	36
10	403	4
11	155	3
12	528	5
13	255	4
14	422	4
15	426	4
16	178	3
17	399	4
18	488	5
Vuelta	3.254	36
Total	6.355	72

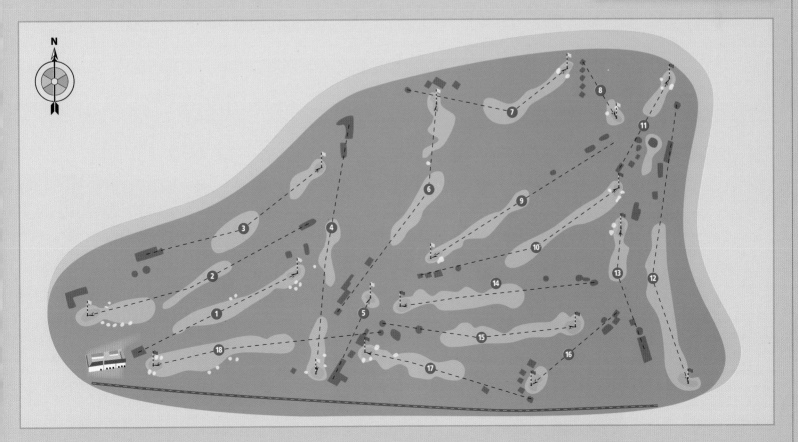

Old Head

Old Head

Old Head Golf Links, Kinsale, Condado de Cork, República de Irlanda

Si se padece vértigo o se va algo justo de dinero, hay que pensarlo dos veces antes de visitar Old Head. Erigido sobre el océano Atlántico, al borde de escarpados acantilados contra los que rompen violentamente las olas, tiene uno de los green-fees más caros de Europa. Y, pese a todo, es un campo que ningún golfista debería pasar por alto.

Old Head ya aparece en un mapa de 100 d. C. del geógrafo y matemático egipcio Tolomeo. El clan Eirinn se estableció aquí en 900 a. C. y dio su nombre a Irlanda. En 1915, el transatlántico Británico *Lusitania* fue torpedeado justo frente a estas costas por un submarino alemán y hubo 1.000 muertos. Este incidente fue en parte el responsable de que Estados Unidos entrase en la Primera Guerra Mundial.

El ambiente del campo se antoja especial desde el principio, al acceder al club a través de las ruinas de una torre del siglo XII. Cuando se juega en el 7, se pasa junto a las ruinas de unos faros del siglo XVII y XIX. Pero historia aparte, lo que más impresiona al visitante es la espectacular ubicación de este campo. Como el espacio era justo para un campo de 18 hoyos, se aprovechó hasta el último centímetro de terreno. Nueve hoyos se juegan al borde de los acantilados.

Los hermanos John y Patrick O'Connor compraron estas tierras en 1989 y, tras cuatro años aguantando las protestas, empezaron a construir el campo, que fue completado en 1997. Se contrató a varios maestros para diseñar el campo: Ron Kirby (que había formado parte del equipo de diseño de Nicklaus), Paddy Merrigan (un arquitecto con despacho en Cork), Eddie Hackett (el talentoso y prolífico arquitecto irlandés), Joe Carr (el mejor jugador amateur de Irlanda) y Liam Higgins (profesional de Waterville).

Su prioridad tenía que ser la contención, no en gastos sino en exuberancia, porque aquí el viento sopla con fuerza casi a diario; los greenes no podían tener grandes contornos y las calles debían ser generosas. Aun así, es raro el día en el que un partido de cuatro consigue acabar una vuelta sin perder varias cajas de bolas en el Atlántico.

DERECHA *La perversa calle del 4, flanqueada por acantilados a medida que se aproxima, cada vez más estrecha, a un lejano green que a su vez está colgado sobre el Atlántico.*

▶ Old Head fue diseñado para jugarlo desde distancias muy distintas en función de la habilidad del golfista. Por eso hay al menos seis tees de salida diferentes para cada hoyo.

▶ Kinsale está considerada la capital gastronómica de Irlanda y alberga un festival internacional de alimentación en octubre.

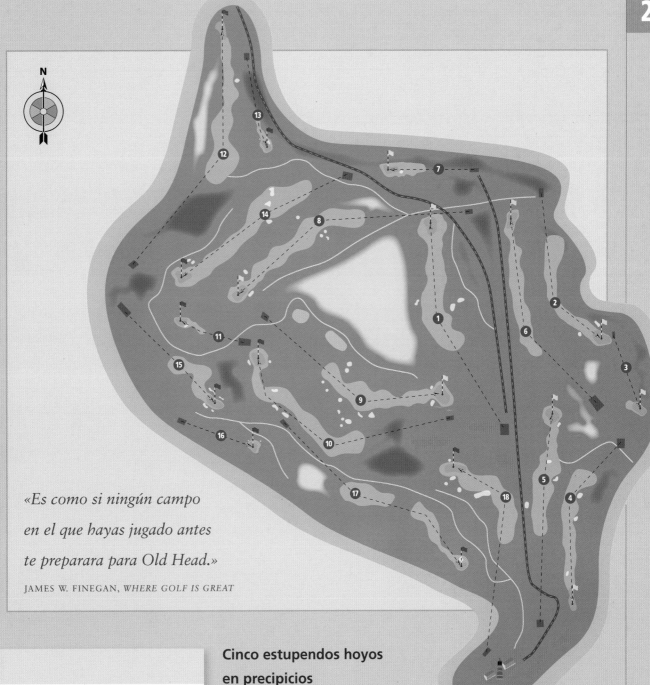

«Es como si ningún campo en el que hayas jugado antes te preparara para Old Head.»

JAMES W. FINEGAN, *WHERE GOLF IS GREAT*

FICHA DEL CAMPO

Hoyo	Distancia (metros)	Par	Hoyo	Distancia (metros)	Par
1	408	4	10	474	5
2	371	4	11	181	3
3	163	3	12	516	5
4	390	4	13	236	3
5	393	4	14	413	4
6	453	5	15	313	4
7	176	3	16	174	3
8	502	5	17	578	5
9	434	4	18	421	4
Ida	3.290	36	Vuelta	3.306	36
			Total	6.596	72

Cinco estupendos hoyos en precipicios

Habrá que eliminar el óxido del swing lo antes posible, ya que se precisa una ejecución perfecta (y nervios de acero) para sobrevivir al hoyo 4, que dibuja un viraje y se juega desde lo alto de una colina en dirección a una calle estrecha amenazada por acantilados desde el lado izquierdo en todo su recorrido. El green queda en alto y colgado sobre el borde de otro acantilado con un faro de 1853 como telón de fondo. En el hoyo 12, par 5, el drive debe sobrevolar una esquina dibujada por los acantilados. De nuevo, no hay opción para un jugador zurdo con slice. Lo mismo sucede en el 13, un largo par 3 con otro green perfectamente ubicado en suelo elevado con el obligado precipicio en el lado izquierdo.

Finalmente, el último de estos hoyos de categoría internacional es el 17, otro par 5 que cae hasta un green situado en la parte baja de una pendiente con el océano como amenaza constante, esta vez desde la derecha.

▶▶▶ Campos 28–46

▶▶▶ América del Norte

Estados Unidos es la potencia golfística más grande del mundo.
Ha sido la cantera con mayor número de golfistas de talla mundial,
tiene más clubes y campos de golf que ningún otro, y la cantidad y
la variedad de sus resorts son asombrosas. Su gran poder adquisi-
tivo le permitiría cambiar la naturaleza del golf, aunque apuesta
por la tradición: Merion, Shinnecock Hills o Augusta National son
magníficos campos y, no menos importante, estupendos clubes.

Canadá es parecido en muchos aspectos, pero su temporada
de golf se ve recortada por los inviernos rigurosos. Sin embargo,
se impuso por delante de Estados Unidos en cuanto a la creación
del primer club de golf plenamente constituido: el Montreal Golf
Club (más tarde Royal), que se fundó en 1873.

A diferencia de la mayoría de los clubes del mundo, donde
un visitante puede pagar un green-fee y jugar prácticamente
en cualquier campo, aquí muchos son estrictamente privados.
Los únicos visitantes autorizados son los que invitan los socios.
Por suerte, entre los muchos campos de acceso público y resorts
se incluyen algunos de los mejores recorridos del mundo.

Augusta

Augusta National Club, Georgia, EE. UU.

El tenis en Wimbledon o Flushing Meadows, las carreras de coches en Le Mans o Indianápolis, las carreras de caballos en Longchamp o Churchill Downs, el golf en St. Andrews o… Muchas personas, incluso las que saben poco de golf, seguramente responderían Augusta National. Su fama actual se debe a que es la sede del Masters, el primer «grande» del calendario golfístico profesional y el único que se celebra cada año en el mismo campo. Pero su fama no sería la misma de no haber sido por Robert Tyre Jones, o Bobby o Bob, según el lado del Atlántico del que se proceda.

Jones fue el mejor amateur de todos los tiempos. Ganó cinco títulos del US Amateur y un Amateur Championship en Gran Bretaña. Pero también era lo bastante bueno como para ganar a los mejores profesionales de su tiempo (la década de 1920) llevándose el US Open en cuatro ocasiones y el British Open en tres. Tras ganar los campeonatos Amateur y Open de Estados Unidos y Gran Bretaña en el mismo año, 1930, se retiró del golf de competición.

ABAJO *Un buen golpe permite aprovechar esta bajada para reducir significativamente la longitud de jugada del hoyo 10. No hay que perderse el green elevado.*

El ayudante de Jones

Cuando Jones ideó su campo de golf ideal para él y sus mejores amigos, tuvo algunas ideas innovadoras sobre la estructura para que los mejores jugadores se vieran seriamente examinados pero a la vez fuera posible que los golfistas de handicap alto pudieran jugar alrededor de los 100 golpes sin desear tirar la toalla. Jones dio por casualidad con el arquitecto ideal para hacer realidad su concepto. En 1929, el campeón quedó fuera del US Amateur Championship inesperadamente pronto. Ese año, el torneo tenía lugar en Pebble Beach, California, así que él aprovechó la ocasión

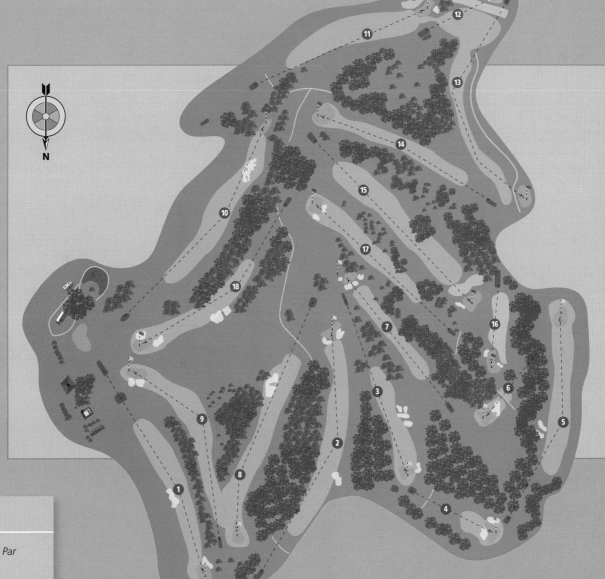

FICHA DEL CAMPO

Hoyo	Distancia (metros)	Par
1	398	4
2	526	5
3	320	4
4	187	3
5	416	4
6	165	3
7	375	4
8	521	5
9	421	4
Ida	3.329	36
10	453	4
11	448	4
12	142	3
13	466	5
14	402	4
15	457	5
16	155	3
17	389	4
18	425	4
Vuelta	3.337	36
Total	6.666	72

para jugar en los campos de Cypress Point y Pasatiempo. Ambos habían sido diseñados por Alister MacKenzie, un físico de Leeds reconvertido a diseñador de campos golf, en realidad uno de los mejores del mundo. Jones supo enseguida que había dado con el hombre adecuado para su proyecto.

Aunque el campo actual ha cambiado poco respecto al original (sólo hay un nuevo hoyo 16 y se han revisado los búnkeres), su preparación para el Masters está bastante alejada de lo que Jones o MacKenzie hubiesen imaginado. Los greenes siguen teniendo velocidades terriblemente rápidas y se han plantado árboles y raf donde antes no había. El campo ofrece un gran espectáculo para la televisión y evita que las puntuaciones sean exageradamente bajas. Pero ningún jugador de handicap alto sobreviviría a ningún hoyo, y menos al 18.

Aun así, Augusta sigue siendo un campo fabuloso (y bellísimo). Los espectadores están en ascuas cuando los líderes pasan por el temible Amen Corner (hoyos 11, 12 y 13), con Rae's Creek esperando al más pequeño desliz. ¿Se arriesgarán e intentarán coger los greenes del 13 y el 15 en dos golpes? Además, están los putts, para nostros imposibles, del 16 y el 17. ¿Y qué pasa con el putt del último green, cuesta abajo y de dos metros y medio en el que la bola debe entrar o hay que ir al play-off? El Masters es siempre espectacular.

▶ Augusta resplandece con las azaleas durante el Masters. Antes de ser un campo de golf, este terreno era el vivero Fruitlands, propiedad de un horticultor belga, el barón Berckmans, que popularizó la azalea en Estados Unidos.

▶ Cuando Tiger Woods ganó el Masters de 2001, se convirtió en el primer jugador con los cuatro «grandes» consecutivos (ganó el US Open, el Open Británico y el USPGA un año antes). Consiguió un total de 65 bajo par entre los cuatro torneos.

UNA INVITACIÓN CODICIADA

El Masters es el único de los grandes en el que compiten por invitación menos de 100 golfistas, parte de ellos amateurs. Los espectadores también forman un grupo selecto. Los afortunados guardan celosamente sus entradas porque no se ponen a la venta. Si demuestran tener un comportamiento inapropiado o poco deportivo se les confisca la entrada con una prohibición de acceso de por vida. En consecuencia, año tras año se repiten los mismos asistentes, y su experiencia colectiva se une al generoso apoyo prestado a todos los jugadores. De hecho, el público del Masters es famoso por la corrección y la educación con que reparte su respaldo entre los golfistas. En este sentido, mantiene la tradición de deportividad que encarnó en su día Bobby Jones.

El 13 (abajo), el 16 (foto principal) y el 12 (arriba, derecha) son los hoyos favoritos de los espectadores del Masters, porque cada uno de ellos ofrece un gran espectáculo a diario: quizás un improbable birdie o eagle, una indeseable refriega con el agua, o bien una caída estrepitosa del líder de la tabla.

Bethpage

Bethpage

Black Course, Bethpage State Park, Nueva York, EE. UU.

Bethpage Black fue el primer campo realmente público que albergó el US Open. Es cierto que Pebble Beach y Pinehurst también están abiertos al público, pero son campos de resort muy caros. Como pueden certificar los competidores del US Open de 2002, es un recorrido temible: largo, exigente y agotador. Como es lógico, el único hombre con las mejores respuestas a las preguntas planteadas por el campo fue Tiger Woods. El US Open de 2002 fue tan exitoso que ya se ha programado el regreso de este torneo a Bethpage en 2009 , una vuelta extraordinariamente rápida.

El golf está en deuda con Robert Moses, el comisionado de New York State Parks (Parques Estatales de Nueva York) en los años oscuros de la Gran Depresión. Moses tuvo la visión y la habilidad política (o el poder, quizás) de conseguir que se construyeran tres nuevos campos de golf de primera en

el Bethpage State Park en la década de 1930. También mandó rehabilitar uno ya existente y, en la década de 1950, hizo construir un quinto recorrido para beneficio de los golfistas de la metrópoli que no podían permitirse ser socios de un club privado o carecían de los contactos adecuados. Estos campos eran tan maravillosos que los socios de otros clubes más ricos (aunque arquitectónicamente inferiores) no dudaron en aprovechar sus green-fees modestos.

Moses acertó al contratar al formidable Albert Warren Tillinghast como arquitecto. Pese a tratarse de un proyecto público, Tillinghast dio rienda suelta a su creatividad.

Mucha arena

Tillinghast dispuso con toda libertad de un gran tramo de bosque arenoso con cambios de nivel suficientes como para aprovechar muchas ubicaciones naturales para los greenes. Diseñó un recorrido entre los árboles, talando sólo los imprescindibles, y lo salpicó todo de búnkeres formidables de grandes proporciones. El campo es, por lo tanto, estrecho, y exige golpes muy precisos para descubrir los huecos entre los árboles y trayectorias sólidas para encontrar los pocos trozos de calle que no están ocupados por arena.

Basta un vistazo a la ficha para comprender que el punto fuerte del campo son los hoyos largos de dos golpes, sobre todo en los nueve de vuelta. Entre ellos, el 15 es, seguramente, el hoyo más difícil del campo. Los hoyos cortos de Tillinghast son siempre exigentes y los de Bethpage Black no decepcionan. El 17, con unos potentes búnkeres, no da respiro en lo que es una vuelta a casa agotadora.

Curiosamente, el hoyo más «flojo» es el último, incluso después de que Rees Jones lo alargara para el US Open de 2002.

Resulta interesante que uno de los mejores hoyos de Bethpage sea el 4, un par 5 de sólo 473 metros que sin duda sería fácil de alcanzar en sólo dos golpes teniendo en cuenta la potencia de los jugadores actuales. Sin embargo, con este planteamiento se ignora la dificultad del drive, que se ve condicionado por un búnker en el lado izquierdo de la calle. Si hay que tomar el green de dos, el drive debe superar este búnker con una trayectoria de máxima precisión. Para equilibrar las cosas, Tillinghast pide algo parecido en el hoyo siguiente, pero colocando ahora el búnker en el lado derecho de la calle. Nunca se rinde, por eso Tiger Woods, que tenía una mayor capacidad de concentración, tenía siempre más opciones de salir victorioso.

IZQUIERDA *Esta vista aérea del hoyo 4 revela la gran escala de la arquitectura de Bethpage Black. Los búnkeres de este tipo son el sello característico de Tillinghast.*

▶ El Red Course, famoso por su difícil hoyo de apertura, es un recorrido de campeonato de par 70 y 6.735 metros. Compartió con el Blue Corse el USGA Public Links Championship de 1936 y es la sede anual del Long Island Open.

▶ El nombre de Bethpage (Betfagé en español) es de origen bíblico: «Cuando se aproximaron a Jerusalén, al llegar a Betfagé, junto al monte de los Olivos, entonces envió Jesús a dos discípulos».
San Mateo 21:1

Betfagé significa «casa de los higos».

FICHA DEL CAMPO

Hoyo	Distancia (metros)	Par	Hoyo	Distancia (metros)	Par
1	393	4	10	450	4
2	356	4	11	398	4
3	187	3	12	456	4
4	473	5	13	507	4
5	412	4	14	147	3
6	373	4	15	437	4
7	506	5	16	438	4
8	192	3	17	189	3
9	382	4	18	376	4
Ida	3.274	36	Vuelta	3.398	35
			Total	6.672	71

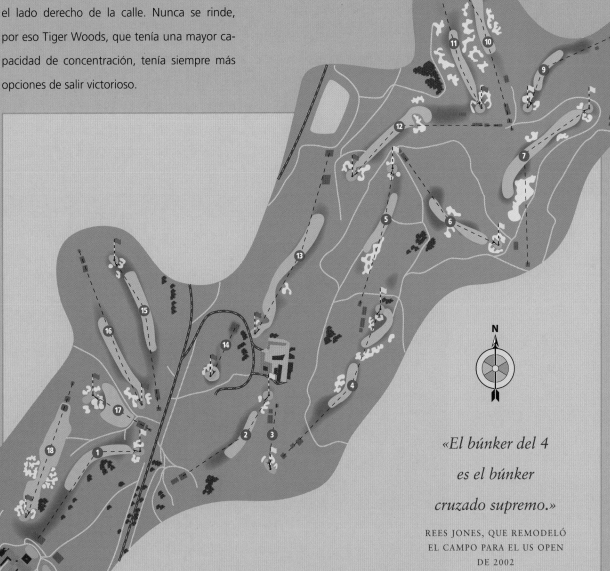

N

«*El búnker del 4 es el búnker cruzado supremo.*»

REES JONES, QUE REMODELÓ
EL CAMPO PARA EL US OPEN
DE 2002

Kapalua

Plantation Course, Kapalua Resort, Maui, Hawái, EE. UU.

Es lícito pensar que el Plantation Course de Kapalua es una especie de monstruo teniendo en cuenta que tiene el hoyo más largo del US PGA Tour. El 18 mide nada más y nada menos que 606 metros, pero la potencia de los jugadores actuales alcanza esta distancia con un par de golpes. En realidad, Plantation Course es de todo menos un monstruo y está dotado de una belleza nada ortodoxa.

En Kapalua Resort ya había dos recorridos diseñados por Arnold Palmer, el Village y el Bay, cuando el joven equipo de diseño de Ben Crenshaw y Bill Coore acudió a construir un tercer campo. Sobre unas tierras altas, unas vistas magníficas y un terreno con formas rebosantes de carácter inspiraron a estos perfeccionistas creadores que no arrancan los campos con grandes excavadoras y dinamita, sino que trabajan artesanalmente. Sus posteriores trabajos en Sand Hills (Nebraska), Friars Head (Nueva York), Cuscowilla (Georgia) y Bandon Trails (Oregón) han merecido el reconocimiento de campos de talla mundial por parte de golfistas consagrados y prensa especializada. Plantation Course, que fue su segundo diseño de 18 hoyos, abrió sus puertas en 1991 y, desde 1999, ha

hecho méritos cada año como sede del Mercedes-Benz Championship que abre el Tour en enero, reuniendo a los ganadores de todos los torneos de la temporada anterior.

Factor viento

Al ojear la ficha, lo primero que se piensa es que hay alguna errata. El hoyo 1, por ejemplo, es un par 4 de unos 475 metros aparentemente imposibles de alcanzar. Sin embargo, los arquitectos trazaron el recorrido del campo de modo que este hoyo aprovechara al máximo el viento a favor, de forma que es perfectamente asequible. Por el contrario, el 13 es un par 4 de sólo 372 metros pero resulta ser el hoyo más difícil del campo. La razón de que sea así es porque se juega

DERECHA *El hoyo 18 del Plantation Course de Kapalua, el hoyo más largo del US Tour, queda totalmente integrado en el fantástico paisaje que tiene como telón de fondo.*

▶ El Bay Course de Arnold Palmer ofrece una alternativa para quienes no están interesados en la considerable longitud de Plantation Course. Aunque mide 6.035 metros desde los tees más atrasados, sólo hay dos pares 4 de más de 366 metros.

▶ Plantation Course es especial porque sólo tiene tres hoyos cortos, aunque son de los más difíciles del campo. Si se apunta directamente a la bandera se produce el desastre. Con el viento como factor constante, es preciso manipular la bola correctamente para alcanzar el green.

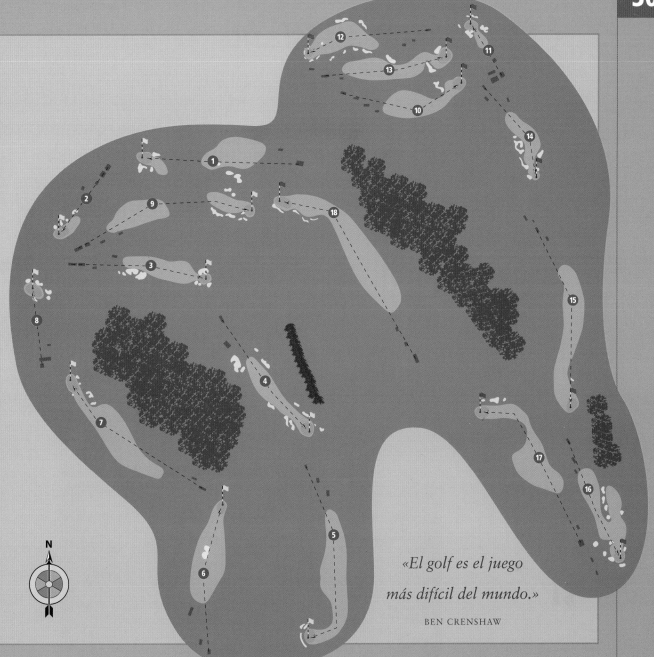

N

*«El golf es el juego
más difícil del mundo.»*
BEN CRENSHAW

FICHA DEL CAMPO

Hoyo	Distancia (metros)	Par	Hoyo	Distancia (metros)	Par
1	475	4	10	324	4
2	199	3	11	150	3
3	347	4	12	384	4
4	349	4	13	372	4
5	486	5	14	279	4
6	364	4	15	507	5
7	472	4	16	334	4
8	186	3	17	464	4
9	476	5	18	606	5
Ida	3.354	36	Vuelta	3.420	37
			Total	6.774	73

contra el viento. Incluso los mejores profesionales logran sólo un drive medio de 212 metros. En cambio, en el 18, que se juega cuesta abajo y con viento a favor, la media del drive de los profesionales es de 326 metros.

En cierto modo, estas estadísticas distorsionan los valores del campo. No se trata de hoyos con truco, sino de rompecabezas, pequeñas joyas hermosamente engarzadas que dan pie a un juego concienzudo. El 6 es un buen ejemplo de ello. Su calle es muy amplia, pero para lograr el acceso más fácil al green hay que buscar la línea más atrevida desde el tee, hacia la derecha ,con el riesgo de caer por los acantilados. Para más inri, hay que aprovechar el viento que sopla desde la derecha para colocar bien la bola en la calle.

El 6 viene seguido de otro hoyo sencillo pero estratégico, con una calle amplia que exige colocar la bola en una pendiente para alcanzar la mejor línea con el green. Fieles a la tradición, Coore y Crenshaw construyeron el approach a green de forma que alentase el uso del «anticuado» golpe rodado.

Kiawah Island

Ocean Course, Kiawah Island Golf Resort, Carolina del Sur, EE. UU.

Pocas veces un nombre había sido tan acertado como el de Ocean Course, en el que cada hoyo del recorrido tiene vistas al Atlántico. Diez hoyos quedan directamente en la costa (más que ningún otro campo del hemisferio norte) y los ocho restantes se juegan de forma paralela a ellos. Esta extraordinaria ubicación ofrece unas panorámicas incomparables, pero también hace que el viento afecte mucho al curso del juego. Curiosamente, como en el 17 de Sawgrass, Pete Dye no fue el responsable de esta elección. Dyte tenía previsto situar el campo tras las dunas hasta que su mujer, Alice, le sugirió elevarlo para disfrutar de las impresionantes vistas al mar.

La belleza del campo oculta su complejidad. Dye hizo uso del entorno natural, de modo que las dunas y la hierba alta devoran los golpes defectuosos. El elemento más distintivo es que siempre hay varias opciones de golpe. Muchos hoyos recompensan los golpes altos más atrevidos, pero los jugadores nunca se ven obligados a optar por ellos. Desde el tee y la calle, deben elegir golpes que se adapten a su habilidad y a las condiciones de juego.

La gran variedad de opciones permiten un golf innovador, algo obligatorio en un campo azotado por el viento como éste. Se ha estimado que los cambios de rumbo del viento pueden alterar la elección hasta ocho palos, así que hay que tener una opción preparada para cada caso.

Los grandes lagos y las zonas de arena esperan los golpes imprecisos y hacen que sea un buen campo de match play pero muy tramposo para firmar una buena tarjeta en medal.

IZQUIERDA Igual que en el 17 de Sawgrass, Dye se preguntó si el 17, par 3, era lo bastante espectacular y decidió incorporar un gran lago.

DERECHA *Las zonas de arena no se consideran obstáculos, de modo que es posible hundir el palo. Éste es el hoyo 9, par 4.*

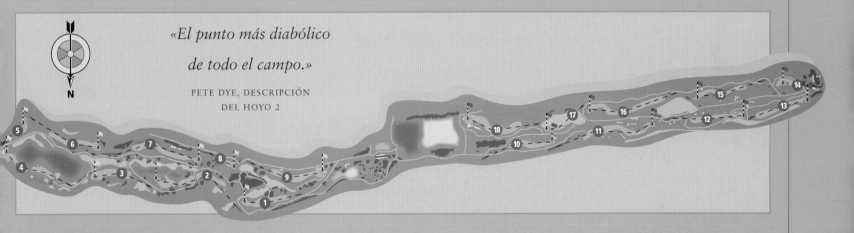

N

«*El punto más diabólico de todo el campo.*»

PETE DYE, DESCRIPCIÓN
DEL HOYO 2

Desafíos creativos

El hoyo 2, par 5, es un fiel reflejo del campo. Desde el tee, los jugadores se ven sorprendidos por las vistas al océano. Pero también tienen que afrontar dilemas golfísticos para elegir el ángulo correcto y cruzar los pantanos que anuncian el desastre en caso de quedarse cortos. Un golpe seguro a la derecha será la opción de los menos atrevidos. Si el drive ha sido excesivamente cauto, el segundo golpe esperará cerca de otro pantano, a 101 metros del green. Los buenos jugadores deberían poder llegar a green de dos, pero la historia no termina aquí, porque la superficie de putt está en alto y cerca de un profundo búnker. Tras un hoyo de apertura agradable, el 2 puede ser una perdición e incluso los profesionales lo terminan con puntuaciones altas. En la Ryder Cup de 1991, Seve Ballesteros ganó el hoyo 2 con un doble bogey frente a los 8 de Wayne Levi.

Igual que en un links auténtico, las opciones para golpear son infinitas y los hoyos más largos tienden a ofrecer una ruta por el suelo y un approach por el aire. El reto de pensar mucho y elegir el golpe adecuado es constante. Con un diseño que exige tanta creatividad, no es de extrañar que la Ryder Cup fuese un éxito. Sin duda alguna, el PGA Championship de 2012 será todo un placer.

FICHA DEL CAMPO

Hoyo	Distancia (metros)	Par	Hoyo	Distancia (metros)	Par
1	361	4	10	401	4
2	497	5	11	514	5
3	357	4	12	426	4
4	414	4	13	369	4
5	189	3	14	177	3
6	416	4	15	385	4
7	482	5	16	529	5
8	180	3	17	202	3
9	424	4	18	401	4
Ida	3.320	36	Vuelta	3.404	36
			Total	6.724	72

Merion

Merion

East Course, Ardmore, Pensilvania, EE. UU.

«Me encanta Merion. Es uno de esos campos de antaño que no tienen la longitud de algunos campos modernos pero sigue siendo todo un reto. Para mí, ésa es la seña de identidad de un gran campo de golf». Ésta es la opinión de Jack Nicklaus sobre Merion East, uno de los dos distinguidos campos de este club de las afueras de Filadelfia. Registró el récord de ser el campo moderno más corto del US Open, cuyo último encuentro se disputó en 1981. Afortunadamente, Merion vuelve a formar parte de las listas del US Open y en 2013 acogerá de nuevo este magnífico torneo.

ABAJO Un riachuelo cruza el hoyo del 9, obligando a que el green haga subida por la parte frontal y la posterior, pero bajada en la central, por lo que, en palabras de Ben Crenshaw, «cuesta mucho de interpretar».

Los orígenes golfísticos de Merion hay que buscarlos, curiosamente, en el Merion Cricket Club. Esta entidad formó una sección de golf y creó un campo de nueve hoyos en Haverford, pero en seguida se vio que era demasiado corto y limitado para sus aspiraciones. Uno de los socios más jóvenes, Hugh Wilson, había capitaneado el equipo de golf en Princeton y en 1910 fue enviado a Gran Bretaña para estudiar durante siete meses el diseño de los mejores campos de golf. Por eso no es de extrañar que Merion tenga cierto aire de monte inglés y links escocés y que sus búnkeres sean tan formidables como los de los links del Open Británico.

Un aura de perfección

El eminente diseñador Tom Doak afirma que el East Course de Merion es, seguramente, el único recorrido que los diseñadores de campos de golf más ilustres encontrarían complicado, si no imposible, de mejorar. Esto es todo un tributo a Wilson, quien nunca antes había diseñado.

Lo fundamental para sobrevivir en Merion es evitar los búnkeres. Hay 128 y un tercio de ellos están en los tres primeros hoyos. La clave para ganar es sobreponerse a las sutilezas de los greens, que Herbert Warren Wind, el decano de los periodistas de golf, describió como maravillosamente

variados, «greenes altos, greenes bajos, greenes de corona, greenes hundidos, greenes grandes, greenes pequeños, greenes de dos niveles, greenes de tres niveles y greenes que se inclinan en cien direcciones distintas».

Uno de los tees de salida más intimidatorios está en Merion, no porque el hoyo sea más temible que los otros 17, sino porque el tee está situado justo junto a una terraza bajo cuyo toldo toman café, comidas y té los socios y visitantes del campo. Aquí no pasarían desapercibidas las consecuencias de un hook exagerado. En realidad, se trata de un buen hoyo que pide una colocación precisa del golpe para acceder al green, inteligentemente situado.

En Merion sólo hay dos pares 5, pero aquí la longitud es irrelevante porque la astucia es la que manda. Aunque en principio no debería suponer ningún problema enviar un golpe desde el tee a la zona de aterrizaje prevista, el inconveniente es que el pitch hacia green tiene lugar todo el tiempo sobre un raf profundo, un riachuelo limita el green por la derecha, y la superficie de putt es pequeña y firme. Fue en este famoso green cuando Bobby Jones completó su «cuadrilátero inexpugnable» en 1930 al ganar el US Amateur.

El final a partir del 14 es memorable. El 16 y el 17 se juegan sobre las ruinas de una vieja cantera y el drive del formidable hoyo 18 debe superar una pared de roca.

EL CORAJE DE HOGAN

Ben Hogan jugó el US Open de 1950 en Merion entre grandes dolores tras haberse lesionado en un accidente de coche el año anterior. En el hoyo 13 de la última vuelta, le dijo a su caddie que no podía continuar. «No trabajo para los que se rinden fácilmente. Le veré en el tee del 14, señor», fue la respuesta de su caddie. Hogan siguió jugando a pesar del terrible dolor y consiguió entrar en un play off a tres bandas (durante 18 hoyos más) por el título que, como era de esperar, ganó.

FICHA DEL CAMPO

Hoyo	Distancia (metros)	Par
1	320	4
2	508	5
3	200	3
4	546	5
5	461	4
6	445	4
7	315	4
8	328	4
9	188	3
Ida	3.311	36
10	297	4
11	336	4
12	369	4
13	110	3
14	401	4
15	376	4
16	393	4
17	225	3
18	462	4
Vuelta	2.969	34
Total	6.280	70

▶ Cuando Bobby Jones ganó el US Amateur de 1930 en Merion, nunca había llegado más allá del hoyo 14. En la final a 36 hoyos, su margen de victoria sobre E.V. Homans fue de 8 y 7.

▶ Las banderas de Merion no tienen banderitas en la parte superior, sino cestas de mimbre para que los jugadores no tengan ningún indicio de la fuerza o la dirección del viento.

«Merion tiene un aura de perfección de la que carecen todos los demás campos.»

TOM DOAK

Oakmont

Oakmont Country Club, Pensilvania, EE. UU.

Oakmont es un campo familiar, que debe su concepto y su existencia a Henry Fownes y su hijo William. Henry fue un acaudalado magnate del acero que compró una gran parcela de tierra en Pittsburgh en 1903 con la idea de crear un campo de golf de talla mundial. Posteriormente, William se convirtió en uno de los mejores golfistas amateurs de Estados Unidos: ganó el US Amateur Championship de 1910 y jugó dos veces en la Walker Cup. También fue muy influyente en el aspecto político de este deporte. Padre e hijo crearon algo parecido a un coloso del golf y contaron con las influencias adecuadas para asegurar el campo como sede de los torneos más prestigiosos.

Tal como se construyó, el campo era largo pero no especialmente difícil. William lo remodeló en la década de 1920 y lo convirtió en el campo más difícil de Estados Unidos según algunos. Para empezar, revisó los búnkeres. En su día se contabilizaron 220 y hoy quedan 175. Fownes creó unos rastrillos con muy mala idea que dibujaban surcos del tamaño de una bola en dirección opuesta a la del juego para que no hubiera escapatoria. En cuanto a los greenes, los diseñó bastante distintos entre sí, con una variedad extraordinaria de tamaños y formas y, sobre todo, de inclinaciones. Para

que fueran los más temibles del mundo, hacía rodar barriles de arena por encima e insistía en que no se regasen.

Los greenes se segaban, o más bien afeitaban, muy cortos, y estaban rodeados de un raf profundo y pegajoso que también estrechaba las calles de cara a los torneos importantes para que el campo estuviese a la altura de su macabra reputación. Los profesionales actuales están acostumbrados a los campos truculentos con greenes rapidísimos pero, quizás con la excepción de Augusta, raramente juegan en campos con semejante contorno en los greenes.

Estupendo diseño

Sorprendentemente, Oakmont no es grotesco. Es atractivo (y más desde que se eliminaron los árboles que amenazaban con asfixiar el campo) y estratégico, y exige un juego meditado. El hoyo 3, por ejemplo, es famoso por los búnkeres church pew –tramos de arena profundos separados por hileras de peligrosos montículos con hierba–, pero el principal interés lo aporta el green, que es de difícil acceso porque está en alto para repeler cualquier approach falto de solidez. Un fallo en este green repercute en una recuperación complicada.

A juzgar por la ficha del campo, aparentemente el 17 es pan comido para la potencia de los campeones actuales. Pero no es así. Se puede probar suerte con el drive, pero hay que sobrevolar un campo de minas de búnkeres a la izquierda (en la línea directa del tee) y lograr colocar la bola en una superficie de putt que queda entre otro búnker y un suelo engañosamente bajo a la izquierda. El hoyo puede jugarse de forma conservadora, pero resulta tan tentador de atacar como resistente. Este hoyo condensa el espíritu de Oakmont.

IZQUIERDA *Los famosos búnkeres Church Pew, que separan las calles del 3 y el 4. Como se aprecia en esta imagen, los búnkeres que quedan a la derecha de la calle no son menos intimidantes.*

FICHA DEL CAMPO

Hoyo	Distancia (metros)	Par	Hoyo	Distancia (metros)	Par
1	441	4	10	398	4
2	312	4	11	347	4
3	391	4	12	610	5
4	557	5	13	167	3
5	349	4	14	327	4
6	177	3	15	457	4
7	438	4	16	211	3
8	263	3	17	286	4
9	436	4	18	443	4
Ida	3.364	35	Vuelta	3.246	35
			Total	6.610	70

▶ Jimmy Demaret describió los rastrillos de Oakmont con estas palabras: «Si hubiesen rastrillado África del Norte con ellos, Rommel nunca habría pasado de Casablanca».

▶ En 1973, Johnny Miller obtuvo un increíble 63 en la última vuelta para adjudicarse el US Open. Muchos la consideran la mejor vuelta de golf jamás jugada.

Pebble Beach

Pebble Beach Golf Links, Pebble Beach, California, EE. UU.

Pebble Beach se considera uno de los mejores campos públicos del mundo. Fue elegido sede del centenario del US Open en el año 2000, cuando albergó el torneo por cuarta vez. Aun así, cualquiera puede reservar hora de salida y jugar en este escenario histórico. Sólo hay dos pegas: es muy caro y hay que reservar con mucha antelación.

Pebble Beach abrió en 1919 y en diez años se convirtió en el primer campo al oeste de Misisipí que albergó el US Amateur. Un joven Jack Nicklaus completó aquí una carrera amateur impresionante cuando ganó el torneo de 1961. Volvió a salir victorioso cuando Pebble Beach fue sede de su primer US Open en 1972. A pesar de quedar segundo tras Tom Watson en 1982, su afecto por Pebble Beach nunca decayó. Nicklaus eligió el US Open de Pebble Beach en 2000 para su despedida. Fue conmovedor verle sentado en la valla tras el tee del 18, observando uno de los mejores hoyos finales del golf.

El 18, par 5, requiere nervios de acero porque todo su recorrido discurre al borde del Pacífico. En realidad debería jugarse como un hoyo de tres golpes, golpeando a menudo una madera 3 desde el tee. En el Open de 2000, incluso el infalible Tiger Woods -que se impuso fácilmente por un margen de 15 golpes- mandó su golpe al mar.

Tom Watson hizo gala de la mejor manera de jugar los hoyos finales de Pebble Beach en el US Open de 1982. Con uno de los chips embocados más famosos del golf, logró un birdie desde el raf en el hoyo 17, par 3, poniéndose un golpe por delante de Nicklaus. Desde el tee del 18, Watson usó con sensatez una madera 3 para buscar una buena posición y ejecutó su segundo golpe desde la calle con un hierro 7 para prepararse un approach de hierro corto. Una vez más jugó a lo seguro, atacando el corazón del green porque la bandera estaba justo por detrás del búnker frontal. Desde aquí, acabó con estilo, rodando un putt de seis metros hasta el centro del hoyo para rematar con otro birdie.

Soberbios hoyos al borde del Pacífico

Aquí abundan los hoyos impresionantes. A partir del 4 se traza una fabulosa secuencia de siete hoyos consecutivos junto al océano, incluido el asombroso 7, en el que el viento sopla de cara y el mar aguarda cualquier golpe excesivamente fuerte. La perspectiva desde el tee pone de los nervios. La secuencia del 8 al 10 ofrece uno de los mejores tríos de pares 4 consecutivos del mundo. En el 8, tras un emocionante drive, se juega un approach increíble atravesando un trozo de océano para encontrar el típico green pequeño y nada receptivo.

En la vuelta, se plantean drives temibles hacia calles sinuosas, pero los golpes de approach exigen aún más ingenio. En un hoyo con viento a favor, sólo un fade alto se detiene en el green. En cambio, en el hoyo siguiente puede que haya que jugar con viento en contra y ejecutar un punch bajo. Ante un campo pensado para un juego de tanta inventiva, muchos golfistas estarían de acuerdo con Jack Nicklaus, que considera que es posiblemente el mejor campo del mundo. Como dijo Billy Andrade una vez: «Para nosotros es el Santo Grial».

▶ En 2001, *Golf Digest* escogió Pebble Beach como el campo de golf número uno de EE. UU. en lo que fue la primera vez que un recorrido público lograba esta posición. Es un campo en el que todo el mundo quiere jugar. Hacerlo cuesta unos 500 $.

▶ La 17-Mile Drive, que pasa por Pebble Beach, es una carretera privada de peaje. La Pebble Beach Company es la propietaria de los derechos de todos los puntos fotográficos de esta espectacular ruta, y lo cierto es que hay muchísimos.

IZQUIERDA Uno de los más conocidos e inmortalizados hoyos finales del golf, el 18 de Pebble Beach, que abraza el océano Pacífico con cada uno de sus 497 metros.

FICHA DEL CAMPO

Hoyo	Distancia (metros)	Par
1	348	4
2	459	5
3	357	4
4	303	4
5	172	3
6	469	5
7	97	3
8	382	4
9	426	4
Ida	3.013	36
10	408	4
11	347	4
12	185	3
13	365	4
14	524	5
15	363	4
16	369	4
17	163	3
18	497	5
Vuelta	3.221	36
Total	6.234	72

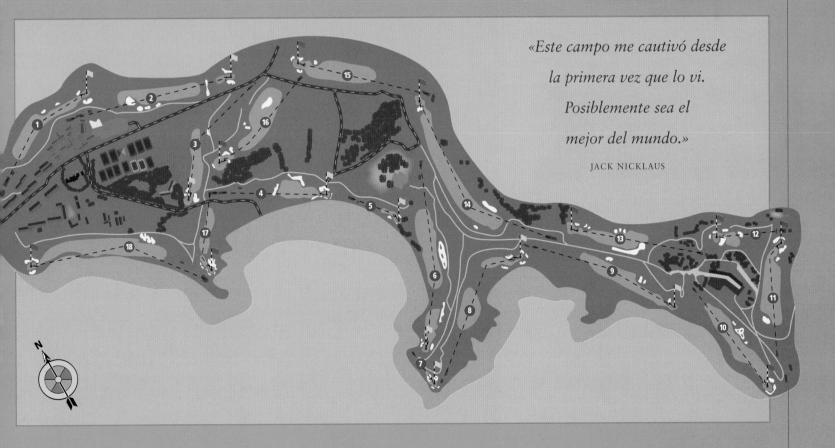

«*Este campo me cautivó desde la primera vez que lo vi. Posiblemente sea el mejor del mundo.*»
JACK NICKLAUS

UN CUARTETO IMPRESIONANTE

El mundialmente famoso Pebble Beach Golf
Links es sólo uno de los cuatro complicados
campos de este resort de lujo. Spyglass Hill,
diseñado por Robert Trent Jones, es uno
de los recorridos más difíciles del circuito
profesional. Empieza en un terreno tipo
links junto al océano antes de adentrarse
en las zonas boscosas del interior. El Links
at Spanish Bay es uno de los pocos campos
en cuyo diseño colaboró Tom Watson
(con Robert Trent Jones Jr. y Sandy Tatum).
Es un homenaje al gran links escocés.
El menos conocido de los cuatro es
el encantador Del Monte Golf Course,
el campo más antiguo (abierto en 1897)
en uso continuado del oeste del Misisipí.

ARRIBA *Se cuenta que Robert*
Louis Stevenson solía pasear por
esta playa buscando inspiración
para La isla del tesoro. *Éste es el*
tee del 9.

DERECHA *Ajeno a la tendencia*
de que los hoyos han de ser
exageradamente largos para
complicar las cosas, el 7 mide
sólo 97 metros. Su dificultad
salta a la vista.

Pine Valley

Pine Valley Golf Club, Clementon, Nueva Jersey, EE. UU.

Pine Valley tiene la fama de ser el campo más difícil del mundo. Vale que el Ocean Course de Kiawah puede ser muy duro desde los tees más atrasados en medio de un vendaval, y que más de un recorrido moderno con agua en los 18 hoyos puede tener mil recursos que lo hagan casi inaccesible. Pero, a un nivel más cotidiano, Pine Valley es el más difícil, sencillamente porque pide darlo todo en cada golpe y penaliza de forma nefasta cualquier error. Lo más extraordinario de Pine Valley es que nadie que haya jugado aquí lamentará un solo golpe. Se trata de una obra maestra.

Al hotelero de Pittsburgh, además de buen jugador amateur, George Crump se le ocurrió crear este campo. Tenía muy claro su objetivo y, durante cinco años, se instaló aquí para dirigir su construcción. Sin embargo, fue lo bastante inteligente como para consultar a expertos como Walter Travis y Jerome Travers –dos de los mejores amateurs de Estados Unidos de principios del siglo xx– y al arquitecto inglés Harry Colt. Nunca se sabrá en qué medida contribuyó cada uno de ellos, ya que Crump murió en 1918, antes de que el campo estuviese terminado. Los hoyos 12 y 15 actuales fueron completados por Hugh Wilson, el genio de Merion,

seguramente a partir de los consejos y la información aportados por Hugh Alison, el compañero de diseño de Colt.

Pine Valley es hoy bastante distinto del campo que se terminó en 1919. Cientos de miles de árboles han madurado para sumarse a los peligros existentes. Básicamente hay tees, unas tiras estrechas de hierba que podrían considerarse calles, franjas de arena y un espeso bosque, además de unos greens endemoniados.

ABAJO *El hoyo más corto de Pine Valley, el 10, es breve y perverso. El objetivo es pequeño y si se falla se requiere una capacidad de recuperación máxima.*

ABAJO *El hoyo 5 sigue siendo extraordinariamente exigente con los palos y las bolas del siglo xxi. Da miedo pensar cómo debía ser con los palos y las bolas de 1919.*

Lo máximo en golf punitivo

No hay hoyos flojos en Pine Valley, pero hay tres de renombre mundial: el 5, el 7 y el 13. El 5 es un hoyo «corto» brutal cuyos 210 metros obligan a sobrevolar un lago y subir una colina hasta un green elevado y aislado por los árboles.

El más célebre es el 7, un extraordinario par 5 condenado a la infamia por una gran extensión de tierra que divide la calle entre una parte de 261 metros y otra de 352 desde el tee. Si se falla con el drive, no es posible superar el obstáculo con el segundo golpe. Si se acierta el drive pero se falla el segundo, el desastre sigue al acecho. Si se acierta con el primer golpe y el segundo, faltará superar un pitch diabólico hasta un green totalmente rodeado de arena.

El 13 es algo parecido. El drive se golpea sobre un terreno inhóspito hasta una calle-isla en la distancia. Luego viene un golpe terrorífico que debe volar unos 180 metros o más por encima de la maleza y la arena hasta un green situado a la izquierda, sin margen de error por delante, por detrás, por la izquierda ni por la derecha. A pesar de las dificultades de cada hoyo, este campo resulta asombrosamente variado. Tiene buenos cambios de ritmo, sobre todo en los hoyos de dos golpes. Es complicado, pero quien prueba repite.

FICHA DEL CAMPO

Hoyo	Distancia (metros)	Par
1	385	4
2	336	4
3	181	3
4	412	4
5	215	3
6	354	4
7	582	5
8	298	4
9	420	4
Ida	3.183	35
10	147	3
11	363	4
12	308	4
13	444	4
14	201	3
15	562	5
16	434	4
17	315	4
18	442	4
Vuelta	3.216	35
Total	6.399	70

Pinehurst

Pinehurst

Pinehurst N° 2, Pinehurst Resort, Carolina del Norte, EE. UU.

Pinehurst N° 2 es un exponente del diseño clásico de campos de golf en Estados Unidos. Como los principales cambios tuvieron lugar en los primeros años bajo la supervisión del legendario arquitecto Donald Ross, los hoyos comparten una extraordinaria armonía.

Ross aprendió el oficio de los mejores. Fue alumno de Old Tom Morris en St. Andrews tras pasar sus primeros años en Dornoch, en la costa de Sutherland, Escocia. Su carrera le llevó a Estados Unidos, donde pronto le contrataron en Pinehurst. En 1907 se terminó de construir el campo de Ross. Su afecto por el recorrido era tal que él mismo se construyó una casa junto al green del 3 para admirar la evolución del campo. En 1934, los greenes pasaron de tener arena comprimida (algo común en los estados del sur en esa época) a tener hierba, y en 1935 se realizaron modificaciones por última vez y quedó prácticamente como está ahora.

Golf divertido

El campo no tiene «hoyos emblemáticos», sino que su excelencia se debe a su colección de 18 hoyos al completo. Calles amplias y greenes grandes reflejan la influencia links de Ross, aunque aquí las calles se deslizan tranquilamente entre pinos altos. Su anchura requiere elegir un lado en concreto en función de la ubicación de la bandera. Los greenes con montículos siempre han sido habituales de este campo, lo que echa a rodar los malos golpes de approach. En el US Open de 1999, los profesionales dieron fe de su dificultad, y el primer día sólo alcanzaron un 52% de los greenes para par.

FICHA DEL CAMPO

Hoyo	Distancia (metros)	Par
1	370	4
2	432	4
3	351	4
4	519	5
5	435	4
6	205	3
7	372	4
8	427	4
9	174	3
Ida	3.285	35
10	559	5
11	437	4
12	412	4
13	347	4
14	431	4
15	188	3
16	466	4
17	174	3
18	407	4
Vuelta	3.421	35
Total	6.706	70

ARRIBA Los pares 3 del Nº 2 quizás son menos famosos que los pares 4, pero resultan atractivos y requieren un juego inteligente y sutil para dominarlos. Éste es el 15.

IZQUIERDA El temible approach al green del 5 en Pinehurst Nº 2, con la superficie de putt en alto al estilo de Ross, que repele cualquier golpe sin consistencia.

Pinehurst ha sido sede de numerosos torneos importantes, pero se recuerda más por el US Open de 1999, uno de los más disputados de la historia. John Daly fue víctima del diseño de Ross el último día, cuando su putt desde fuera del green del 8 no logró remontar la pendiente y volvió a rodar hasta sus pies. Dio un golpe de frustración a la bola cuando todavía estaba en movimiento y acabó pateando para 11. El último día, todos los grandes iban a la caza del título, como Woods, Vijay Singh y Phil Mickelson. Tras una semana de golf de precisión, Payne Stewart necesitaba embocar un putt de cinco metros en el último hoyo para ganar: «Cuando alcé la vista, la bola rodaba a unos 60 centímetros del hoyo y luego rompió a la derecha hasta el centro». Stewart fue el primer jugador de la historia del US Open en embocar un putt largo en el último hoyo para alzarse con la victoria. Meses después murió en un accidente de aviación.

Woods resume las características de este campo: «En los campos del tour siempre es lo mismo: fallas el green, sacas un lob wedge atómico y arrancas la bola del raf. Para mí eso no es golf divertido. El golf divertido es Pinehurst».

«El golf fue concebido para jugarse así.»

PAUL AZINGER, 1992

Shinnecock Hills

Shinnecock Hills Golf Club, Southampton, Long Island, Nueva York, EE. UU.

Shinnecock Hills, uno de los campos de campeonato más antiguos de Estados Unidos, se fundó en los acomodados Hamptons de Long Island en 1891. En 1896, albergó sus primeros torneos importantes, el US Amateur y el US Open, en las segundas ediciones de ambos. Tras ocupar un lugar en lo alto de la jerarquía del golf, en los 100 años siguientes se fusionó con su entorno y se limitó a ofrecer un golf totalmente social.

ARRIBA *El recorrido de Shinnecock Hills coloca los hoyos 9 y 18 en paralelo hasta los greenes exquisitamente ubicados en las pendientes que hay tras la espléndida casa-club.*

En 1916, llegó un nuevo recorrido, pero el club no buscaba notoriedad pública. Lo mismo sucedió cuando la construcción de una nueva autopista en Long Island obligó a realizar más cambios en 1930 y 1931. El campo fue ignorado por los campeonatos de nivel nacional hasta 1986, cuando el mundo del golf despertó ante un recorrido magnífico que llevaba años apartado de la vida pública. El US Open había regresado y quedaba claro que no sería flor de un día: ha sido sede en 1995 y 2004.

Para crear esta joya largamente oculta, el club llamó a William Flynn, un arquitecto que previamente había trabajado en la zona de Filadelfia. Él y su socio, Howard Toomey, formaron uno de los equipos más imaginativos del período de entreguerras en Estados Unidos, una época especialmente creativa en cuanto a diseño de campos se refiere. De hecho, Flynn conservó dos hoyos del campo anterior (diseñado por Charles Blair Macdonald y Seth Raynor, otro equipo magnífico), pero el resto eran totalmente nuevos.

¿Un links auténtico?

Shinnecock Hills se ha descrito como lo más parecido a un links auténtico en Estados Unidos. Sin embargo, estrictamente no lo es por dos motivos. Primero, hay links de interior que quedan lejos del mar, como Sand Hills, en Nebraska, donde se juega más como en Old Course de lo que se jugará jamás en Shinnecock. Segundo, el mar no es un factor determinante del juego ni de los golpes, mientras que en el caso de los links, sí lo es (a menudo, indirectamente). A pesar de todo, en muchos sentidos Shinnecock recuerda a un links. Sus amplios espacios están barridos por el viento y el rumbo que toma suele tener una importancia clave en la manera de jugar un hoyo concreto, que puede cambiar en cuestión de días o incluso de horas. Shinnecock es mucho más accidentado que Dornoch, Royal Aberdeen y St. Andrews juntos.

Sería ingrato elegir un solo hoyo de Shinnecock, porque es la fuerza del conjunto de 18 hoyos lo que lo convierte en un recorrido tan impresionante. Puede que sea, con gran diferencia, el campo más corto de los que han albergado el US Open recientemente, pero parte de su fuerza reside en su mantenimiento, con suelos firmes y rápidos que exigen mucha habilidad en el approach y un raf formidable, del tipo que el R&A preparó para el infame Open de 1999 en Carnoustie. En Shinnecock un raf así es lo normal.

Este rincón privilegiado de Long Island tiene el famoso National Golf Links casi al lado y el Sebonack de Jack Nickalus y Tom Doak justo a continuación.

▶ La casa-club de Shinnecock, diseñada en 1892 por el arquitecto de moda Stanford White (cuya afición por las faldas provocó su asesinato en 1906), fue la primera de Estados Unidos y aún sigue en activo.

FICHA DEL CAMPO

Hoyo	Distancia (metros)	Par
1	359	4
2	207	3
3	437	4
4	398	4
5	491	5
6	433	4
7	173	3
8	364	4
9	405	4
Ida	3.267	35
10	377	4
11	144	3
12	428	4
13	338	4
14	405	4
15	369	4
16	494	5
17	164	3
18	411	4
Vuelta	3.130	35
Total	6.397	70

Torrey Pines

Torrey Pines

South Course, Torrey Pines, San Diego, California, EE. UU.

Bautizado en honor a los pinos que salpican las calles, Torrey Pines tiene dos campos con una ubicación magnífica sobre altos acantilados que caen verticalmente al océano Pacífico. Hay vistas excepcionales desde ambos campos. Los dos, North y South, son de una calidad excelente. Cuando cada año se celebra aquí el Buick Invitational, los dos primeros días el torneo se divide entre los dos recorridos, con una vuelta en cada uno. Sin embargo, el fin de semana todas las vueltas se juegan en el South Course.

En 2001, Rees Jones renovó el campo con un coste de 3,5 millones de dólares. Se alargaron los hoyos hasta nada menos que 6.956 metros. Con 442 metros, el hoyo 4 es un par 4 largo e implacable, con dos búnkeres en el lado derecho de la calle. Pero la vista del jugador se desvía inevitablemente a la izquierda, donde los pinos señalan el principio del Pacífico. Como en la mayoría de los golpes desde el tee, la calle se juega en ligero ángulo y esto comporta cierta dificultad para alcanzar la hierba cortada con el drive. Encastado entre los árboles y protegido por un gran búnker, el green

acorazonado parece pequeño cuando se ejecuta el approach de hierro largo o madera que golpean muchos jugadores.

Como los campos de su categoría, éste también tiene un buen final, con un par 5 que insta a decidir. Los búnkeres a izquierda y derecha estrechan la zona de aterrizaje, pero un golpe recto permite atacar el green de dos. Pero, ante el obstáculo acuático que hay frente al lado izquierdo del green, muchos jugadores optan por ir sobre seguro. Sin duda, es un hoyo final impresionante para el US Open de 2008, el primer «grande» que alberga Torrey Pines.

El golpe ganador de Tiger

Aunque la longitud puede intimidar a muchos jugadores, el campo más largo del PGA Tour debe parecerle bastante fácil a Tiger Woods, que dominó su brutal recorrido con una última vuelta de 66 cuando ganó el Buick Invitational de 2007. En un final fabuloso, Woods superó su desventaja de dos golpes en los dos primeros hoyos e hizo gala de la potencia y el refinamiento necesarios para ganar en Torrey Pines. Mandó una madera 3 a 242 metros para alcanzar el hoyo 9, par 5, y embocó el putt desde ocho metros para eagle. La victoria le reportó su quinto título del Buick en su séptimo triunfo consecutivo en la temporada 2007 del circuito norteamericano. Al año siguiente ganó su sexto Buick.

A pesar del pedigrí que aportan los torneos importantes al South Course, muchos golfistas prefieren el North Course, algo más asequible. Con una ubicación todavía más espectacular, es más corto con 6.386 metros y plantea desafíos más tácticos en cuanto a colocación y planificación frente a la fuerza bruta que exige su vecino. La combinación de los dos campos hace de Torrey Pines uno de los resorts municipales más impresionantes del mundo.

▶ La ciudad de San Diego es la propietaria de estos campos municipales y cualquiera puede hacer cola para conseguir una hora de salida. El único problema es que la cola empieza nada menos que a las seis de la tarde del día anterior.

IZQUIERDA *El 12 es el hoyo más difícil del South Course, un par 4 largo con un green elevado y muy protegido. Sus vistas sobre el océano Pacífico son incomparables.*

▶ Torrey Pines es el segundo campo municipal (después de Bethpage Black) que acoge el US Open. Ahora la USGA está demostrando que quiere ampliar su radio de acción.

FICHA DEL CAMPO

Hoyo	Distancia (metros)	Par	Hoyo	Distancia (metros)	Par
1	413	4	10	370	4
2	354	4	11	202	3
3	181	3	12	461	4
4	442	4	13	495	5
5	414	4	14	398	4
6	512	5	15	436	4
7	422	4	16	208	3
8	161	3	17	404	4
9	561	5	18	522	5
Ida	3.460	36	Vuelta	3.496	36
			Total	6.956	72

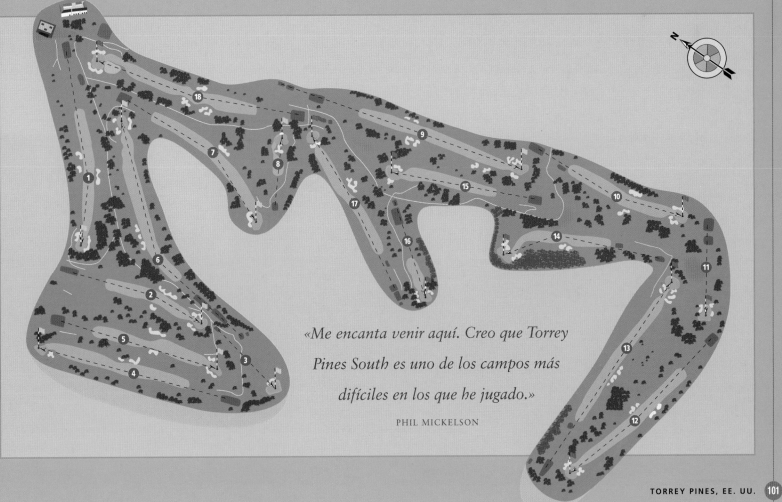

«Me encanta venir aquí. Creo que Torrey Pines South es uno de los campos más difíciles en los que he jugado.»

PHIL MICKELSON

TPC Sawgrass

Stadium Course, TPC Sawgrass, Ponte Vedra Beach, Florida, EE. UU.

Cuando este campo tenía dos años y acogió su primer torneo, el Players Championship de 1982, los profesionales fueron unánimes en su veredicto: resultaba odioso. Aunque el diseño siempre buscó la dificultad, era evidente que ésta era excesiva, y Pete Dye, el ilustre diseñador norteamericano, modificó un poco el recorrido para suavizar los greenes y cambiar algunos búnkeres especialmente brutales. Los cambios funcionaron y el Players Championship es hoy un quinto «grande» no oficial.

La opinión de los profesionales fue decisiva para Sawgrass, ya que los campos TPC, en los que se disputan torneos, son propiedad de la PGA (Asociación de Golfistas Profesionales). El campo merece el respeto de los profesionales porque su inteligente diseño no favorece a ningún tipo de jugador en concreto. Golfistas de golpe largo como Davis Love y Tiger Woods han ganado el Players Championship, pero también jugadores que confían en la precisión como Hal Sutton, Justin Leonard y Tom Kite. Adam Scott ganó a los 23 años y, un año después, el ganador fue Fred Funk, de 48 años.

Green en forma de isla

La influencia de la PGA se nota en el diseño, porque el campo fue creado para el golf de campeonato. Se removieron grandes cantidades de tierra que se convirtieron en montículos para los espectadores alrededor de calles y greenes. Los hoyos profundos resultantes se rellenaron con agua para crear grandes lagos. El famoso green en forma de isla del 17 es uno de los hoyos cortos más temidos del golf (tanto, que un canal de deportes norteamericano ofrece una cobertura ininterrumpida del hoyo durante el Players Championship). Curiosamente, Dye nunca planificó que el green del 17 estuviese rodeado de agua. Tenía previsto convertirlo en un búnker gigante hasta que su mujer sugirió lo de la isla.

El agua está presente en la mayoría de los hoyos, sobre todo en el terrible 18. Con un lago a la izquierda de este peligroso dogleg, los golfistas se enfrentan a un todo o nada desde el tee. Si el drive no se coloca bien, el approach puede caer en dique seco, ya que un segundo golpe agresivo suele acabar en el agua.

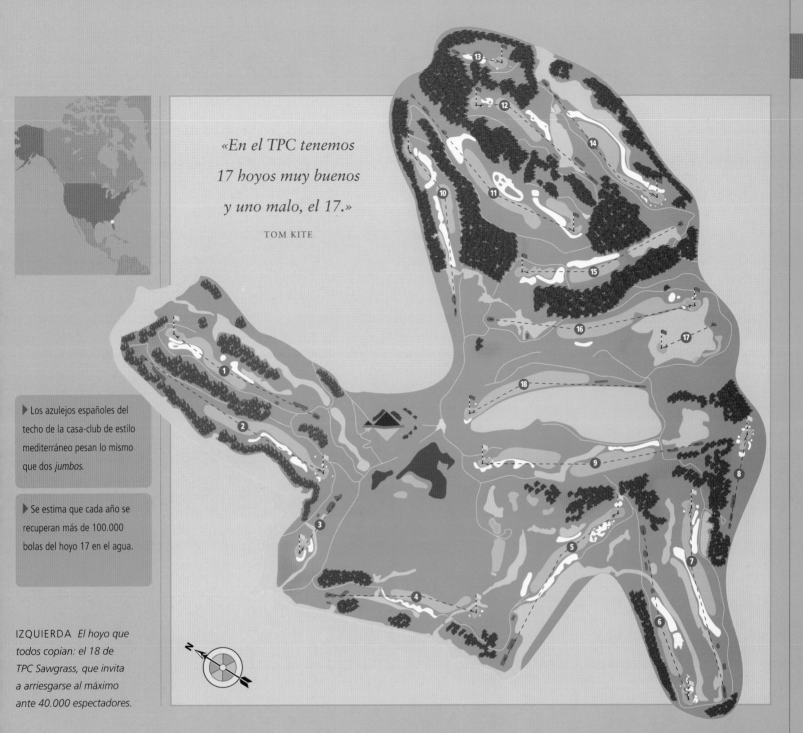

«En el TPC tenemos
17 hoyos muy buenos
y uno malo, el 17.»

TOM KITE

▶ Los azulejos españoles del techo de la casa-club de estilo mediterráneo pesan lo mismo que dos *jumbos*.

▶ Se estima que cada año se recuperan más de 100.000 bolas del hoyo 17 en el agua.

IZQUIERDA *El hoyo que todos copian: el 18 de TPC Sawgrass, que invita a arriesgarse al máximo ante 40.000 espectadores.*

FICHA DEL CAMPO

Hoyo	Distancia (metros)	Par	Hoyo	Distancia (metros)	Par
1	358	4	10	388	4
2	486	5	11	489	5
3	162	3	12	327	4
4	351	4	13	166	3
5	426	4	14	427	4
6	359	4	15	411	4
7	404	4	16	464	5
8	200	3	17	125	3
9	533	5	18	409	4
Ida	3.279	36	Vuelta	3.206	36
			Total	6.485	72

No hay que esperar al 17 para que el campo muestre su calidad. Uno de los mejores hoyos es el 2, un par 5 asequible que requiere un draw preciso desde el tee. El hoyo conserva una longitud realista que permite tomar el green de dos, pero el segundo golpe se juega hacia uno de los pequeños greenes de Dye. A su alrededor, el raf implacable y los búnkeres ofrecen buena protección.

Las recientes remodelaciones del campo han realzado el estilo «firme y rápido» del diseño. El resultado es que un golpe imperfecto tiene ahora más opciones de resultar problemático. La adición de 200 árboles nuevos es en parte responsable de ello. La longitud del campo ha cambiado poco desde que se construyó por primera vez y sólo ha ganado unos 180 metros en 30 años. Por lo tanto, su objetivo es crear un golf emocionante con distancias asequibles, lo cual es de agradecer en una época en la que demasiados campos reciben esteroides para los torneos. El principal cambio es una nueva casa-club de estilo solariego.

TPC Sawgrass

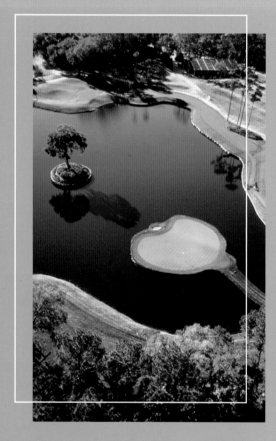

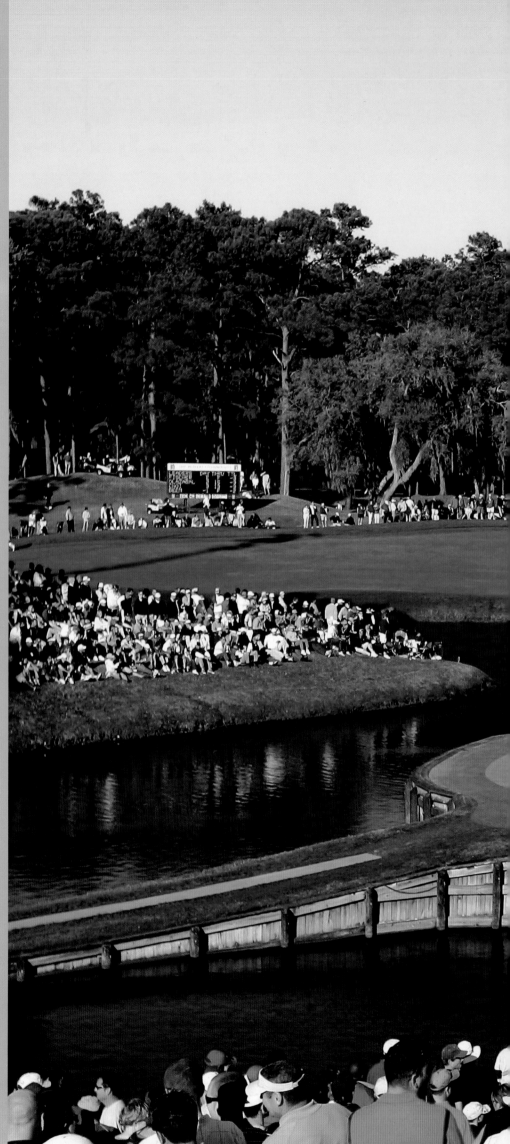

ARRIBA Y DERECHA *El hoyo 17 es el auténtico protagonista. El primer día del Players Championship de 1984, nada menos que 64 bolas acabaron en el agua gracias a un viento considerable. La media de golpes fue de 3,79, lo que lo convirtió en el par 3 más difícil de la historia del PGA Tour hasta entonces.*

TPC Scottsdale

Stadium Course, TPC Scottsdale, Arizona, EE. UU.

El golf despierta la máxima pasión cuando el circuito llega a Scottsdale para el FBR (antes Phoenix) Open. La calidad del campo es buena razón de ello, igual que los 500.000 aficionados que lo convierten en el torneo de golf con mayor número de espectadores. Las gradas permanentes alrededor de los greenes recuerdan que esto es un TPC y que, como Sawgrass, se diseñó para albergar torneos del PGA Tour.

Scottsdale ha vivido muchos momentos memorables, incluido el célebre doble eagle que se describe en el cuadro de la derecha, el más convencional hoyo en uno de Tiger Woods en el hoyo 16, par 3, y el récord total de 28 bajo par de Mark Calcavecchia en el Phoenix Open de 2001. Evidentemente, el diseño de Weiskopf y Morrish, pensado para poner a prueba a los mejores durante la semana del Phoenix Open y permitir jugar a los amateurs durante el resto del año, saca lo mejor de los golfistas. Cuesta creer que Scottsdale fuera una de las primeras colaboraciones entre el ex ganador del Open, Tom Weiskopf, y el arquitecto Jay Morrish, porque el campo tiene una fluidez magnífica. Una vez más, se trata de uno de los mejores equipos de diseño de su época.

DOBLE EAGLE

Uno de los golpes más memorables del golf profesional tuvo lugar en Scottsdale. En el hoyo 17, par 4, Andrew Magee decidió dejar el agua y los búnkeres fuera de juego intentando mandar el drive al green. Olvidando comprobar que el partido precedente hubiese abandonado la superficie de putt, su bola cayó en el green, golpeando el putt de un sorprendido Tom Byrum, que estaba alineando su golpe. Byrum aún se sorprendió más cuando vio que la bola de Magee salía rebotada directamente hasta el interior del hoyo. Es el único doble eagle logrado en un par 4 en la historia del PGA Tour.

DERECHA *Con su abundancia de verdor y de agua, TPC Scottsdale tiene reminiscencias de un oasis. Es popular entre los profesionales, que valoran su equidad.*

Calle y arena

Como todos los grandes campos del desierto, Scottsdale aprovecha la defensa natural de la maleza de este hábitat. El contraste entre el verdor de las calles y la arena siempre da lugar a un paisaje pintoresco. Sin embargo, el campo no es todo lo natural que parece. El terreno era demasiado plano para un campo de golf y se tuvo que mover mucha tierra, lo que permitió crear seis obstáculos acuáticos que refrescan y nutren la hierba.

Los nueve de ida, algo más difíciles que los nueve de vuelta (con más agua), están protegidos sobre todo por el desierto y la severidad de los búnkeres. Hay 72 en total y desde el tee del corto hoyo 4 parece como si todos protegiesen greenes de tres niveles. Ni que decir tiene que la precisión es crucial aquí, igual que en todas partes; aunque en general los greenes son grandes, los distintos niveles y las inclinaciones son implacables con los approaches mediocres.

A pesar de sus 6.600 metros de longitud desde los tees más atrasados, el campo parece más corto porque no hay grandes vuelos sobre el desierto desde el tee. Los jugadores de golpe potente tendrán su oportunidad en el hoyo 15, par 5. Con agua a la izquierda, es esencial un buen drive, descartando la fuerte tentación de atacar el green isla de dos. Sin duda, este lugar es estupendo para los espectadores, pero el hoyo más popular entre los aficionados siempre es el 16. Con el público por encima del hoyo, es como si unos gladiadores jugasen sobre un pequeño circo verde en un mar de desierto.

Scottsdale es sin duda uno de los mejores campos del mundo para vivir el espectáculo de un «estadio de golf».

▶ El total de 256 golpes de Mark Calcavecchia en el Phoenix Open de 2001 quedó un golpe por debajo del récord del torneo registrado en 1995. Calcavecchia dijo: «Simplemente lo mandé al hoyo. No podía dejar de pensar: "No serás tan tonto como para fallar éste"».

FICHA DEL CAMPO

Hoyo	Distancia (metros)	Par
1	375	4
2	380	4
3	507	5
4	160	3
5	414	4
6	399	4
7	197	3
8	430	4
9	424	4
Ida	3.286	35
10	369	4
11	429	4
12	178	3
13	544	5
14	436	4
15	505	5
16	148	3
17	304	4
18	401	4
Vuelta	3.314	36
Total	6.600	71

Valhalla

Valhalla Golf Club, Louisville, Kentucky, EE. UU.

Cuando Tiger Woods caminaba hacia el tee del 1 del US PGA de 2000 en Valhalla, se detuvo ante un anciano que parecía destacar entre la multitud. Bromeando, le dijo: «Va terriblemente bien vestido para estar sentado por aquí». El hombre era Dwight Gahm, fundador de Valhalla. Gahm había soñado con crear un gran campo de campeonato, no para obtener beneficios sino como muestra de gratitud por este deporte. Compró un terreno ondulado de 197 hectáreas y contrató al gran campeón de golf Jack Nicklaus para estructurar el recorrido. Nicklaus describió este terreno como «el sueño de todo diseñador por la gran variedad de terreno, vegetación y agua disponibles». Tras considerar 40 recorridos posibles, el campo se completó en 1986.

La calidad del campo se reconoció de inmediato y Valhalla se eligió para acoger el PGA Championship de 1996 y 2000. Valhalla es original y refrescante, con dos mitades muy diferenciadas. Los nueve de ida recuerdan a un campo de monte, con calles amplias e inclinadas limitadas por la frondosa hierba de Kentucky. Los nueve de vuelta están construidos sobre un terreno más elevado cubierto de árboles que se juega más bien como un campo tradicional con bosque. La dificultad del recorrido es sólida en ambas mitades.

Monte y bosque

Uno de los hoyos más extraños es el 7, con una calle doble. Lo más seguro es ir a la derecha, pero no se alcanza el green de dos. Se puede hacer desde la izquierda, pero el drive es complicado porque hay un raf a la espera de desviaciones.

El mayor número de desafíos los plantea el 10, par 5. El golpe desde el tee debe apuntar directo al centro, porque cualquier bola que vaya a la izquierda quedará bloqueada por los árboles. Incluso después de un buen drive, aún queda mucho hasta el green porque el hoyo se juega, desde los tees más atrasados, sobre 539 metros. Entre los peligros que rodean el green destacan una gran pendiente en la parte posterior que hace que los golpes largos se escapen, un difícil búnker muy cerca y el frondoso raf que acompaña cada hoyo. El green tiene dos niveles distintos y hay que encontrar el adecuado para evitar tripatear.

El hoyo emblemático es el 13, el par 4 más corto del campo, pero tan difícil como los hoyos largos. La mayoría de los jugadores golpean un hierro desde el tee para mayor seguridad porque la zona de aterrizaje está plagada de búnkeres. Hay que estar en la calle para tener opciones de alcanzar el pequeño green colgado de un lecho de roca y rodeado casi por completo de agua.

Valhalla es ahora propiedad de la PGA americana. La PGA siempre ha querido poseer varios campos selectos en los que disputar campeonatos importantes, y Gahm comprendió que Valhalla tendría los torneos garantizados si se lo vendía a la PGA. Hasta ahora se ha demostrado una sede perfecta, inspirando un golf maravilloso ante miles de espectadores sentados en anfiteatros naturales alrededor de los greens. Tal como prometió, Gahm decidió no obtener beneficios del golf y vendió el campo exactamente por la misma cantidad que había pagado por él. La recompensa llegó cuando se hizo realidad su sueño: que Valhalla fuese sede de la Ryder Cup de 2008 y, por lo tanto, ocupase un lugar en el gran paseo mítico del golf.

▶ En la mitología noruega, Valhalla es el gran salón en el que las almas de los guerreros muertos comparten banquetes y fiestas con los dioses.

IZQUIERDA *Aunque Jack Nicklaus fue uno de los jugadores de su época más poderosos en las distancias largas, siempre ha dejado espacio para los hoyos cortos de dos golpes en sus diseños. Éste es el 13.*

FICHA DEL CAMPO

Hoyo	Distancia (metros)	Par
1	411	4
2	489	5
3	192	3
4	343	4
5	425	4
6	453	4
7	549	5
8	174	3
9	384	4
Ida	3.420	36
10	539	5
11	192	3
12	430	4
13	320	4
14	197	3
15	402	4
16	466	4
17	434	4
18	498	5
Vuelta	3.478	36
Total	6.898	72

N

«Mejor, imposible.»

TIGER WOODS TRAS GANAR
EL US PGA CHAMPIONSHIP
DE 2000 EN VALHALLA

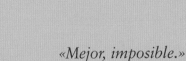

Whistling Straits

Straits Course, Whistling Straits, Kohler, Wisconsin, EE. UU.

Con tanta competencia, es raro que un campo recién estrenado tenga el honor de albergar un «grande» y, más aún, que resulte ser uno de los más espectaculares en años. El Straits Course tenía sólo seis años de vida cuando su calidad fue reconocida con la 86 edición del US PGA. Tras disfrutar de buen tiempo los tres primeros días, el domingo se levantó el viento y los jugadores sintieron toda la fuerza de este campo. Como todo gran links, el Straits está expuesto a los elementos, y con el viento rizando el lago Michigan, se encabritó. Con 6.891 metros, fue el campo más largo de la historia de los «grandes» y las puntuaciones dieron fe de ello. Tras un espectacular play off, Vijay Singh se adjudicó su tercer «grande» con el récord a la vuelta final más alta jugada jamás por un campeón del PGA: nada menos que un 76.

Whistling Straits es un lugar extraordinario construido alrededor de Kohler, una comunidad creada por la adinerada familia homónima. Esta pintoresca ciudad-jardín alberga un gran resort. Kohler está encabezada por cuatro campos de golf excepcionales, todos ellos creación de Peter Dye, el diseñador con más inventiva de los últimos 50 años.

Los dos campos más antiguos, Meadow Valleys y River, son conocidos en conjunto como Blackwolf Run y recorren un antiguo valle glacial aprovechando las inclinaciones y los obstáculos de agua naturales. Han sido sede del US Women's Open y el World Championship of Golf, y ambos han recibido las cinco codiciadas estrellas de *Golf Digest*.

DERECHA *Dye llenó el Straits Course de búnkeres, igual que las zonas de arena natural que deja expuestas el viento –y donde las ovejas buscan refugio– de los links escoceses. Este tipo de búnkeres están muy presentes en los hoyos 3 y 4.*

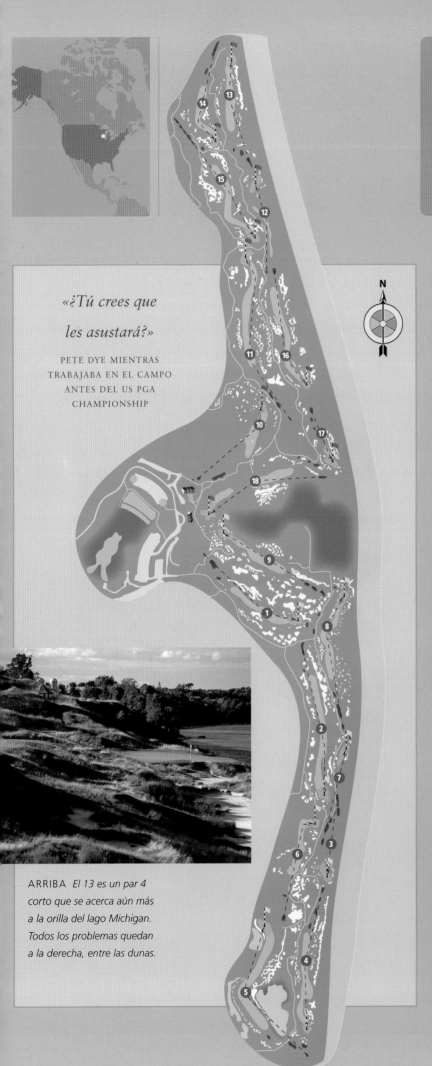

FICHA DEL CAMPO

Hoyo	Distancia (metros)	Par	Hoyo	Distancia (metros)	Par
1	370	4	10	356	4
2	541	5	11	566	5
3	167	3	12	152	3
4	416	4	13	369	4
5	534	5	14	340	4
6	358	4	15	425	4
7	196	3	16	489	5
8	422	4	17	204	3
9	379	4	18	447	4
Ida	3.383	36	Vuelta	3.348	36
			Total	6.731	72

«¿Tú crees que les asustará?»

PETE DYE MIENTRAS TRABAJABA EN EL CAMPO ANTES DEL US PGA CHAMPIONSHIP

N

ARRIBA *El 13 es un par 4 corto que se acerca aún más a la orilla del lago Michigan. Todos los problemas quedan a la derecha, entre las dunas.*

A orillas del lago Michigan

Con 36 magníficos hoyos de interior en el American Club Resort de Kohler, el magnate de la fontanería adquirió una base militar abandonada a orillas del lago Michigan, a 14 km de la población, y acudió a Pete Dye para crear un links tradicional. Habiendo coordinado grandes movimientos de tierra en el pasado, Dye no se alteró cuando vio un terreno poco prometedor. Enseguida empezó el proceso de alargamiento, creando las dunas y perfilando el carácter de un auténtico links. El resultado fue Whistling Straits, con dos campos excepcionales. Situado en el interior desde el lago, el Irish Course presenta calles bellamente onduladas rodeadas de un sutil raf. El estilo links tradicional incorpora cuatro riachuelos para aportar variedad, aunque los obstáculos acuáticos van más asociados a los campos de monte.

El campo más admirado es Straits Course. Aunque sus hoyos puedan intimidar, su inteligente diseño que incluye ocho hoyos frente al mar lo convierte en un lugar magnífico. El hoyo 4, Glory, es espectacular, un par 4 terrorífico con una calle que gira a la izquierda en dirección a las dunas que se alzan al borde del lago Michigan. Se necesita un hierro largo para alcanzar el green en alto, que reposa sobre unos devastadores búnkeres con una vista perfecta del lago como telón de fondo. El 17 es conocido como Pinched Nerve, nombre que describe con precisión uno de los pares 3 más intimidatorios de Dye.

Este campo tan asombroso visualmente posee un diseño creativo que genera un golf interesante, pero no hay que prestar mucha atención a las puntuaciones: aquí nadie juega para bajar handicap.

Winged Foot

West Course, Winged Foot Golf Club, Mamaroneck, Nueva York, EE. UU.

El *winged foot* o «pie alado» es el símbolo del New York Athletic Club. Un grupo de socios fundó el club de golf con este nombre en 1923. Dado que Winged Foot es uno de los principales clubes de Nueva York y está a menos de media hora del centro de Manhattan, justo a la salida de la autopista I-95 New England, suele creerse que será un lugar ruidoso, bullicioso y rebosante de golfistas en cada hoyo. Nada más lejos de la realidad.

Winged Foot tiene dos campos, el West, que es el de campeonato y el East, que es casi igual. La casa-club es majestuosa y los socios saben cómo relajarse, pero no se entretienen durante la vuelta. El club quiere que los partidos no se alarguen más de cuatro horas, ni siquiera en los torneos.

Ambos campos fueron creados por Alfred Tillinghast, un arquitecto de fama considerable en Estados Unidos, con creaciones como Baltusrol, Baltimore y Bethpage State Park, que comparten con Winged Foot el honor de haber albergado el US Open Championship. Los socios fundadores querían un «campo de dimensiones humanas» y lo lograron. *Tilly* tuvo la ocasión de trabajar en un terreno boscoso y plano, un lienzo poco prometedor, la verdad. Pero lo que distingue a un gran arquitecto es su capacidad para crear un campo magnífico a pesar de la falta de una topografía amable y, aquí, Tillinghast creó dos campos excelentes.

DERECHA *Los hoyos cortos de Tillinghast son muy especiales y a menudo fruto de la imaginación aplicada a un terreno poco prometedor. El 10 de Winged Foot West es uno de los mejores.*

Los greenes magistrales de Tillinghast

«Si no hay nada que lo haga respetable, hay que inyectarle calidad hasta que pueda moverse en sociedad con la cabeza bien alta». Ésta era la filosofía de Tillinghast, y la calidad que inyectó a Winged Foot se nota especialmente dentro y alrededor de los greenes. Casi todos quedan en alto por encima de unas calles en general planas, con unos contornos maléficos y unos búnkeres amenazantes. Afortunadamente, aún se aprecia la huella del diseño de Tillinghast (que era muy detallista) y hay que reconocer que el club ha sabido restaurar los greenes para recuperar su forma y sus contornos originales.

Incluso desde los tees de amateurs, Winged Foot West es largo. Si no se envía el drive a una buena distancia, hay que ejecutar approaches potentes con maderas. Si no se golpea lo suficientemente recto o falta el control necesario para acercarse a la bandera en esos greenes tan complicados, seguramente se topa con los búnkeres defensivos. En un par 4 tan corto como el hoyo 6, la entrada al green es increíblemente estrecha y la superficie de putt está muy inclinada y queda oculta tras un búnker en el lado derecho.

Los hoyos cortos ofrecen algún momento de respiro pero, una vez más, hay que superar el estrecho acceso a los greenes y a los búnkeres guardianes. Todos los greenes están lo bastante elevados para rechazar cualquier golpe que no sea lo bastante bueno. Uno de esos hoyos cortos, el 10, se juega sobre un valle hasta un green alto bien protegido por búnkeres. Una superficie de putt desconcertante espera si se llega a salvo al green. El genio de Tillinghast es tan soberbio que sus campos deberían estar en la lista de todo golfista.

▶ Durante el US Open de 2006, los hoyos 1 y 18 fueron los más complicados para la consecución del par, con una media de 4,471 golpes. El único hoyo con una puntuación media bajo par fue el 5, par 5, con 4,654.

▶ Winged Foot aparenta naturalidad, pero en realidad es el resultado de minar 7.200 toneladas de roca y de talar 7.800 árboles. Hicieron falta 200 trabajadores, 60 equipos de caballos y 19 tractores para completar el trabajo.

FICHA DEL CAMPO

Hoyo	Distancia (metros)	Par
1	411	4
2	414	4
3	198	3
4	429	4
5	471	5
6	294	4
7	148	3
8	434	4
9	470	4
Ida	3.269	35
10	172	3
11	362	4
12	585	5
13	196	3
14	419	4
15	380	4
16	437	4
17	411	4
18	411	4
Vuelta	3.373	35
Total	6.642	70

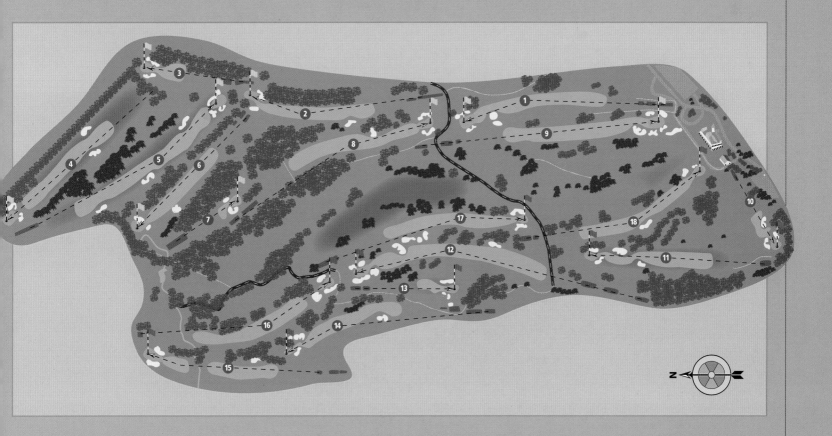

Banff Springs

Stanley Thompson 18, Fairmont Banff Springs Hotel, Banff, Alberta, Canadá

Los primeros campos de golf sencillamente evolucionaron. Los golfistas encontraban recorridos entre obstáculos naturales donde habían elegido jugar. Apenas se movía tierra. La aparición de los primeros diseñadores de campos, como Old Tom Morris, a finales del siglo XIX, vino acompañada de movimientos de tierra a muy pequeña escala –como mucho, lo que podían mover un par de hombres con palas o quizás con un caballo–. Luego llegó la excavadora de vapor. No podía mover montañas, pero sí una cantidad considerable de tierra en un día. Cuando se le sumó la dinamita, casi todo empezó a ser posible, siempre y cuando se dispusiera del dinero necesario.

El enorme Banff Springs Hotel perteneció a la Canadian Pacífic Railway (CPR). Era la joya de la corona y se erigía, orgulloso, con vistas a los ríos Spray y Bow, rodeado por el impresionante paisaje de las montañas Rocosas. Ostentaba un campo de golf desde 1911, pero éste nunca estuvo a la altura del resto de las instalaciones de este hotel de lujo. La compañía de ferrocarril tenía dinero y muchos vagones de tren. Sabía lo que el arquitecto canadiense Stanley Thopmson había conseguido en el resort de su rival, Canadian National, en Jasper Park, y decidieron contratarlo.

ACCIDENTE AFORTUNADO

El hoyo más célebre de Banff, el 4 (Devil's Cauldron, «el caldero del diablo»), no formaba parte del proyecto original de Thompson, que no había previsto usar esta zona de la extensa propiedad. Sin embargo, durante el invierno de 1927, cuando la nieve y las bajas temperaturas obligaron a detener los trabajos de construcción, una avalancha creó un nuevo lago helado. Cuando Thompson regresó a Banff, vio de inmediato el lago y su potencial como base para un hoyo corto de talla internacional.

El campo de golf más caro del mundo

A Thompson y su equipo les llevó dos años construir el campo. Cuando abrió sus puertas en 1929, se dijo que era el más caro jamás construido. Lo mejor de todo es que nadie adivinaría que Thomson invirtió tanto dinero y movió tantas toneladas de tierra, porque su apariencia es muy natural. También es fácil pasar por alto que buena parte de la creatividad de Thompson se centró en garantizar que los elementos «construidos», como los búnkeres, los greenes elevados y los montículos, estuvieran a la altura de la majestuosidad de los bosques y las montañas que los rodean. Como resultado de esta compenetración, el campo no queda abrumado por el entorno.

En los últimos años se ha construido una casa-club nueva y se ha cambiado el orden de juego original de los hoyos. Ahora el campo empieza con un hoyo que lleva al golfista directamente al bosque. Los dos siguientes encaran el monte Rundle. Thompson necesitó dinamita para abrir espacio suficiente para la calle del 3. Necesitó más dinamita para hacerle un hueco al green del 4, pero valió la pena porque se trata de un hoyo corto de primera línea (tan bueno que *Golf Magazine* lo sitúa entre los cuatro mejores del mundo). Exige un golpe sobre un lago helado hasta un green protegido por búnkeres en la otra orilla. Después de tres hoyos más en el bosque, el campo enlaza una serie de hoyos preciosos junto al río Bow.

El hoyo original de salida de Thompshon es el actual 15. Más de un golfista experimentado ha perdido la compostura desde este tee al ver los destellos del río Spray y, más allá, una calle flanqueada por árboles y trufada de búnkeres.

▶ Como queda tan alejado de los grandes núcleos de población, Banff Springs nunca ha albergado un torneo profesional importante.

▶ Banff Springs está trazado dentro de los límites de un gran parque nacional. Es habitual ver ciervos en el campo, y los osos lo visitan ocasionalmente.

IZQUIERDA Y ABAJO *Un juego maravilloso en un lugar de ensueño. El campo de Stanley Thompson en Banff Springs es excepcional. El hoyo 4 es, sencillamente, uno de los mejores del mundo.*

FICHA DEL CAMPO

Hoyo	Distancia (metros)	Par
1	379	4
2	165	3
3	489	5
4	183	3
5	393	4
6	347	4
7	558	5
8	146	3
9	466	5
Ida	3.126	36
10	206	3
11	389	4
12	411	4
13	210	3
14	407	4
15	439	4
16	384	4
17	352	4
18	535	5
Vuelta	3.333	35
Total	6.459	71

«*No es de este mundo.*»

BOBBY LOCKE, EL GRAN
GOLFISTA SUDAFRICANO

Highlands Links

Highlands Links

Highlands Links Golf Course, Ingonish Beach, Cape Breton, Nueva Escocia, Canadá

Este campo extraordinariamente bello tiene sus orígenes en el período posterior a la Gran Depresión. El gobierno de Canadá quería potenciar el turismo de esta zona de la costa atlántica y, viendo que los campos de Thompson en Jasper Park y Banff Springs habían disparado el rendimiento de ambos resorts, parecía razonable plantearse las posibilidades de Cape Breton. Thompson no contó en absoluto con un presupuesto como el de Banff, pero el lugar tenía tanto potencial que Thompson aceptó encantado.

ARRIBA La fabulosa y atractiva vista desde el tee del 6, un hoyo excelente que exige un drive largo y preciso hasta una calle lejana.

Los jefes de Thompson querían un campo que aprovechase al máximo la costa. Thompson, por su parte, tenía la sensación de que allí ya había hoyos buenos, pero que se podía crear un campo mejor llevando el recorrido al interior, por los bosques y el precioso valle del río Clyburn. Thompson dispuso de libertad y mucha mano de obra para crear su campo. Sólo podemos agradecer que los responsables de su construcción estuviesen abiertos al sentido común. Y también que quienes lo conservan lo hacen con conocimiento de causa.

Magníficas vistas

Los seis primeros hoyos se mantienen cerca del Atlántico y permiten disfrutar de unas vistas magníficas sobre el mar desde las zonas más altas. De hecho, el hoyo 1 se eleva lo suficiente como para que la mayoría termine con un bogey 5. Pero la recompensa es una fácil bajada por el 2. Aquí ya es evidente que se está ante unas de las calles más sinuosas que pueda haber en un campo de golf. Pero esto no es del todo accidental, ya que Thompson era un gran admirador

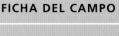

del golf links escocés y utilizó los contornos naturales del terreno con tanta eficacia como le fue posible. También ayudaba a crearlos artificialmente, amontonando pilas de piedras y rocas, y cubriéndolas de hierba. Esto puede parecer burdo, pero Thompson era todo un artista.

Siguiendo por el tramo de costa del campo, dos hoyos cortos enmarcan un tentador, aunque peligroso, hoyo corto de dos golpes justo antes del último hoyo de esta sección, el 6, un par 5. Se trata de un hoyo de primera, especialmente emocionante desde el tee de campeonato, porque el drive debe volar 201 metros por encima del agua sólo para llegar a la calle. Un paseo por el río Clyburn conduce a los bosques para jugar el siguiente par 5, que dibuja tirabuzones hasta un encantador green al pie de una colina. Es, técnicamente, un hoyo magnífico, pero aunque fuese estándar resultaría deslumbrante por la belleza del entorno. El recorrido continúa con hoyos tan fascinantes que se agradece que Thompson decidiese hacer los paseos largos; entre el 12 y el 13 hay un camino precioso.

Pero en este punto aún queda un hoyo impresionante, el 15. En términos golfísticos, es un par 5 de lo más emocionante. Tienta a atacar el green de dos, colina abajo por un revoltijo de ondulaciones y vertientes. Pese a ello, se juega con el océano Atlántico como telón de fondo, recuperado tras jugar en el bosque. La calle queda perfectamente alineada con la isla de Whale. Si llega a tener la calle y el green ubicados unos metros más a la derecha y a la izquierda, hubiera sido un buen hoyo. Pero estando donde está, el resultado es fabuloso.

ABAJO *El mayor acierto de Stanley Thompson, además de construir un campo aprovechando vistas como éstas del hoyo 15, fue crear hoyos a la altura de su belleza.*

FICHA DEL CAMPO

Hoyo	Distancia (metros)	Par
1	370	4
2	409	4
3	146	3
4	296	4
5	150	3
6	491	5
7	521	5
8	292	4
9	307	4
Ida	2.982	36
10	133	3
11	468	5
12	219	3
13	398	4
14	364	4
15	494	5
16	421	5
17	174	3
18	375	4
Vuelta	3.046	36
Total	6.028	72

▶ Los hoyos tienen nombres divertidos relacionados con la tradición escocesa. El corto 10, por ejemplo, se llama Cuddy's Lugs porque los búnkeres a ambos lados del green le recordaban a Thompson las orejas de un burro.

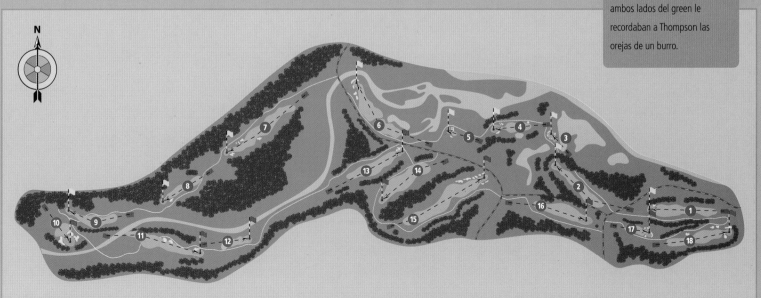

St. George's

St. George's

St. George's Golf & Country Club, Etobicoke, Ontario, Canadá

Stanley Thompson debía saber que tenía algo bueno entre manos cuando pusieron a su disposición 809 hectáreas de terrenos sinuosos y ríos serpenteantes para crear un campo en la nueva Humber Valley Village. Construida en 1920, esta urbanización fue diseñada a imagen y semejanza de un pueblo inglés y necesitaba un campo de golf para atraer a gente a la zona. Con semejante extensión de tierra disponible, Thompson pudo escoger un tramo de suelo casi perfecto para el golf.

Árboles altos, ríos y un terreno sinuoso permitieron capturar la esencia de los mejores campos ingleses de bosque y complementar el ambiente de la urbanización. Aunque el campo ha sido ligeramente modificado y reforzado con los años, su encanto original permanece intacto.

Una vista pintoresca desde el tee del hoyo 1 proporciona un agradable comienzo a la vuelta. La calle flanqueada de árboles, que se encarama hasta un green en alto, ofrece un objetivo atractivo para usar una madera 3. El green está protegido por búnkeres profundos de formas creativas, los primeros de una secuencia de trampas de arena interesantes. El tee del 2 también ofrece buenas vistas, esta vez en direc-

ción a un intimidatorio barranco que queda al bies respecto al hoyo y que hay que sobrevolar con el drive. Cuanto más largo sea el golpe, más recto será el ángulo del approach a green. Con 426 metros, muchos acaban golpeando un palo largo hasta un green en ángulo a la derecha.

Una característica interesante de St. George's es que las calles raramente se juegan en línea recta. A menudo tienen resaltos o se estrechan para acentuar los hoyos. En el 9, par 5, por ejemplo, la calle se abre para acoger los golpes cortos desde el tee, pero quienes quieran llegar muy lejos encontrarán la calle estrechada por dos temibles búnkeres laterales. Lo mismo sucede en el segundo golpe, en

el que ir sobre seguro permite disfrutar de una zona amplia de hierba corta, mientras que la calle se estrecha al acercarse al green. Hay que pensárselo dos veces antes de intentar atacar en dos golpes.

Final complicado

En el 14 empieza un tramo final formidable. Se trata de un largo par 4 con un río en el lado derecho que pasa por delante del green. Muchos golfistas deberán jugarlo como un hoyo de tres golpes en lugar de arriesgarse a caer en el río con un hierro largo. Los hoyos 17 y 18 fueron pares 5 y los montículos de la calle son similares a los del 9. La dificultad es que, como ahora son pares 4, hay que arriesgarse con los tramos más estrechos y lejanos que antes usaban sólo quienes querían jugar bajo par. A pesar del final complicado, el breve paseo hasta la casa-club es relajado. Las colinas suaves, las calles sinuosas y el apacible río hacen de St. George's un campo exquisito al más puro estilo inglés.

▶ Después de que el golfista norteamericano Art Wall ganase el Canadian Open de 1960 con un resultado de 19 bajo par, el amigo y protegido de Stanley Thompson, Robbie Robinson, fue contratado para reforzar el campo. Remodeló cinco de los hoyos, incluido el 4 (foto izquierda).

FICHA DEL CAMPO

Hoyo	Distancia (metros)	Par	Hoyo	Distancia (metros)	Par
1	338	4	10	345	4
2	426	4	11	483	5
3	181	3	12	365	4
4	433	5	13	195	3
5	395	4	14	426	4
6	184	3	15	521	5
7	408	4	16	186	3
8	204	3	17	430	4
9	492	5	18	412	4
Ida	3.061	35	Vuelta	3.363	36
			Total	6.424	71

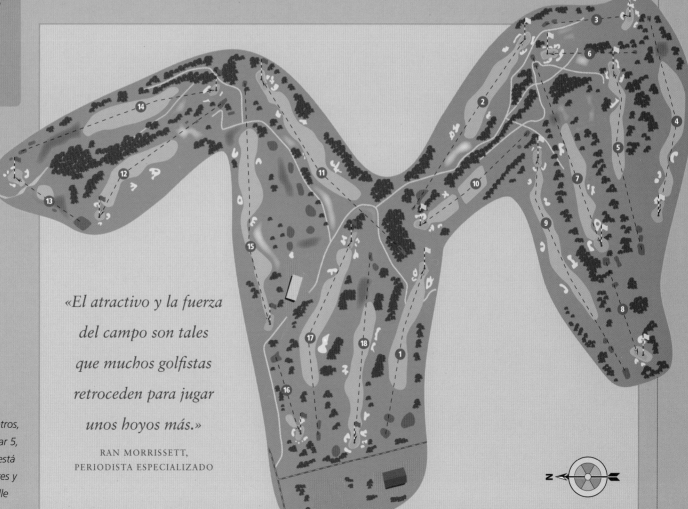

«El atractivo y la fuerza del campo son tales que muchos golfistas retroceden para jugar unos hoyos más.»

RAN MORRISSETT,
PERIODISTA ESPECIALIZADO

IZQUIERDA Con 433 metros, el 4 es corto para ser un par 5, pero el approach a green está muy protegido por búnkeres y los árboles estrechan la calle por ambos lados.

▶▶▶ Campos 47–56

Caribe, América Central y América del Sur

El golf llegó a América del Sur a finales del siglo xix, cuando ingenieros británicos viajaron a Argentina y Brasil para construir ferrocarriles y fundar fábricas. Como en muchas otras partes del mundo, los británicos (y los escoceses en particular) fueron los evangelistas del golf. Los primeros campos se construyeron cerca de los grandes núcleos de población e, inevitablemente, fueron en cierto modo exclusivos. El clima, la geografía, la agitación política y la demografía han sido factores que han retrasado la evolución del golf desde entonces, aunque los logros de Roberto de Vicenzo y Ángel Cabrera demuestran que no falta talento.

Las técnicas de ingeniería aprendidas en el Lejano Oriente en la Segunda Guerra Mundial y la guerra de Vietnam se aplicaron a la construcción de campos de golf en las calurosas y húmedas junglas cercanas al Ecuador. El desarrollo de variedades de hierba que generan superficies de putt viables ha permitido crear campos de calidad internacional en América Central y el Caribe y, gracias a la expansión de la industria del turismo, en México se han construido muchos campos de resort de alto nivel.

Mid Ocean

Mid Ocean

Mid Ocean Golf Club, Tucker Town, Bermudas

El ritmo de vida de las Bermudas, la fantástica climatología y las maravillosas vistas del océano de Tucker Town bastarían para darse por satisfecho con un par de cócteles al día sin necesidad de esforzarse jugando a golf. Mid Ocean no difiere mucho de una docena y media de cócteles: es exquisito de ver, agradable de jugar, y cada hoyo lleva al siguiente sin que apenas se note. Además, tiene la habilidad de producir una terrible resaca cuando las puntuaciones se disparan.

El responsable de esta resaca no es otro que Charles Blair Macdonald. Aunque en el capítulo sobre América del Norte se ha pasado de puntillas por su obra, diseñó el primer campo de 18 hoyos de Estados Unidos (en Chicago) y uno de los campos más influyentes desde el punto de vista arquitectónico, el National Golf Links of América de Long Island. Una compañía de barcos de vapor, la Furness Withy, contactó con él cuando estaba medio retirado para construir un campo en las Bermudas. La firma ofrecía dinero, un terreno y un clima excelentes. Macdonald decidió el mejor recorrido para el campo (por los valles, donde la hierba crecía mejor), dibujó los planos y se marchó dejando la construcción a cargo de su socio, Seth Raynor. Macdonald, que sabía que dejaba el proyecto en buenas manos, dijo: «Puedo prometer a mis amigos golfistas que en el mundo no habrá un campo más fascinante y pintoresco que Mid Ocean. No es nada corriente».

Corría el año 1921 y nadie discrepó de Macdonald. El debut de Mid Ocean fue glorioso. Lamentablemente, a finales de la Segunda Guerra Mundial, la Furness Withy pasó apuros financieros y decidió venderlo. Un banquero londinense reunió a un grupo de amigos y socios, compró el recinto y lo convirtió en un club en 1951. Afortunadamente, desde entonces marcha viento en popa.

DERECHA *La tentación de buscar la gloria es evidente ante esta vista del hoyo 5. Pero también queda claro que es todo un reto.*

Un toque de la antigua Escocia

Macdonald no temía inspirarse en los célebres hoyos escoceses y retocar sus características para adaptarlos a sus campos. Por eso, en Mid Ocean hay hoyos que recuerdan a St. Andrews, North Berwick o Prestwick. Hay incluso un hoyo Biarritz, construido a partir de uno del resort francés que desapareció hace mucho tiempo. No son réplicas, pero adoptan principios de diseño sólidos y los aprovechan al máximo. Posiblemente el mejor de todos sea el 5, llamado Cape. En él, los riesgos se ven recompensados. Cuanto más se arriesga con el drive, mejores son las posibilidades del segundo golpe, siempre y cuando el primero sea impecable. De lo contrario, el castigo es directamente proporcional a la incapacidad de resistirse a la glotonería. En esta ocasión, una ciénaga con manglares espera con avidez cualquier error.

▶ Con los años se realizaron cambios que alteraron la fisonomía del campo, sobre todo en los búnkeres. Recientemente, el club ha hecho lo posible por recuperar la idea del golf estratégico de Macdonald pero con un campo asequible para jugadores de todos los niveles.

UN RETO HEROICO

El 5 de Mid Ocean es un hoyo «cabo» por excelencia. Este término procede de la ubicación del green en una península con problemas a ambos lados y en la parte posterior. Sin embargo, los mejores ejemplos de este tipo de hoyos también requieren un drive por encima de algún obstáculo en el que conviene golpear con la máxima fuerza posible; se puede perder la bola en el raf o en el agua si se falla, o lograr una buena posición de ataque a green si se acierta. Los 18 hoyos de TPC Sawgrass y Ganton son buenos ejemplos, el primero con agua y el segundo sin ella.

FICHA DEL CAMPO

Hoyo	Distancia (metros)	Par
1	382	4
2	431	4
3	153	3
4	302	4
5	396	4
6	329	4
7	150	3
8	319	4
9	371	4
Ida	2.833	34
10	369	4
11	445	5
12	441	4
13	218	3
14	326	4
15	461	5
16	344	4
17	182	3
18	476	5
Vuelta	3.262	36
Total	6.095	70

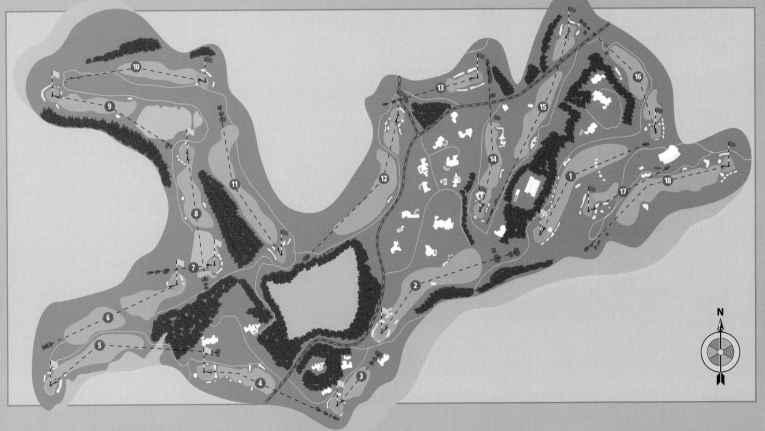

Tryall

The Tryall Club, Montego Bay, Jamaica

Al llegar a Jamaica, bastan diez minutos, y quizá un trago de cerveza o de ron locales, para sucumbir a la actitud relajada de sus habitantes. El Tryall Club es el lugar perfecto para disfrutar de este ambiente tranquilo. Una antigua plantación de azúcar se ha convertido en un hotel de lujo junto a las palmeras de la costa. Como es lógico, la meteorología desempeña un papel decisivo en el atractivo del club. Aunque el sol luce permanentemente, también soplan fuertes vientos procedentes del mar. El arquitecto tejano Ralph Plummer diseñó el campo para aprovechar ambos fenómenos al máximo.

Aunque el campo era bastante corto cuando abrió sus puertas en 1958 y ahora sólo tiene 6.146 metros como máximo, la fuerza de su diseño y sus característicos greenes inclinados –así como el viento constante– han evitado que los profesionales lo dominen con el paso de los años. Con semejantes retos, la potencia y el control han sido siempre más importantes que la distancia.

ABAJO *A menudo, un hoyo puede parecer mucho más sencillo y menos intimidatorio visto desde atrás. Éste es el emblemático hoyo 4.*

DÍAS EMBRIAGADORES

Ahora que los tours norteamericano y europeo unen fuerzas con otros circuitos, el calendario profesional abarca todo el año. Pero no siempre ha sido así, por lo que en las agendas quedaban huecos para otros torneos. Uno de ellos era el Johnnie Walker World Championship, que atraía a Tryall a jugadores de renombre para celebrar el final de la temporada con sol, diversión y mucho dinero. Fred Couples ganó el último en 1995.

A pesar de su formidable logro, Tryall es en realidad muy asequible para el golfista medio. A diferencia de un campo complicado del Open Británico o el US Open, aquí los golfistas no se ven maltratados por un raf altísimo o unas distancias astronómicas. Todo el recorrido es muy agradable y resulta fácil dejarse seducir por el entorno y las vistas del océano antes de descubrir que el viento y el difícil juego corto de este campo se van quedando con los puntos.

El hoyo que se diseñó a sí mismo

El hoyo más emblemático de Tryall es el 4, construido cuando se compró una parcela de tierra adyacente al mar. El hoyo sencillamente se diseñó a sí mismo. Con el mar Caribe a la izquierda, el río Flint enfrente y el insistente viento del mar, pocos golpes desde el tee resultan tan espectaculares como éste. Incluso cuando se logra un golpe decente queda trabajo pendiente: muchos jugadores caen del inclinado green y acaban saliendo con un bogey.

A pesar de sus hoyos memorables, la gran baza de Tryall reside en la calidad de sus golpes de approach. Cualquier acción demasiado segura resultará en tres putts sobre estos difíciles greenes, así que hay que atacar las complicadas ubicaciones de bandera y ser creativo aprovechando las inclinaciones y elevaciones de los greenes para hacer rodar la bola por la superficie de putt. Los conocimientos de los excelentes caddies locales siempre son de agradecer.

▶ En sus orígenes, Tryall era más corto con unos 5.850 metros, y el agua sólo afectaba a dos hoyos. Aun así, a día de hoy se conserva gran parte del campo original.

▶ Durante la década de 1990, Tryall fue la sede del Johnnie Walker World Championship, entre cuyos ganadores figuran Fred Couples (dos veces), Nick Faldo, Larry Mize y Ernie Els.

FICHA DEL CAMPO

Hoyo	Distancia (metros)	Par
1	341	4
2	176	3
3	476	5
4	160	3
5	336	4
6	466	4
7	397	4
8	441	4
9	369	4
Ida	3.162	35
10	155	3
11	457	5
12	195	3
13	341	4
14	411	4
15	407	4
16	392	4
17	357	4
18	313	4
Vuelta	3.028	35
Total	6.190	70

DERECHA *Jugado contra el viento desde un tee en alto, el 15 es uno de los hoyos de dos golpes más difíciles y espectaculares de Tryall.*

N

Casa de Campo

Casa de Campo

Diente de Perro, Casa de Campo Golf Club, La Romana, República Dominicana

El golf creció junto al mar, primero en Escocia y luego en Inglaterra e Irlanda. A medida que se extendió por el mundo, fue inevitable que muchos de los mejores campos se instalaran a orillas de los grandes mares y océanos. Los primeros campos británicos se construyeron *cerca* del mar. Muchos de sus sucesores lo hicieron *sobre* él, pero pocos con un resultado tan fascinante como el campo de Diente de Perro.

El nombre del campo se refiere al coral de la zona, el diente de perro, que se machó y se utilizó para construir los tees de península que entran en el Caribe y las paredes bajas que evitan que la tierra vuelva al mar, a menos que pase un huracán, por supuesto. No fue la única innovación práctica empleada en la construcción del campo. En las calles y los greenes no se lanzaron semillas al vuelo ni se aplicaron tepes, sino que se plantaron matas de hierba a mano, una a una. Nunca se quiso que este campo fuese uno más.

Fue uno de los primeros trabajos de Pete Dye, seguramente el diseñador más imaginativo del último cuarto del siglo XX. Dye ya había dado muestras de su visión y creatividad a pesar de su corta experiencia en Harbour Town, en Carolina del Sur. En La Romana le proporcionaron un gran lienzo negro y se subió a un helicóptero para explorar cada centímetro de este gigantesco resort hasta encontrar un tramo de costa prometedor. Consiguió más de lo que su adinerado cliente podía esperar, sin lugar a dudas el mejor reto golfístico de todo el Caribe. Dye ha vuelto un par de veces más para crear otros dos campos imaginativos en este resort, que parece más bien un estilo de vida que un destino para pasar las vacaciones.

DERECHA *El 5 ofrece el primero de los vuelos obligatorios de Casa de Campo por encima del mar. Puede que no sea largo, pero la falta de precisión tiene un castigo obvio.*

Hoyos fascinantes en el océano

Sería un error ignorar los hoyos interiores, porque son todo un reto. Dos de los primeros cuatro se basan en originales de Prestwick y Pinehurst, y un tercero rinde tributo a Charles Blair Macdonald, uno de los diseñadores norteamericanos más influyentes. La primera refriega con el mar tiene lugar en el corto hoyo 5, un par 3 a todo o nada desde un tee en alto hasta un green ubicado en el mar. Los hoyos 7 y 16 son parecidos, pero no se tiene la sensación de repetir una buena jugada. Dye tenía demasiado carácter como para hacer algo así.

Por espectaculares y memorables que resulten estos hoyos, los verdaderos protagonistas del espectáculo son dos hoyos de dos golpes que empiezan con un drive sobre el agua. El 8 es sólo un ejemplo de ello: hay que golpear con todas las fuerzas desde el tee, a riesgo de pasarse. Se dan situaciones parecidas en el 15 y el 17, que forman parte de unos nueves electrizantes. Los tres campos resultan fascinantes, pero Diente de Perro es el que conquista el corazón del golfista y el espíritu de La Romana.

▶ El más reciente de los campos de Pete Dye, el Dye Fore Course, mide nada más y nada menos que 7.105 metros desde los tees más atrasados.

▶ Incluso el suelo de las calles de Diente de Perro es poco convencional, ya que combina arena, tierra y un producto resultante del refinado del azúcar, la cachaza.

DERECHA *En los nueve de vuelta, con el mar a la izquierda y los obstáculos a la derecha, si no se golpea recto se tienen las de perder. Éste es el hoyo 16.*

FICHA DEL CAMPO

Hoyo	Distancia (metros)	Par
1	367	4
2	346	4
3	498	5
4	299	4
5	142	3
6	411	4
7	206	3
8	381	4
9	462	5
Ida	3.112	36
10	345	4
11	494	5
12	407	4
13	160	3
14	462	5
15	351	4
16	169	3
17	398	4
18	402	4
Vuelta	3.188	36
Total	6.300	72

«En Casa de Campo, Pete Dye descubrió una violencia natural muy adecuada para su expresión creativa.»

ANDRE-JEAN LAFAURIE,
PERIODISTA ESPECIALIZADO

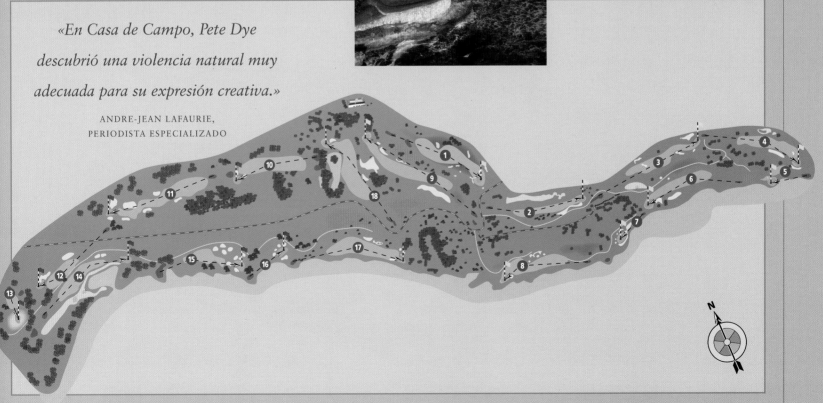

Casa de Campo

DESDE TIEMPOS DE COLÓN

La República Dominicana tiene una historia largamente vinculada a Europa desde que, en 1492, Cristóbal Colón tomara tierra por primera vez en la isla. Aquí se fundaron la primera catedral y la primera universidad de las Américas. En 1976, se decidió construir en el resort Casa de Campo una réplica de una villa medieval europea con las técnicas de la época. Hoy en día, Altos de Chavón es un paraíso para los artistas, con estudios, una escuela de diseño y un museo arqueológico, todo ello mantenido por una fundación cultural con muchos recursos. Incluso hay una réplica de un teatro griego al aire libre. Para los golfistas, el mejor punto para ver todo este espectáculo es el Dye Fore Course, un campo que se adentra en el interior y tiene vistas sobre la villa, entre otras cosas. Es un campo largo con 7.105 metros desde los tees más atrasados.

DERECHA *En el hoyo 7 todo parece muy sencillo cuando el sol brilla en un día tranquilo. La isla de La Española, en la que se encuentra el campo, hace de barrera entre el océano Atlántico y el mar Caribe. Cuando el viento sopla, el Diente de Perro se muestra feroz.*

Mahogany Run

Mahogany Run

Mahogany Run Golf Course, St. Thomas, Islas Vírgenes de EE. UU.

Mahogany Run se publicita como *The Home of Devil's Triangle* (el hogar del triángulo del diablo) en referencia a tres hoyos espectaculares que se juegan al borde de unos altos acantilados sobre las feroces olas del Caribe. Pero es mucho más que eso. Es un campo sorprendentemente compacto y variado que sube la colina y se adentra en los bosques tropicales antes y después de asomarse al borde de los acantilados.

George y Tom Fazio, tío y sobrino, respectivamente, fueron contratados por los hermanos Jim y Robert Armour para crear el campo a finales de la década de 1970. El recorrido se abrió al público en 1980. Las colinas empinadas, los valles hundidos y la extensión de tierra condicionaron el recorrido y lo estrecharon. Por eso se necesita más un golf meditado y preciso que un golpe potente. Afortunadamente, no es un campo largo, ni siquiera desde los tees más atrasados.

Es el único campo de St. Thomas y, dada la geografía de la isla, lo seguirá siendo. En un lugar así, la ficha sólo cuenta una parte de la historia, porque en algunos hoyos, las colinas de subida o de bajada suman o restan distancia desde el punto de vista del jugador. La búsqueda de la gloria puede llevar a perder una bola, porque aquí hay bosques tropicales en toda regla. También hay varias curvas que exigen una buena colocación de la bola, en los tres primeros hoyos por ejemplo. El agua se usa con moderación, aunque su presencia es importante en el 1, el 10 y el 15. Los cinco hoyos cortos son justamente eso, y la mayoría de los de dos golpes quedan por debajo de los 370 metros.

DERECHA *El triángulo del diablo es golf extremo, como se aprecia en esta imagen del hoyo 14 y su green colgado al borde de un acantilado.*

▶ Entre los espectadores de Mahogany Run se cuentan iguanas y pelícanos. Además, al caminar por las calles se puede ver cómo los mangos maduros caen de los árboles.

▶ En la web del campo se dice que quien supera el triángulo sin ningún golpe de penalización recibe un certificado en el que consta «yo sobreviví al triángulo del diablo».

ARRIBA DERECHA *En un hoyo como el 13, los búnkeres están para evitar que la bola vaya saltando eternamente.*

FICHA DEL CAMPO

Hoyo	Distancia (metros)	Par	Hoyo	Distancia (metros)	Par
1	379	4	10	332	4
2	325	4	11	140	3
3	475	5	12	321	4
4	122	3	13	299	4
5	325	4	14	145	3
6	344	4	15	516	5
7	279	4	16	134	3
8	135	3	17	379	4
9	379	4	18	466	5
Ida	2.763	35	Vuelta	2.732	35
				Total	5.495	70

El «triángulo del diablo»

El 13 es uno de los pares 4 de pitch y drive que no parecen gran cosa a juzgar por la ficha. Pero el par no contempla el mar, y la estrecha calle de este hoyo se encarama cuesta arriba hasta un pequeño green colgado sobre las aguas profundas del océano. Se trata del «triángulo del diablo». Los nervios se crispan y los golpes aparentemente simples, como un approach con wedge, se vuelven de pronto el doble de exigentes. Es un lugar magnífico para un green.

El siguiente hoyo del triángulo es el más largo de los cortos, un simple golpe de hierro. Pero el viento puede obligarte a jugar por encima del mar para que el propio aire lleve al bola a la superficie de putt. De nuevo hay que tener la cabeza fría. Sea cual sea el estado del partido, hay que disfrutar de las vistas. El «triángulo del diablo» termina con un par 5 nada común. Pocos se arriesgan a jugarlo en dos golpes, porque hay un lago considerable frente al green y un fuera de límites tras la superficie de putt. Precioso pero implacable.

Cabo del Sol

Ocean Course, Cabo del Sol Golf Club, Baja California, México

Baja California, con su envidiable clima (350 días de sol al año), estaba destinado a despegar como destino vacacional en algún momento. Para los mexicanos bien podría parecer otro país ya que, aparte de un pequeño tramo continuo de tierra en el extremo norte de la península, el territorio queda separado de tierra firme por los cientos de millas del mar de Cortés.

Cuando se puso de moda el avistamiento de ballenas, los estadounidenses y los canadienses solucionaron los problemas de acceso por vía aérea. Ahora este lugar es un destino muy visitado. Era inevitable que los visitantes también quisieran jugar a golf, y los dos campos de Cabo del Sol, que no se parecen en nada, fueron una semilla a partir de la cual han germinado nuevos recintos.

Para refrendar a los turistas que Cabo del Sol es un resort de primera, se contrató a dos de los grandes del diseño para crear los recorridos: Jack Nicklaus y Tom Weiskopf. Nicklaus fue, incuestionablemente, el mejor golfista de su época (o todos los tiempos) y un maestro de la demolición de campos, pero sus diseños son mucho más generosos con el jugador medio de lo que cabría esperar. Se tomó en serio las críticas negativas hacia sus primeros diseños, «demasiado difíciles y elaborados para Nicklaus». Weiskopf, por su parte, ejecutaba uno de los swings más elegantes de todos los tiempos y tenía una técnica formidable, aunque no logró todos los éxitos que se le auguraron. Sin embargo, a menudo sus campos de golf hacen reflexionar más que los de otros jugadores más prolíficos en títulos de su época.

ABAJO *El hoyo 17, jugado a través de la playa desde los tees más adelantados, tiene un recorrido bellamente alineado con las montañas que se ven a lo lejos.*

FICHA DEL CAMPO

Hoyo	Distancia (metros)	Par
1	399	4
2	525	5
3	299	4
4	507	5
5	419	4
6	174	3
7	189	3
8	401	4
9	429	4
Ida	3.342	36
10	399	4
11	322	4
12	471	5
13	195	3
14	335	4
15	485	5
16	392	4
17	163	3
18	393	4
Vuelta	3.155	36
Total	6.497	72

▶ Aunque el turismo golfístico es relativamente nuevo en esta parte de México, otro tipo de turistas colonizaron la zona en 1730. Fueron los españoles, que construyeron un presidio en San José del Cabo. Los turistas actuales no vienen sólo por el golf, sino también por la pesca.

ARRIBA DERECHA *El 13, el único par 3 de interior del Ocean Course, es un buen hoyo y se juega cuesta abajo hasta un green defendido por búnkeres, cactos y matorrales.*

Desierto y océano

El club posee dos campos de estilos totalmente diferentes. El Desert Course de Weiskopf fue construido en el interior. Se trata de un recorrido accidentado con buenas vistas al océano que exige al jugador actual una combinación de longitud, precisión y delicadeza. El Ocean Course de Nicklaus se presenta en muchos aspectos más moderado, aunque hay vuelos obligatorios por encima del Pacífico en los hoyos 5, 7, 17 y 18. Pero, para el jugador competente, los vuelos sobre el agua tienen poco de intimidatorios. Los mejores golfistas disfrutarán más de los golpes de approach del 5 y el 16, cuyos greens parecen estar al borde del océano. El jugador debe confiar en las distancias de que dispone y comprometerse con el golpe. El golf psicológico puede ser muy divertido.

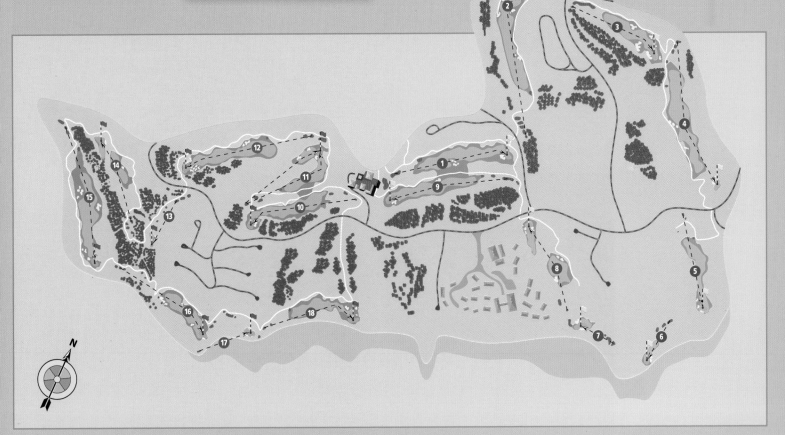

Vista Vallarta

Vista Vallarta

Nicklaus Course, Vista Vallarta Club de Golf, Puerto Vallarta, México

Al poco de abrir sus puertas, el Nicklaus Course albergó a los mejores profesionales y estrellas en la disputa por la Copa del Mundo de 2002. De hecho, éste es uno de los dos campos de Vista Vallarta, ambos inaugurados en 2001. Difícilmente podrían ser más distintos y, sin embargo, están codo con codo. A Jack Nicklaus le dieron la zona más elevada para construir su campo, por eso el recorrido ofrece amplias vistas de las montañas de Sierra Madre y panorámicas lejanas de la bahía de Banderas. Para su campo, Tom Weiskopf dispuso de un tramo de jungla virgen con barrancos profundos y ríos de caudal rápido.

Desde los tees más atrasados, el campo de Nicklaus se extiende más de 6.400 metros, una longitud que hoy parece obligada para cualquier campo aspirante a un torneo profesional. No obstante, los ganadores de la Copa del Mundo, los japoneses Shigeki Maruyama y Toshi Izawa, registraron el récord de la puntuación más baja del torneo con 36 golpes bajo par. El resto de los mortales disponemos de tees que dejan el campo en 6.030 o 5.515 metros pero, debido a las irregularidades del terreno, el recorrido suele jugarse más largo de lo que indican las fichas. Nicklaus y su equipo utilizaron la topografía de manera efectista y ubicaron con ingenio algunos greens. Unas calles amplias ofrecen espacio para golpear desde el tee, así que el principal reto se centra en un trabajo de approach bien meditado.

DERECHA *El paisaje de Vista Vallarta resulta estimulante y contrasta con la naturaleza más delicada del campo de Jack Nicklaus.*

FICHA DEL CAMPO

Hoyo	Distancia (metros)	Par
1	367	4
2	392	4
3	503	5
4	348	4
5	195	3
6	413	4
7	390	4
8	488	5
9	166	3
Ida	3.262	36
10	490	5
11	360	4
12	530	5
13	311	4
14	402	4
15	162	3
16	388	4
17	155	3
18	407	4
Vuelta	3.205	36
Total	6.467	72

Lies inclinados

El carácter accidentado del campo es evidente de inmediato, ya que el golpe de apertura se juega en dirección a una calle que se inclina de izquierda a derecha, de modo que la bola queda por debajo de los pies en el segundo golpe, al intentar alcanzar el lado derecho del green de dos niveles. Nicklaus no es un gran amante de los hoyos cuesta arriba, pero aquí no tuvo opción y el hoyo 2 sube bastante. En el 3, par 5, se vuelve a subir. Es un auténtico hoyo de tres golpes en el que el tercero se juega a ciegas hasta el green.

Existe mucha variedad en los retos que plantea Nicklaus. Quizás el más destacable sea el hoyo 10, un par 5 que permite apuntar a distintas calles. Lo seguro es ir por la izquierda, pero los jugadores de golpe potente pueden pasarse de largo y acabar en un riachuelo. A estos les interesará ejecutar un drive más largo hasta un tramo de calle en el lado derecho desde el que es más fácil llegar al green en dos golpes, siempre que la bola termine frente al green en la zona adecuada de la calle, que está inclinada de izquierda a derecha.

Nicklaus se guardó una sorpresa para el final. El 18 es un par 4 desde un tee en alto y con un vuelo muy largo. La buena colocación de la bola es fundamental, porque el green queda oculto tras un dogleg a la izquierda y la superficie de putt se eleva hacia la parte posterior izquierda. Aquí el clima es caluroso y húmedo, pero después de una bebida refrescante no hay quien se resista a jugar en el campo de Weiskopf, muy distinto pero igual de fascinante.

▶ Durante la Copa del Mundo de 2002, Phil Mickelson alcanzó el green con su drive en el hoyo 13, par 4, tras sobrevolar unos árboles, y consiguió embocar para eagle.

ABAJO *Phil Mickelson haciendo gala de su legendaria capacidad de recuperación durante la Copa del Mundo de 2002.*

Papagayo

Papagayo

Arnold Palmer Course, Four Seasons Golf Club Costa Rica, Península Papagayo, Guanacaste, Costa Rica

Con vistas sobre el Pacífico desde 14 hoyos, no se trata de un campo costero sino que está construido en un bosque tropical. Impresiona por la cercanía de los bosques y el océano, y la continua banda sonora de la fauna local. Los esfuerzos por proteger este ecosistema, junto con las dificultades del terreno, han dado lugar a un campo muy extenso cuyas grandes distancias entre algunos greenes y tees requieren un buggy.

Como en todos los campos de resort, el verdadero desafío es trazar un recorrido apto para golfistas de todos los niveles. El equipo de Arnold Palmer ha sentado precedente para otros campos, sobre todo en entornos difíciles. El uso acertado de varios tees es importante, pero lo principal son los propios recorridos, dado que han de proporcionar rutas alternativas hasta los greenes en función de la competencia de cada golfista. Por ejemplo, en el hoyo 4, un par 5 con un dogleg leve a la izquierda, los más largos pueden intentar sobrevolar los búnkeres y alcanzar los 250 metros para acortar su approach. Por su parte, los de golpe corto tienen la opción de lidiar con los búnkeres por su propia ruta.

Es divertido jugar en un campo tan variado. Muchos campos pecan de recurrir a distancias excesivas como defensa, pero este recorrido es mucho más imaginativo. Los hoyos serpentean entre árboles altos y las pendientes entran en juego, de modo que los jugadores deben elegir cuidadosamente los ángulos de juego y planificar bien el partido.

Palmer aprovechó el terreno disponible en lugar de forzar las cosas y desnaturalizarlo. Hay que tener nervios de acero, sobre todo en el corto hoyo 7, que exige volar por encima de un enorme valle. Aunque sólo se necesita un hierro corto hasta el green, la mayoría de los jugadores toman un palo de más de lo necesario desde el centro de la calle.

Tras los pasos de Palmer

La confianza es importante en el hoyo 13, un par 4 largo con un vuelo obligado sobre un lago desde el tee antes de jugar colina arriba hasta el green. Pero estos hoyos largos no son habituales. Son los cortos los que capturan la esencia de este campo, permitiendo a los jugadores «jugarse el todo por el todo» como Palmer siempre hacía.

Al menos tres de los pares 4 son teóricamente alcanzables con el drive y esto genera un golf emocionante; uno o dos jugadores de un four-ball competente seguramente se atreverán con este golpe. Uno de estos hoyos es el 3, que mide 336 metros si se sigue la curva pero que resulta mucho más corto en línea directa. Con el viento reinante, el green se alcanza desde el tee. Con problemas en forma de un árbol y búnkeres, lo seguro es golpear calle abajo con una madera con loft. Pero para el estilo de juego de Palmer, esta opción es toda una afrenta.

¿Acaso hay un hoyo más digno de Palmer que el 18, con un golpe a todo o nada por encima de un lago para conseguir un eagle final?

IZQUIERDA *El corto 17 de Papagayo tiene unos interesantes búnkeres tras el green e ilustra claramente el encanto de jugar en este espléndido paraje.*

FICHA DEL CAMPO

Hoyo	Distancia (metros)	Par	Hoyo	Distancia (metros)	Par
1	497	5	10	396	4
2	159	3	11	189	3
3	336	4	12	550	5
4	492	5	13	428	4
5	197	3	14	350	4
6	408	4	15	320	4
7	122	3	16	279	4
8	357	4	17	149	3
9	477	5	18	503	5
Ida	3.045	36	Vuelta	3.164	36
			Total	6.209	72

▶ Desde el principio, Papagayo se ha distinguido de otros clubes. Carece de código de etiqueta y su objetivo principal es ofrecer diversión. Por si fuera poco, permite que los niños jueguen a golf gratis los domingos y ofrece precios de green-fees muy asequibles.

▶ Los hoyos de este campo también están bautizados. El corto 2 se llama Tiburón. La aleta del tiburón corresponde a un tramo de calle que rodea un búnker y la boca al punto donde está la bandera más complicada. El hoyo 3 se llama, con razón, Bella Vista.

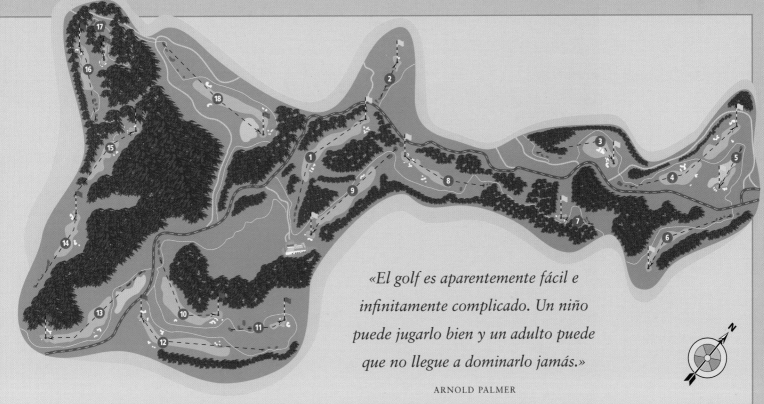

«*El golf es aparentemente fácil e infinitamente complicado. Un niño puede jugarlo bien y un adulto puede que no llegue a dominarlo jamás.*»

ARNOLD PALMER

The Jockey Club

The Jockey Club

The Jockey Club, San Isidro, Buenos Aires, Argentina

Cuando Ángel Cabrera se llevó la victoria en el US Open de 2007, el mundo se dio cuenta de que el golf argentino estaba muy subestimado, al igual que los campos del país andino. Pocos pensarían en Argentina como una opción para unas vacaciones golfísticas, pero el país cuenta con campos estupendos y The Jockey Club es el mejor de todos ellos.

Fundado en 1882 para la élite que jugaba a polo, el club decidió incorporar el golf a sus actividades en la década de 1920. En una decisión acertada, se contrató a Alister Mac-Kenzie (que ya contaba con Royal Melbourne y Cyprus Point en su currículo) para diseñar dos campos en el terreno que habían adquirido. MacKenzie aceptó, encantado de escapar de la crisis que se cernía sobre Estados Unidos, pero se encontró con un paisaje tristemente plano. Su solución fue crear elementos característicos para ambos campos: los incontables montículos artificiales que adornan las calles y los greenes. MacKenzie adoraba St. Andrews y recuperó parte de su espíritu con este terreno irregular. A menudo se dice que los diseñadores de campos de golf deberían ser juzgados por su trabajo sobre terrenos con pocas posibilidades. MacKenzie dio sólidas muestras de su buen hacer aquí.

El Blue Course es el más corto de los dos y la navegación por sus calles estrechas exige precisión. En un último guiño a St. Andrews, los greenes del 9 y el 18 crean un doble green impresionante dividido por un montículo. Aunque ambos recorridos son similares, el más largo, Red Course, ha albergado torneos importantes, incluido el Open de Argentina de 2001, que ganó nada menos que Ángel Cabrera.

DERECHA *Los extraordinarios montículos que rodean el green del 16 tienen la hierba muy corta para ofrecer múltiples opciones en los golpes de recuperación.*

▶ En 2005, Kevin Stadler ganó el Open de Argentina (en el año de su centenario) en el Jockey Club y registró el único combinado padre/hijo ganador en la historia del torneo, dado que su padre, Craig, lo ganó en 1992.

FICHA DEL CAMPO

Hoyo	Distancia (metros)	Par	Hoyo	Distancia (metros)	Par
1	389	4	10	430	4
2	320	4	11	463	5
3	135	3	12	160	3
4	448	5	13	406	4
5	311	4	14	357	4
6	325	4	15	467	5
7	389	4	16	367	4
8	190	3	17	155	3
9	379	4	18	324	4
Ida	2.886	35	Vuelta	3.129	36
			Total	6.015	71

El Red Course

El diseño tradicional intenta imitar a la naturaleza. Hay que reconocer el mérito de MacKenzie, porque desde el tee del 1 los motículos de la calle parecen absolutamente naturales. También resulta evidente el papel estratégico de estos montículos. Muchos tienen la altura de un golfista y raramente se encuentra un lie plano o un rodado recto en una calle. Esto no significa que el recorrido vaya castigando sin motivo. MacKenzie diseñaba los campos para que fuesen divertidos de jugar, como queda patente en el hoyo 2. Con sólo 320 metros, no es un exponente de las longitudes del diseño moderno, pero hay que jugar con habilidad porque el green es montañoso. Se requiere creatividad y el diseño obliga a que los jugadores tengan que imaginar golpes rodados y putts a larga distancia en la más pura tradición links. Las ondulaciones suponen un reto tan completo que incluso se debatió la necesidad de incorporar búnkeres al recorrido.

Hoy, The Jockey Club constituye una especie de oasis. Cuando se camina por el hoyo 18 mientras se escuchan los cascos de los caballos del campo de polo y el hipódromo adyacentes, es fácil dejarse embriagar por su ambiente tradicional. El campo no gira en torno a las distancias como los campos modernos, sino que es mucho más. Sin duda, Argentina es un destino golfístico subestimado.

Ilha de Comandatuba

Ilha de Comandatuba

Comandatuba Ocean Course, Ilha de Comandatuba, Una, Bahía, Brasil

Brasil es más conocido por sus fantásticas playas que por sus campos de golf, pero el resort Hotel Transamérica Ilha de Comandatuba demuestra que una cosa no quita la otra. Separado de tierra firme por un río, el resort es como una isla con una playa de 21 km que bordea el hotel. Entre el mar y los manglares se erige un campo de golf llamativo. Es una creación del arquitecto norteamericano Dan Blankenship, que transformó las características insólitas del terreno en un diseño altamente original.

El Ocean Course juega sus cinco hoyos junto al mar, tiene doce lagos repartidos entre nueve de sus hoyos e incorpora la playa a modo de desierto. Grandes extensiones de arena rodean las calles y eliminan la necesidad del raf. La arena es tan compacta que resulta muy agradable para jugar y además tiene mucho más atractivo que un raf interminable, dado que la mayoría de sus golfistas están de vacaciones. La

naturaleza, en forma de cocoteros y vegetación selvática, es un telón de fondo perfecto para la exuberante hierba de las calles y las dunas de arena. Además, entre el follaje tropical se pueden distinguir aves exóticas, monos capuchinos, zorros y osos hormigueros. La siembra de hierba de tipo bermuda para las calles y de bermuda enana para los greens ayuda a la buena presentación del campo a pesar del clima.

Múltiples opciones

Gracias a esta extraordinaria ubicación, el diseño de los hoyos es bastante peculiar, porque las calles se deslizan entre lagos y arena, y ofrecen distintas alternativas para cada golpe. Para puntuar bien, los golfistas han de saber juzgar la línea adecuada en función de su nivel. En el hoyo 12, par 5, hay incluso calles paralelas (que al final se funden en una). A los jugadores de golpe corto se les aconseja mandar el drive a la calle de la derecha, pero se arriesgan a quedarse sin espacio si salen desde los tees más adelantados. Los golfistas de golpe largo pueden verse tentados a probar suerte con la calle de la izquierda, preparándose un mejor approach, pero hay que sobrevolar la arena que rodea todo el hoyo y cruza por delante del green.

Otro par 5, el hoyo 5, ofrece distintas formas de remojarse. Llega un punto en que el golfista se ve tentado a acortar su ruta hasta el green, probablemente con resultados nefastos. Todo el campo es muy divertido y el monstruoso hoyo 18, que se juega junto a la costa, ofrece un final pintoresco para la vuelta. Los que tienen tendencia al slice puede acabar en la playa y bañarse en la orilla.

▶ El hotel construyó el aeropuerto privado más grande de Brasil para sus clientes que, además de disfrutar del golf, pueden tomar clases de surf y malabares, y practicar la pesca submarina del pez espada.

DERECHA *Una vista aérea de Isla Comandatuba muestra la cantidad de arena que se ha incorporado al campo.*

IZQUIERDA *En algún lugar está la calle. Tomarla desde los tees atrasados exige técnica y nervios de acero.*

FICHA DEL CAMPO

Hoyo	Distancia (metros)	Par
1	377	4
2	176	3
3	373	4
4	336	4
5	545	5
6	148	3
7	363	3
8	395	4
9	467	5
Ida	3.180	36
10	347	4
11	380	4
12	474	5
13	198	3
14	365	4
15	439	4
16	268	4
17	171	3
18	514	5
Vuelta	3.156	36
Total	6.336	72

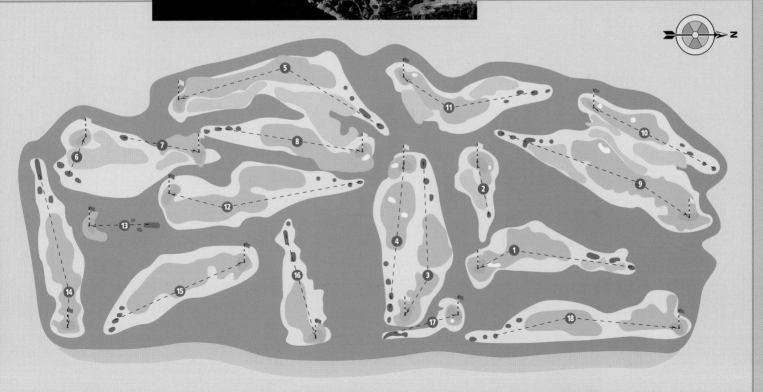

La Dehesa

La Dehesa

Club de Golf La Dehesa, Santiago, Chile

Chile es, sin duda, uno de los países geográficamente más diversos del mundo. Grandes zonas del territorio son inhóspitas, ya que el país está dominado por la gran cadena montañosa de los Andes. Vastas regiones se hallan sepultadas por nieves perpetuas, aunque el país también cuenta con zonas desérticas en las que jamás ha caído una gota de lluvia. Extendida longitudinalmente a lo largo del Pacífico, la costa chilena es casi tan larga como ancho Estados Unidos. En el sur se encuentran el Distrito de los Lagos y zonas de espeso bosque, además de tierras con estupendos viñedos. En este gran crisol de entornos, Santiago ha emergido con lo mejor de estos elementos y, bajo la atenta mirada de los Andes cubiertos de nieve, reposa La Dehesa Golf Club.

El diseño del campo es bastante tradicional, aunque es relativamente moderno para los estándares del golf. Creado en 1964, el recorrido original de cinco hoyos sigue existiendo como campo infantil. El recorrido principal es apto para jugadores de todos los niveles, con distintas salidas desde el tee que pueden alargar el campo hasta los 6.445 metros.

El hoyo 1 es un buen indicio de las dificultades que aguardan, pero permite empezar de forma contundente.

Una ligera curva exige un fade suave desde el tee, con un búnker a la espera de un pull nervioso. Aquí se sienta el precedente de que un drive potente es crucial, porque los árboles devoran los golpes débiles y bloquean los approaches desde las curvas. Con un drive sólido, se tiene la tentación de atacar el green desde el tee, pero un lago a cercano a la superficie de putt hace dudar desde el comienzo de la vuelta. Un approach precavido suele ser lo más acertado.

DERECHA *Aunque el campo parezca plano, tiene muchos elementos que ponen a prueba al golfista. Un desvío en el 7 y los árboles bloquearán la ruta hasta el green.*

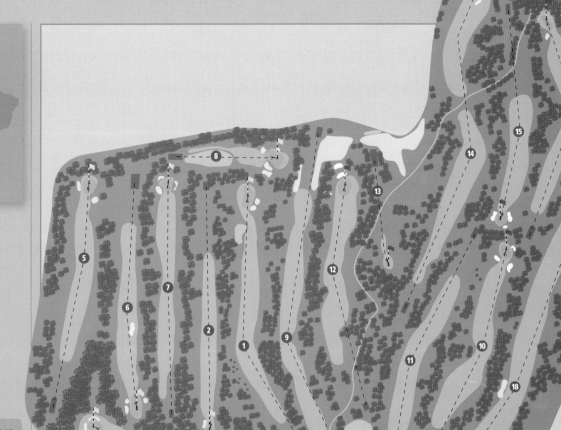

El Eisenhower Trophy de 1998 se celebró en La Dehesa y en el cercano Los Leones, con Peter McEvoy capitaneando el equipo de Gran Bretaña e Irlanda hasta la victoria.

FICHA DEL CAMPO

Hoyo	Distancia (metros)	Par	Hoyo	Distancia (metros)	Par
1	475	5	10	361	4
2	375	4	11	366	4
3	169	3	12	366	4
4	384	4	13	151	3
5	352	4	14	507	5
6	370	4	15	338	4
7	357	4	16	338	4
8	165	3	17	197	3
9	526	5	18	567	5
Ida	3.173	36	Vuelta	3.191	36
			Total	6.364	72

El hoyo más largo de Chile

El hoyo más famoso de La Dehesa es el monstruoso 18, un par 5. Es el más largo de Chile, aunque hoy resulta más bien aburrido. Si se juega en línea recta sobre 603 metros desde los tees de campeonato, no deja lugar a la creatividad y ofrece una imagen injusta de la calidad del diseño del resto del campo.

Más interesante resulta el hoyo 9, también par 5 y con un diseño que recuerda al famoso 13 de Augusta. Un golpe relativamente fácil desde el tee hasta una calle amplia e inclinada demuestra el interés del arquitecto por colocar al jugador en una situación favorable. Una vez situado en la calle, hay que tomar una decisión respecto al approach. Como en Augusta, un río cruza por delante del green, dando lugar a un vuelo de bola largo pero factible. La precisión también es importante, ya que hay un lago a la izquierda del green en el que es fácil caer con un mal golpe.

Este hábil diseño hace que los jugadores tengan que meditar sobre la mejor estrategia, y elegir seguridad o agresividad durante toda la vuelta. El ambiente del campo es otro factor clave, y la filosofía deportiva asequible y alentadora de La Dehesa debería ser un ejemplo a seguir para muchos clubes.

▶▶▶ Campos 57–81

▶▶▶ Europa continental

Los británicos dieron a conocer el golf en muchos países europeos. En Francia, en 1856, un grupo de soldados retirados lo iniciaron en Pau; en Bélgica, en 1888, hombres de negocios lo impulsaron en Amberes, y en Portugal, en 1890, comerciantes del vino del lugar hicieron lo propio en Oporto. A medida que el golf se extendió, se formaron clubes cerca de las grandes ciudades y en las instalaciones o los alrededores de los balnearios de moda.

A principios de la década de 1920, destacaron dos diseñadores británicos, Tom Simpson y Harry Colt. Pero el golf era un pasatiempo elitista y había poca demanda. Alemania fue una excepción, ya que el golf era muy popular antes de la Segunda Guerra Mundial. Allí nació el ilustre diseñador Bernhard von Limburger.

Todo cambió con la llegada de los vuelos comerciales, las vacaciones económicas y el turismo de golf. La demanda de resorts en países como España y Portugal y la explosión del potencial europeo dieron lugar a una nueva generación de diseñadores. Por otra parte, la caída del comunismo en la Europa del Este ha potenciado una creciente industria de este deporte en la zona.

Murhof

Murhof

Steiermärkischer Golfclub Murhof, Frohnleiten, Austria

En lo que respecta al golf, Europa es una caja de sorpresas. El golf austríaco se muestra como toda una revelación. El país ofrece golf de montaña, como el de Seefeld e Innsbruck, y golf de campeonato, como el diseño de Jack Nicklaus en Gut Altentann. También ofrece mucho encanto, y el que se respira en Murhof es insuperable.

La pequeña ciudad comercial de Frohnleiten se encuentra en el fértil valle de Mur, cerca de la histórica ciudad de Graz. El prolífico diseñador alemán Bernhard von Limburger construyó su campo de golf en 1963. El recorrido experimentó modificaciones entre 1996 y 2000, un período en que el club albergó tres Ladies Austrian Open, campeonatos del circuito europeo femenino. Más adelante llegaron dos torneos del masculino European Challenge Tour.

Aunque el campo no está junto al río Mur, al golfista impreciso le esperan numerosas trampas acuáticas. Hay un estanque que hay que evitar en los hoyos 2 y 3, y algo parecido a un lago que te amenaza en los hoyos 6 y 14. Aunque el campo en conjunto no resulta exageradamente largo,

cuenta con varios hoyos difíciles de dos golpes y un par de pares 3 especialmente tenaces cuando se juegan desde los tees más atrasados.

Importancia del calentamiento

Tras un golpe de apertura recto, la cosa se pone seria. Mientras que el hoyo 1 se puede considerar una especie de preámbulo, el 2 permite ver quién ha calentado adecuadamente y golpea con eficacia. Un hoyo corto de 204 metros no puede tomarse a la ligera en una época en la que imperan los palos perfeccionados y las bolas de altas prestaciones. Aquí, el estanque no tiene por qué molestar –a menos que se haya comido demasiada Sachertorte, la tarta vienesa más aristo-

crática, antes de saltar al campo–, pero un búnker cerca del green, en el lado derecho, puede devorar algo más que golpes poco efectivos. Otro búnker aún más cercano al green espera las bolas que salen rodadas. En el 3 hay que flirtear con el lago si se quiere alcanzar el green para par en este sustancioso par 4.

Con 429 metros, el 6 es un hoyo de dos golpes que supone un reto incluso para los mejores jugadores. En la búsqueda de la distancia desde el tee, el lago de la izquierda pasa a ser un factor determinante, pero se trata del lado más interesante de cara a alcanzar el green situado en ángulo de izquierda a derecha. Por algo se considera el hoyo más difícil del campo.

Para los que apuestan por un buen juego, el 14 es un hoyo a vida o muerte. Es un par 5 de 468 metros, una nimiedad para los grandes golpeadores de hoy, pero el lago que amenazaba en el 6 por la izquierda ahora intimida por la derecha. Con la calle que no para de serpentear, no existe una opción fácil. Se puede jugar a lo seguro para lograr el par 5, pero si se busca un birdie o un eagle hay que dar en el clavo. En general, en Murhof no se trata de propulsar la bola a distancias prodigiosas, sino más bien de dedicar tiempo a disfrutar de la belleza del entorno. ¡Qué más da la puntuación!

▶ El récord del campo en 62 golpes lo ostenta el joven profesional australiano Markus Brier, y el récord femenino de 64 lo han logrado la golfista inglesa Samantha Head y la neozelandesa Lynette Brooky.

IZQUIERDA *El hoyo más difícil de Murhof, el 6, parece inofensivo cuando se ve recortado ante las montañas que se alzan sobre el valle de Mur, pero no hay que ignorar la amenaza del lago.*

FICHA DEL CAMPO

Hoyo	Distancia (metros)	Par
1	358	4
2	204	3
3	421	4
4	134	3
5	405	4
6	429	4
7	447	5
8	324	4
9	475	3
Ida	3.197	36
10	479	5
11	417	4
12	307	4
13	220	3
14	468	5
15	391	4
16	153	3
17	311	4
18	386	4
Vuelta	3.132	36
Total	6.329	72

Royal Belgium

Royal Belgium

Old Course, Royal Golf Club de Belgique, Tervuren, Bruselas, Bélgica

Bélgica ha dado pocos golfistas de fama internacional. Por ello suele pasarse por alto cuando la prensa especializada repasa los mejores campos de golf del mundo. Hubo un tiempo en que el Open de Bélgica formaba parte del Tour Europeo, pero parece haber caído en desgracia en los últimos años. Los periodistas ya no pueden disfrutar de sus mejillones y patatas fritas remojados con tragos de cerveza trapense.

Aunque es indudablemente cierto que no hay campos de talla mundial en Bélgica, el listado de campos reales resulta impresionante. Todo golfista que visite el país por negocios o placer haría bien en reservarse algo de tiempo para jugar a golf. Fue precisamente con este propósito que el rey Leopoldo II decidió promover el golf en Bélgica en la primera década del siglo xx, para que diplomáticos y hombres de negocios pudiesen llevar a cabo sus reuniones durante una vuelta de golf en un entorno idílico. Leopoldo II no era golfista, pero su hijo, Leopoldo III, jugó en el Belgian Amateur Championship de Royal Zoute y se convirtió en el único monarca reinante en jugar en un campeonato nacional.

LOS CLUBES REALES

La familia real belga ha permitido el uso del adjetivo «real» en nueve clubes: Royal Antwerp, Royal Belgium, Royal Golf Club des Fagnes, Royal Hainault, Royal Latem, Royal Ostend, Royal Sart-Tilman, Royal Waterloo y Royal Zoute. Este último es un estupendo links de campeonato y sede habitual del Open de Bélgica. Royal Antwerp es un diseño de bosque de Tom Simpson, que también creó el inmenso Royal Sart-Tilman cerca de Lieja y el trazado en alto del RGC des Fagnes en las colinas que se levantan sobre Spa.

DERECHA *La elegancia y el ambiente que se respiran en el campo y la casa-club de Royal Belgium quedan patentes en esta fotografía del hoyo 2, un potente par 4 de 384 metros.*

Parque de caza real

Parece que el rey Leopoldo tenía una idea bastante acertada de los requisitos que debían reunir los mejores campos, y en Tervuren donó un parque de caza real y una colección de magníficos árboles del cercano Arboretum Real para hacer posible el Royal Golf Club de Bélgica. En los archivos del club no consta el diseñador del campo original, pero se cree que el recorrido fue, si no diseñado, al menos inspirado por Seymour Dunn, quien creó varios campos en Europa y fue conocido como «el arquitecto de los reyes». El campo fue remodelado por Tom Simpson en 1928, y en 1990 se sometió a un programa de modernización de diez años de duración dirigido por Martin Hawtree.

Lo que es evidente es que se trata de un campo inteligente situado en un lugar idílico. No es un recorrido largo –tiene pocos pares 4 por encima de los 370 metros–, pero resulta muy estratégico. El suelo sinuoso se aprovecha al máximo y muchos virajes plantean retos a los golfistas de todos los niveles. En cierto modo, el campo se resume con «perlas» como el hoyo 9, una mera bagatela de 307 metros. Su calle curvada descendente dirige los drives poco meditados a alguno de sus numerosos búnkeres. El green también está muy protegido y se estrecha en la parte posterior.

Durante buena parte del recorrido, se juega en dirección a una de las casas club más hermosas del mundo del golf, la vieja casa solariega de Ravenstein (el otro nombre por el que se conoce el club), que data de 1748. De hecho, toda esta finca es todavía más antigua, ya que la mandó construir en 1460 Luis el Bueno, duque de Borgoña.

▶ El récord del campo en 65 golpes lo registró el jugador belga Flory van Donck, que también ganó el Open de Bélgica 16 veces entre 1935 y 1968.

▶ El vínculo de la realeza con el club sigue vigente. El rey Alberto II es el presidente de honor del club, un título que en su momento ostentaron el rey Leopoldo III y el rey Balduino.

FICHA DEL CAMPO

Hoyo	Distancia (metros)	Par
1	449	5
2	384	4
3	143	3
4	379	4
5	476	5
6	191	3
7	341	4
8	330	4
9	307	4
Ida	3.000	36
10	319	4
11	381	4
12	177	3
13	477	5
14	302	4
15	408	4
16	307	4
17	383	4
18	279	4
Vuelta	3.033	36
Total	6.033	72

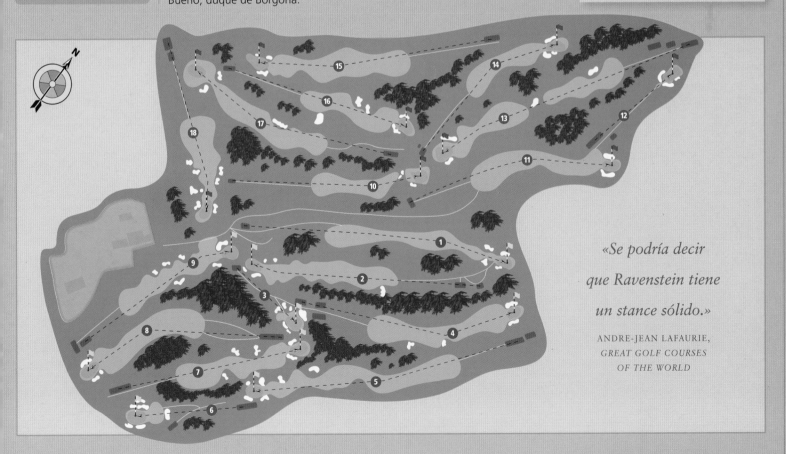

«Se podría decir que Ravenstein tiene un stance sólido.»

ANDRE-JEAN LAFAURIE,
*GREAT GOLF COURSES
OF THE WORLD*

Rungsted

Rungsted

Rungsted Golf Club, cerca de Copenhague, Dinamarca

Copenhague es una ciudad encantadora, aunque su tradición golfística es prácticamente nula. Con la construcción del nuevo puente Øresund, la capital de Dinamarca queda a una distancia razonable del mejor campo de Suecia, en Falsterbo. Pero si se toma la carretera de la costa hacia el norte desde Copenhague y se pone rumbo en dirección al transbordador de Suecia en Helsingør, enseguida se llega a unas elegantes urbanizaciones en las que el campo de bosque del Copenhaguen Golf Club lleva mucho tiempo instalado. A pocos minutos de distancia está Rugsted, considerado durante muchos años el principal campo de Dinamarca.

Rungsted es un recorrido de bosque suavemente sinuoso. Todo en él recuerda a un campo de estilo inglés como los que se encuentran en los montes cercanos a Surrey. De hecho, aquí no hay monte, pero si el campo hubiera sido diseñado por alguien como Colt, Fowler, Simpson o Abercromby, nadie lo cuestionaría. De hecho es, en buena parte, fruto del trabajo de Charles MacKenzie, hermano del más conocido Alister MacKenzie. Charles empezó a participar en la construcción de campos de golf cuando formó equipo con Alister como director de construcción in situ. Ambos se fueron separando gradualmente y Charles siguió por libre. Rungsted es, probablemente, el mejor trabajo de Charles.

El buen juego no termina en Zelandia. En Jutlandia, por ejemplo, hay campos de primera en Esjerg, Holstebro y Silkeborg. Si alguna vez se le presenta la oportunidad de jugar en el Fano Golf Links de la isla de Fano, no la desaproveche. Puede que sea corto, pero es un links auténtico, algo raro en la Europa continental.

IZQUIERDA *Un par 5 bien protegido y con un fuera de límites constante por la derecha completa la vuelta de Rungsted. Ofrece verdaderas oportunidades de birdie.*

Historia de dos (desiguales) mitades

El campo está dividido por la línea de ferrocarril que sube al norte desde Copenhague. La casa-club y la mayoría de los hoyos quedan a un lado de las vías y son, en general, mejores. Los del otro lado del puente que se sitúa bajo las vías están algo más apretados y carecen de la distancia necesaria para ofrecer un final espectacular, aunque con algunos cambios se ha mejorado la vuelta.

La experta colocación de los hoyos en el lado de la casa-club es la gran baza de Rungsted, ya que proporciona muchos cambios de ritmo y dirección. Desde el tee del 1, el desafío es evidente porque la calle gira hacia la izquierda desde lo que sería una línea instintiva de drive. Algo más corto, el 2 también gira a la izquierda y tiene agua a ambos lados de la calle. Una zanja cruza por delante del green del 3 antes de pasar junto a la superficie de putt. Luego llega el hoyo de dos golpes más sustancial, bien protegido por búnkeres y con un fuera de límites que amenaza al drive con push. Los hoyos siguientes rebosan carácter: el 5 sube junto a un río, el 7 también se eleva, y el 8, el 9 y el 10 tienen doglegs.

No hay dos hoyos seguidos que sigan la misma línea, pero la mayoría de los nueve de vuelta se juegan paralelamente a las vías del tren. Curiosamente, no se encuentra un par 5 hasta el 11, un hoyo exquisito que sube hasta un green expuesto y bien protegido por búnkeres. Pero ninguna puntuación está segura hasta haber superado el 17, un par 4 corto temible que requiere una precisión máxima. Siempre existe la posibilidad de recuperar un golpe en el hoyo final, un par 5 sumamente accesible.

FICHA DEL CAMPO

Hoyo	Distancia (metros)	Par
1	383	4
2	341	4
3	166	3
4	406	4
5	348	4
6	160	3
7	362	4
8	352	4
9	338	4
Ida	2.856	34
10	362	4
11	443	5
12	294	4
13	295	4
14	326	4
15	106	3
16	472	5
17	358	4
18	440	5
Vuelta	3.096	38
Total	5.952	72

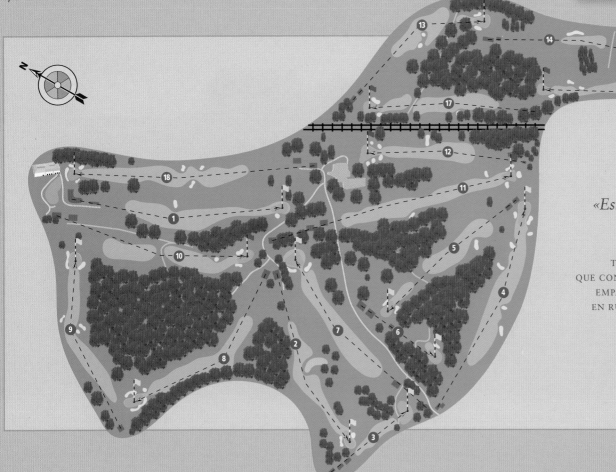

«Estoy deseando volver.»

TIGER WOODS,
QUE CON UN EAGLE EN EL 18
EMPATÓ UN PARTIDO
EN RUNGSTED EN 1999

Master

Master

Master Course, Master Golf Club, Bodom, Espoo, Finlandia

Con su severo clima invernal y sus días oscuros, Finlandia no es el primer lugar que viene a la mente como protagonista de una eclosión golfística. Pero lo es. Cada vez son más los finlandeses que juegan a golf y, además, el país dispone de espacio para construir campos nuevos. Gran parte de Finlandia se compone de bosques y lagos, y los diseñadores de campos fineses se han convertido en expertos en maximizar el potencial estratégico de estos elementos naturales. Los dos campos del Master Golf Club de Espoo son obra de Kosti Kuronen y aprovechan al máximo los lagos, estanques y bosques de la finca de una antigua casa de campo cerca de la carretera de la costa de Helsinki.

El Forest Course tiene un nombre acertado, porque casi todos los hoyos se adentran en bosques que los dotan de gran privacidad. La fauna abunda y el campo es una delicia siempre que se dominen los golpes rectos. Los hoyos 1 y 18 se trazan en espacios más abiertos y tienen más búnkeres. Pero los búnkeres son bastante innecesarios en el resto del campo porque hay multitud de pequeños estanques que Kuronen ha sabido utilizar de forma eficaz, sobre todo en el 17.

Agua por doquier

Los lagos también abundan en el Master Course, así como los árboles. El campo se extiende junto a un gran lago que, aunque no debe considerarse un obstáculo estratégico, Kuronen se ha asegurado de que sea visible a menudo entre los árboles, que pueden salvar alguna bola desviada.

En el hoyo 1 hay un estanque que no debe preocupar al jugador competente más allá de restringir la distancia del

golpe desde el tee. El agua interrumpe la calle, pero no amenaza el green. El lago hace su primera aparición en el hoyo 2, pero de nuevo es inofensivo para el jugador medio puesto que queda por detrás de una hilera de árboles a la derecha de la calle. En este punto constituye un telón de fondo decorativo. El hoyo 3 también disfruta de la compañía del lago, pero a una distancia segura. Se agradece la variedad que aporta una ligera elevación hacia el green en esta parte tan llana de Finlandia. Los hoyos 4, 5 y 6 ocupan un promontorio aunque son hoyos de bosque. Se disfrutan vistas atractivas del lago entre los árboles, pero sólo un golpe muy malo podría ir a parar al agua.

El campo pone rumbo al interior durante un tramo largo del hoyo 7 al 15, aunque con varios estanques y zanjas. De estos hoyos, el 18 y el 9 son dos pares 5 opuestos. El 18 exige colocación y distancia desde el tee y el 9 es más bien un hoyo de segundo golpe, con agua amenazando en los últimos 70 metros. El 16 y el 17 vuelven al lago y el hoyo final es, teóricamente, alcanzable con el drive siempre que se eviten los árboles, los búnkeres y el agua.

IZQUIERDA *El hoyo 16 del Master Course es un par 3 sólido sobre el agua, aunque el principal peligro son las engañosas inclinaciones de la superficie de putt.*

▶ Puede que la temporada de golf finesa sea corta (de abril o mayo, hasta septiembre u octubre), pero es relativamente posible jugar 24 horas al día durante el verano.

FICHA DEL CAMPO

Hoyo	Distancia (metros)	Par
1	315	4
2	378	4
3	342	4
4	503	5
5	134	3
6	372	4
7	340	4
8	418	5
9	395	5
Ida	3.197	38
10	379	4
11	321	4
12	363	4
13	402	4
14	177	3
15	469	5
16	170	3
17	386	4
18	267	4
Vuelta	2.934	35
Total	6.131	73

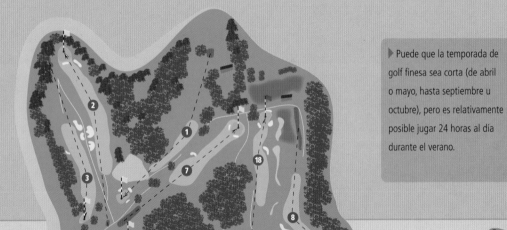

Le Golf National

Le Golf National

L'Albatros Course, Le Golf National, Guyancourt, Francia

Construido sobre terreno plano, alejado del mar y con 270.000 m³ de lagos artificiales, puede parecer absurdo comparar Le Golf National con un links escocés. Pero, cuando el viento sopla sobre las dunas a través del lívido raf y da en el rostro, las similitudes resultan palpables. Al más puro estilo links, el campo queda expuesto a los elementos, pero el diseño también cuenta con los lagos y el golf de tipo estadio de un campo TPC norteamericano. En esta combinación de estilos reside la principal defensa del campo, dado que obliga a ser creativo, jugando tanto golpes de links como golf de objetivos.

La popularización del golf en Francia arrancó en la década de 1970, cuando se comprendió su potencial económico. Aparecieron campos por doquier construidos por una nueva generación de diseñadores. Los efectos de esta revolución golfística son hoy evidentes, con la afluencia de buenos profesionales franceses. Le Golf National es, probablemente, el campo más importante surgido en esa época y se ha convertido en la sede permanente del Open de Francia.

Cuando se propuso la construcción del campo, la propuesta debió de parecer muy arriesgada. El país experimentaba la fiebre del golf por primera vez y este terreno era demasiado plano para aspirar al papel de convertirse en el primer campo de Francia capaz de albergar torneos regulares. Dos años y 400 camiones de tierra al día después, el campo se reveló ondulado y repleto de búnkeres y lagos, además de grandes montículos para los espectadores.

DERECHA *En muchos aspectos, este lugar gris y azotado por el viento recuerda a un links, pero carece de la hierba y las dunas de arena costeras de un links auténtico.*

▶ Hay un campo de 18 hoyos más corto, L'Aigle, que tiene un aire más escocés y un exquisito recorrido de nueve hoyos para entrenar.

ABAJO *El corto 16 es uno de los varios hoyos del nueve de vuelta con obstáculos de agua temibles.*

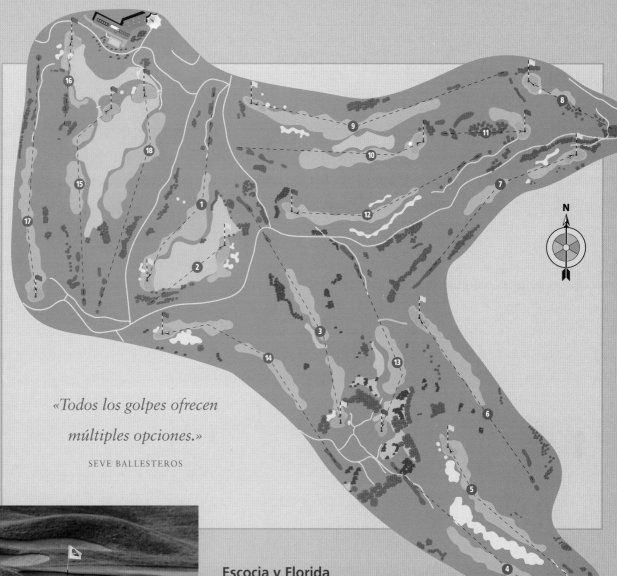

«Todos los golpes ofrecen

múltiples opciones.»

SEVE BALLESTEROS

FICHA DEL CAMPO

Hoyo	Distancia (metros)	Par	Hoyo	Distancia (metros)	Par
1	379	4	10	345	4
2	185	3	11	175	3
3	485	5	12	400	4
4	401	4	13	375	4
5	369	4	14	505	5
6	345	4	15	385	4
7	405	4	16	160	3
8	189	3	17	430	4
9	515	5	18	470	5
Ida	3.273	36	Vuelta	3.245	36
			Total	6.518	72

Escocia y Florida

Todos estos elementos son visibles desde el tee del 1. A la izquierda, la calle se ve estrechada por un lago que también intimida en el golpe de approach. Los búnkeres marcan el lado derecho antes de que la tierra se convierta en dunas. Con 379 metros, la colocación es más importante que la distancia y una madera 3 hacia el lado derecho aporta la mejor línea en dirección a un green muy largo. Desde aquí se puede optar a una amplia variedad de golpes, pero hay que arriesgar para lograr el birdie porque el campo se vuelve cada vez más difícil.

Mirando la calle desde el tee del 15, esto parece Florida, con un gran lago a la derecha que empequeñece la superficie de juego. Inevitablemente, la mayoría de los golpes se juegan con excesiva precaución hacia la izquierda, pero esto da lugar a un largo approach a un green casi rodeado por el lago. En el Open de 1991, durante un three-ball se perdieron siete bolas en el lago.

En el lado opuesto del lago, el 18 es casi un reflejo del 15. El agua está presente todo el tiempo por el lado izquierdo de este par 5. Pero la calle es ancha y, con un approach relativamente fácil sobre el agua, es posible acabar con elegancia. No como Retief Goosen, que llegó al 18 con cinco golpes de ventaja y optó por intentar jugar a lo seguro cerca del agua. Topó la bola, que llegó al agua y acabó con un siete para ganar por sólo tres golpes.

Les Bordes

Les Bordes

Les Bordes, Saint Laurent-Nouan, Francia

Cuando el sol brilla sobre los bosques de Sologne e ilumina sus onduladas calles y resplandecientes lagos, hay pocos lugares mejores para despertarse que las tradicionales casitas del valle del Loira que ofrecen alojamiento en Les Bordes. Esta ubicación es difícil de superar y la calidad del golf es tan alta que Les Bordes aparece a menudo entre los campos más excelentes y difíciles de la Europa continental.

Les Bordes se inauguró en 1986 a instancias del barón Marcel Bich y su socio Yoshiaki Sakurai. Tras hacer fortuna con la firma de bolígrafos Bic, decidieron construir un campo de golf en los terrenos del coto privado del barón. Durante siglos, monarcas, políticos e industriales adinerados han elegido vivir en la región del Loira porque combina una tranquilidad idílica con el fácil acceso a París. Aunque el proyecto podía parecer arriesgado porque la zona carecía de tradición golfística, estos potentados sabían que su «campo soñado» podría esculpirse en esta preciosa región.

Un desafío supremo junto al lago

El texano Robert von Hagge fue el diseñador elegido para convertir el sueño en realidad. Recurrió a su experiencia en más de 200 campos para crear un diseño impresionante que aprovechara al máximo los elementos naturales del territorio. Los lagos de Sologne protegen 12 de los hoyos, y el bosque y los montículos muerden unas calles de por sí estrechas. Los búnkeres imaginativos también son habituales en todo el recorrido. Y todos estos problemas aguardan al golfista ya en el hoyo 1. Un vuelo intimidatorio sobre un lago exige un

golpe de apertura sobrecogedor. Luego, la calle se estrecha y vira a la derecha, bordeando el bosque. Aunque el green es bastante grande, parece mucho más pequeño porque queda rodeado casi por completo por un enorme búnker. Es un hoyo inicial difícil, pero un buen reflejo de los retos que aguardan.

Se dice que el hoyo favorito del barón Bich era el 7. Encarna la unión entre diseño y paisaje que hace de Les Bordes un lugar tan especial. Un golpe sólido desde el tee es imprescindible en este par 5 porque el agua protege ambos lados de la zona de aterrizaje. La calle gira en ángulos rectos y, en caso de lograr un drive perfecto, el green se puede alcanzar de dos. Sin embargo, requiere nervios de acero porque el segundo golpe se juega en casi todo su recorrido sobre el agua. Incluso ir sobre seguro exige un golpe bueno en dirección a una calle que da un gran giro.

El 15, uno de los pocos hoyos que carecen de agua, requiere precisión para evitar un gran búnker a la derecha. Después de los pintorescos hoyos que atraviesan bosques y lagos, este hoyo tan seco y recto puede parecer un sitio donde recuperar la respiración. Nada más lejos, ya que el búnker plantea dificultades suficientes desde el tee y el approach se juega a través de unas ondulaciones aparentemente interminables hasta un green sin búnkeres.

Aunque el campo es muy exigente, es imposible no disfrutar de la vuelta. Toda la experiencia resulta tonificante: despertarse en un encantadora casita, aunarse con la naturaleza, y disfrutar de la comida y el vino tradicionales de la región. ¡El campo soñado es una realidad!

IZQUIERDA El 7 es un hoyo tramposo que casi da la vuelta sobre sí mismo. Es el tipo de hoyo que hace un uso estupendo del agua y es casi obligatorio en el golf de resort.

FICHA DEL CAMPO

Hoyo	Distancia (metros)	Par
1	401	4
2	477	5
3	355	4
4	151	3
5	398	4
6	352	4
7	464	5
8	143	3
9	357	4
Ida	3.098	36
10	468	5
11	365	4
12	378	4
13	169	3
14	510	5
15	400	4
16	197	3
17	415	4
18	409	4
Vuelta	3.311	36
Total	6.409	72

PÁRAMOS DE SOLOGNE

La creación de un resort en los páramos
de Sologne fue un acto valiente. Sologne,
un lugar conocido por sus aves de caza
valoradas por los gastrónomos como las
mejores del país, no reunía las condiciones
de un campo de golf. El barón Bich eligió
bien a su arquitecto, ya que Robert von
Hagge no temió talar bosques o crear
lagos para esculpir su campo a partir de
un terreno poco prometedor. El recorrido
destaca por estas modificaciones atrevidas,
aunque von Hagge supo mantener la
atmósfera campestre de Sologne.

El texano construyó otros campos en
Francia y formó parte del equipo que creó
Le Golf National. Muchos citan su campo de
Seignosse, en el suroeste de Francia, como
una de sus mejores creaciones. La tarjeta de
socio de Royal Mougins, cerca de Cannes,
es muy buscada por los multimillonarios
que pasan el invierno en la zona.

ABAJO *Puede que el campo tenga un diseño
norteamericano, pero la casa-club conserva el estilo
y el ambiente de una granja típica de Sologne.*

Morfontaine

Morfontaine Golf Club, Senlis, Francia

Los bretones de esta zona fueron los primeros que practicaron el golf en Francia. Ciudades como Pau, Biarritz y Dinard tuvieron su origen en comunidades británicas, cuyos integrantes eran los principales jugadores. Cuando los franceses adoptaron el golf a principios del siglo xx, el juego se limitó a un grupo restringido de jugadores adinerados con buenos contactos. Chantilly, Fontainebleau, St. Cloud y Morfontaine eran ejemplos de ese tipo de clubes y, en gran medida, no han cambiado. A menos que se conozca a la gente adecuada, no resulta nada fácil jugar en Morfontaine. Si se tiene la suerte de lograrlo, se descubren un club y un campo de aire muy británico, algo poco sorprendente teniendo en cuenta que su arquitecto, Tom Simpson (cuyos mejores trabajos están en Francia y Bélgica), era británico.

Morfontaine comenzó con nueve hoyos en 1910, un recorrido que todavía funciona. Simpson volvió en 1927 para crear el campo de 18 hoyos, que es el orgullo y la alegría del club. El recinto no ha albergado torneos profesionales, de modo que el campo no ha requerido alargamientos innecesarios con la excepción del hoyo 12, que ahora es un par 5 de 567 metros. En una revisión reciente por parte de Kyle Phillips (arquitecto de Kingsbarns), el club decidió atrasar el green unos 55 metros respecto a su ubicación original para que el hoyo se jugase con tres golpes completos como en tiempos de Simpson. En todo lo demás, Simpson reconocería Morfontaine si lo viera mañana mismo.

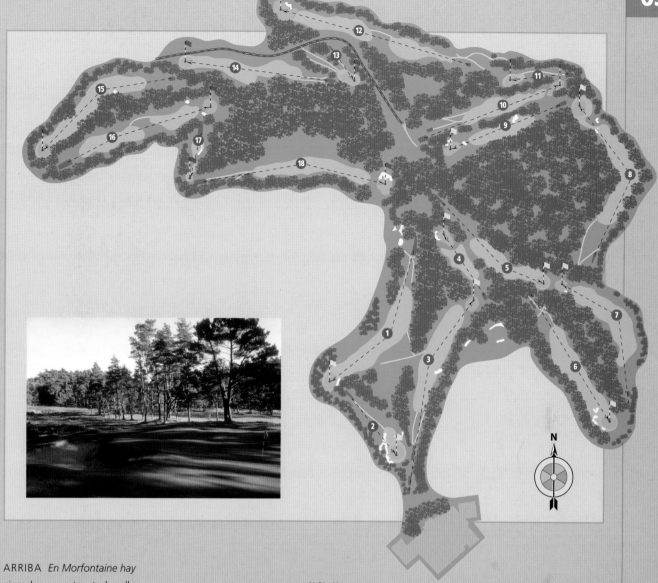

▶ Tom Simpson era todo un carácter. Se dice que asistía a las reuniones con potenciales clientes vestido con una boina y un sobretodo, bastón en mano y a bordo de su Rolls-Royce conducido por un chófer.

IZQUIERDA *Uno de los hoyos más difíciles de Morfontaine, el 16. Con su calle empinada y dividida por una franja de brezos, es exigente incluso como bogey 5.*

ARRIBA *En Morfontaine hay cinco hoyos cortos, todos ellos buenos. Éste, el 11, llega tras una serie de seis hoyos seguidos de dos golpes.*

Un examen difícil

La apertura es seria: un largo par 4, un par 3 en absoluto corto y un par 5 que resulta más largo de lo que parece porque se juega cuesta arriba. Tras otro hoyo corto jugado a través de un valle, llega una secuencia de seis pares 4 en la que destacan los hoyos 7 y 8 porque exigen manipular el golpe desde el tee. Morfontaine, como muchos campos de su época, pone constantemente a prueba la técnica y la mentalidad del jugador.

Uno de los hoyos más inusuales es el 13, un hoyo corto de poca longitud pero con un obstáculo desconcertante entre el tee y el green: un árbol. Lo cierto es que no cuesta superarlo pero, como está allí, ha condicionado más de un golpe desde este tee.

Morfontaine tiene otros dos hoyos duros de roer que ponen a prueba incluso la habilidad de los mejores jugadores: el 15 y el 16. Los dos exigen drives potentes y bien dirigidos seguidos de dos segundos golpes sólidos, porque la incursión de los brezos interrumpe ambas calles a poca distancia de los greenes. Además, el 16 se juega cuesta arriba y es un par 4 muy potente.

Los diseñadores contemporáneos no harían mal en estudiar los buenos detalles del diseño clásico de Morfontaine. Todo un clásico.

FICHA DEL CAMPO

Hoyo	Distancia (metros)	Par	Hoyo	Distancia (metros)	Par
1	414	4	10	382	4
2	180	3	11	139	3
3	457	5	12	567	5
4	164	3	13	134	3
5	320	4	14	341	4
6	358	4	15	411	4
7	393	4	16	417	4
8	393	4	17	155	3
9	339	4	18	451	5
Ida	3.018	35	Vuelta	2.997	35
			Total	6.015	70

Club zur Vahr

Club zur Vahr

Club zur Vahr, Garlstedt, Alemania

El Club zur Vahr es un gran complejo deportivo situado en la histórica ciudad alemana de Bremen. Se fundó en 1905 y ofrecía a sus socios la posibilidad de jugar a tenis, polo, *hockey* y golf. Con el tiempo también incorporó instalaciones para practicar atletismo, tiro, *cricket* y *rubgy.* En Bremen hay un campo de golf de nueve hoyos que se construyó en un espeso bosque al noroeste de la ciudad, a unos 20 minutos en coche. El arquitecto elegido fue el alemán Bernhard von Limburger, quien comprendió que las generaciones futuras necesitarían campos mucho más largos, y en 1966 construyó un recorrido de 6.584 metros, una longitud prodigiosa para la época.

Por diversas razones, el campo no ha atraído la cantidad y la calidad de torneos que por su longitud y dificultad cabría esperar. Para empezar, es mucho menos accesible que otros campos destacados de Alemania como por ejemplo Hamburger Falkenstein y Frankfurter. Además, la profundidad del bosque y la estrechez de muchas calles impiden la presencia de público en varios hoyos, como en el norteame-ricano Pine Valley. De hecho, la estrechez del campo se ha hecho más severa a medida que los árboles han ido creciendo hasta el punto de que, recientemente, se tuvieron que realizar modificaciones para mejorar el drenaje y la circulación del aire. Un programa de reconstrucción de búnkeres ha alterado considerablemente el estilo de los originales de Bernhard von Limburger.

El campo en la actualidad

En el Garlstedter Heide (como se conoce popularmente el campo) nadie espera jugar con la longitud creada inicialmente por Limburger. Pero, dada la severidad del castigo aplicado a la más pequeña imprecisión, 6.436 metros desde los tees más atrasados siguen proporcionando una perspectiva sobrecogedora. Pero hay momentos de respiro y uno de ellos llega nada más comenzar con un hoyo asequible de drive y pitch. Inmediatamente después, empiezan las dificultades con un desafiante par 5 en el que es fácil caer en el agua con el drive o el segundo golpe. El hoyo 3 es un par 3 potente.

Otro hoyo exigente es el 6, par 5, con calles alternativas en la parte final. Una vez se ha elegido, hay que comprometerse al máximo con la ruta escogida, pase lo que pase. Lo mismo sucede en el hoyo 7, donde hay que tomar la decisión desde el tee.

En los nueve de vuelta, puede aparecer cierta sensación de claustrofobia, porque son los hoyos más estrechos que se puedan imaginar. Salirse de la calle equivale a perder la bola casi con toda seguridad y, si va en su busca, puede que incluso el golfista acabe perdiéndose. Un vistazo a la ficha confirma que estamos ante hoyos grandes y potentes. Se trata de un desafío magnífico pero complicado.

▶ El Open de Alemania ha recalado pocas veces en Garlstedt, pero en 1971 recibió la visita de ganadores del Open Británico como Roberto de Vicenzo y Peter Thomson. Neil Coles, que comparó el campo con Augusta, fijó el récord en 68 golpes camino de la victoria.

IZQUIERDA *La densidad del bosque queda patente en esta vista del hoyo 16, uno de los dos pares 4 más largos del campo (junto al 12).*

FICHA DEL CAMPO

Hoyo	Distancia (metros)	Par
1	328	4
2	492	5
3	201	3
4	513	5
5	286	4
6	496	5
7	371	4
8	150	3
9	358	4
Ida	3.195	37
10	515	5
11	162	3
12	414	4
13	374	4
14	312	4
15	490	5
16	414	4
17	194	3
18	366	4
Vuelta	3.241	36
Total	6.436	73

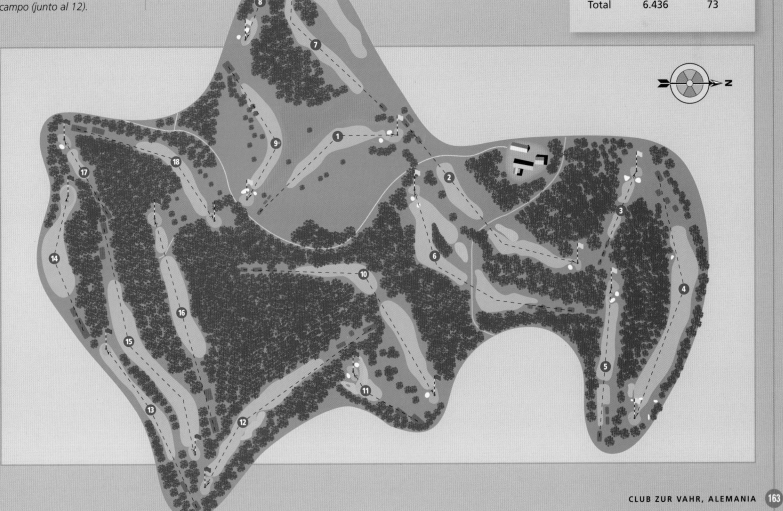

Hamburger Falkenstein

Falkenstein Course, Hamburger Golf Club, Hamburgo, Alemania

En 1928, cuando el diseñador Harry Colt recibió la oferta para trabajar en Falkenstein, a las afueras de Hamburgo, su corazón debió de dar un brinco. Aquí le esperaba un terreno de monte ondulado que bien podría pertenecer al suroeste de Londres. Colt recompensó a su cliente, el Hamburger Golf Club, con una obra maestra que no ha perdido ni un ápice de su esplendor en 80 años.

La mayor parte del campo original de Colt aún se conserva, especialmente sus mejores hoyos. Pero el alemán Bernhard von Limburger realizó algunas modificaciones en la década de 1960. Las dos ganancias más notables contrastan con un par de pérdidas, pero el campo aún figura entre los mejores de Alemania 80 años después de iniciarse su construcción. Colt creó un recorrido soberbio manejando colinas y valles con mano experta para generar un campo compacto que aprovecha al máximo las características del terreno.

Tees y greenes memorables

Colt podría haber puesto el inicio del campo frente a las puertas de la casa-club, pero aquí el terreno es tan plano y poco interesante que es más apto como zona de prácticas de pitch y putt. Para empezar a jugar hay que subir una colina situada tras la casa para acceder al tee en alto del 1. Un dogleg hace que un hoyo que no destaca especialmente resulte interesante, con el green en alto y bien defendido por árboles en el lado izquierdo. Los hoyos 2 y 3 son de

Limburger y se cuentan entre los mejores del campo: un potente par 5 con un green bien ubicado y un estupendo par 3 que se juega sobre un valle hasta un green en ángulo protegido por maliciosos búnkeres.

Pocos de los pares 4 son muy largos, pero están entre los mejores hoyos de dos golpes del repertorio de Colt. El 6 exige un drive potente hacia una colina lejana. La calle se mueve insistentemente a la derecha a medida que sube hasta un green muy bien situado en lo alto. Luego, el hoyo 7 desciende hasta un green muy bien protegido por búnkeres. Hay muchas otras ubicaciones de green estupendas, como en el 12, en el que la superficie de putt se eleva ante un valle boscoso. Viene seguido de otra joya, el hoyo 13, con un drive muy bien trazado sobre bancos de brezos en dirección a una calle inclinada. Luego llega un pitch hasta otro green magnífico en lo alto de una colina situado en ángulo respecto a la calle. El hoyo 14 se desliza cuesta abajo, sobrevolando brezos desde el tee y subiendo después hasta otro green en alto.

Otra obra maestra de Colt aguarda en el 17, un par 5 corto pero magnífico. El drive es complicado, medio a ciegas hasta un resalto tras el cual la calle gira suavemente a la izquierda. Luego discurre cuesta abajo hasta el green, pero buena parte de sus 137 metros están ocupados por un mar de brezos. El desafío es máximo. Por supuesto, con el segundo golpe se puede alcanzar el green, pero sólo si el drive ha sido de lujo. Al ver retada su vanidad, muchos golfistas acaban en los brezos pese a intentar evitarlos por todos los medios.

▶ El Hamburger Golf Club acogió el Open de Alemania inaugural en 1911 en su campo original de Flottbek. Ganó Harry Vardon, seis veces campeón del Open Británico.

IZQUIERDA *Las jugadas desde los brezos son pura incertidumbre. Colt utilizaba los brezos con mano experta, como se ve en el 17.*

FICHA DEL CAMPO

Hoyo	Distancia (metros)	Par
1	294	4
2	502	5
3	213	3
4	433	5
5	365	4
6	375	4
7	324	4
8	162	3
9	385	4
Ida	3.053	36
10	156	3
11	401	4
12	366	4
13	332	4
14	319	4
15	142	3
16	301	4
17	437	5
18	335	4
Vuelta	2.789	35
Total	5.842	71

«Es especialmente notable la ausencia total de agua de Falkenstein.»

TONY RISTOLA, DISEÑADOR DE CAMPOS DE GOLF

N

Sporting Club Berlin

Sporting Club Berlin

Faldo Course, Sporting Club Berlin, Bad Sarrow, Alemania

Antes de la Segunda Guerra Mundial, Alemania contaba con más campos de golf que ningún otro país de Europa. Tras el conflicto bélico, el país se dividió y el sector oriental, la RDA, quedó bajo control soviético. El golf y el comunismo no eran compatibles, y muchos campos de calidad fueron abandonados y no volvieron a recuperarse. Como una ciudad-isla rodeada de territorio comunista, Berlín no pudo expandirse. Tenía un único campo de 18 hoyos y carecía de espacio para crear ningún otro campo en la zona controlada por el sector occidental.

La caída del comunismo y la desmantelación simbólica del Muro de Berlín fueron todo un estímulo para la aparición de nuevos campos a poca distancia de la ciudad en territorio de la antigua RDA. Dado que la agricultura era primitiva y muchos trabajos aún se realizaban con caballos, no deja de ser una lástima que nadie aprovechase estos medios de trabajo antes de que desapareciesen para crear un campo tradicional como los que hubiesen construido Colt o Simpson. Los resultados son mucho más sutiles. Pero los diseñadores vieron estos terrenos como una oportunidad para crear un mercado exclusivo cuyo máximo exponente es el impresionante resort de Bad Sarrow, el Sporting Club Berlin.

DERECHA *Una vista del hoyo 10, par 5, en el Faldo Course de Bad Sarrow. Como se aprecia aquí, Faldo guarda una gran afinidad con el golf links.*

▶ Los hoyos de la segunda parte del Champion Course diseñado por Palmer se adentran en el bosque y se han calificado como los nueve de vuelta más bellos de Alemania.

ARRIBA *Para escapar de los búnkeres se requiere fuerza, habilidad, compromiso y nervio. Éstos se encuentran en el 17.*

Diseñadores famosos

Si se logra convencer a un golfista famoso para que firme el diseño de un campo, hay que añadir unos cuantos millones de dólares a la factura de la construcción. Con ese dinero se pagan un par de visitas de la estrella, mientras que del trabajo se encargan los diseñadores a tiempo completo de su equipo. Nick Faldo es una excepción, ya que muestra más interés personal en los detalles de sus campos que la mayoría. Su campo tipo links en Bad Sarrow ya ha suscitado muchos comentarios favorables. Genera un buen contraste con el recorrido de bosque de 18 hoyos de Arnold Palmer en el mismo resort. También hay otro campo de 18 hoyos de Stan Eby y unas instalaciones de prácticas excelentes.

El campo de Faldo se planificó para acoger torneos profesionales (ha sido sede de varios Open de Alemania), pero sin caer en la tentación de hacerlo muy largo. Curiosamente, incluyó varios pares 4 cortos en su repertorio y, afortunadamente, el agua –un elemento casi obligatorio en los nuevos diseños con aspiraciones de campeonato– está ausente y sólo es un factor determinante en los pares 5 del 1 y del 10. Difícilmente podría ser un campo links sin búnkeres, y Faldo se ha asegurado de que haya 133, la mayoría redondos y profundos.

El terreno es plano pero el campo está lleno de elementos, con greens en ángulo como el del hoyo 7, entradas estrechas como la del 9 y la sensación de que si se cae en la peor zona de los búnkeres se pierde un golpe.

▶ SC Berlin no se limita al golf. Es uno de los mejores resorts deportivos de Europa y ofrece tenis, hípica, navegación en el lago más grande de Brandemburgo y un spa excelente.

FICHA DEL CAMPO

Hoyo	Distancia (metros)	Par	Hoyo	Distancia (metros)	Par
1	501	5	10	511	5
2	379	4	11	521	5
3	170	3	12	344	4
4	347	4	13	213	3
5	195	3	14	379	4
6	487	5	15	356	4
7	401	4	16	329	4
8	349	4	17	176	3
9	409	4	18	419	4
Ida	3.238	36	Vuelta	3.248	36
			Total	6.486	72

Biella

Biella

Golf Club Biella «Le Betulle», Magnano Biellese, Valcarozza, Italia

Como en muchos países europeos, en Italia el golf llegó de la mano de los británicos. El primer club se fundó en Florencia en 1889. Los británicos también fueron decisivos para establecer el Roma Golf Club en 1903 y otros clubes en las zonas más frías y montañosas del norte de Italia. Ésta fue una de las pocas zonas de Europa en las que no trabajó el ilustre diseñador inglés Harry Colt. Muchos de los primeros recorridos fueron obra del talento del irlandés Peter Gannon. A finales de la década de 1950, los fundadores del Biella Golf Club contactaron con un ex colaborador de Colt, John Morrison, para que crease un campo profesional para ellos.

ABAJO *El campo de Biella es bonito incluso cuando no se distinguen las montañas. Los árboles aportan privacidad a cada hoyo y exigen golpes rectos sin desviaciones.*

Morrison fue un amateur de buen nivel antes y después de la Primera Guerra Mundial. Se unió a Colt y Alison en la década de 1920, y se convirtió en socio y director de la firma en la de 1930. Biella (abierto en 1958), un trabajo magnífico, fue uno de sus últimos diseños en solitario. En un campo de golf, la belleza no es obligatoria, pero sí un valor añadido.

En Biella, el campo discurre en un terreno sinuoso entre bosques de abedules, *le betulle,* casi como un campo de monte inglés. Tiene vistas soberbias de las montañas, y una vuelta de golf en otoño, con las hojas teñidas de marrón dorado o rojo intenso y las montañas cubiertas de las primeras nieves, es uno de los mejores placeres de esta vida.

Concentración en el golf

Hay que dedicar tiempo a disfrutar del entorno, naturalmente, pero es necesario concentrarse en el golf si se aspira a puntuar bien, ya que el recorrido es exigente y requiere precisión. El recorrido empieza con un sólido par 4 que lleva cuesta abajo y a la derecha. Marca la pauta del campo, que tiene pocos búnkeres pero muchos problemas si se cae entre los árboles o se tropieza con los riachuelos o los estanques que afectan a algunos hoyos.

Uno de los más potentes es el 3, que se desliza cuesta abajo entre los árboles antes de girar marcadamente a la izquierda y subir por una colina que se alza tras un río y acoge un green perfectamente ubicado. Lo cierto es que hay pocos hoyos rectos y se vuelve a encontrar un dogleg fuerte en el 6.

En un lugar como éste, es un lujo que ambas mitades del campo comiencen y terminen cerca de la casa-club. Esto es fruto de una atractiva intercalación de hoyos. Dos de los cuatro pares 3 superan los 180 metros. Hay algunos hoyos de dos golpes interesantes en los nueve de vuelta, sobre todo el 12 y el 14. Uno de los hoyos más atractivos es el 16, par 5, que se juega hacia una calle en pendiente con unas montañas de fondo. Forma parte del impresionante tramo final y va seguido de un par 3 pintoresco y un par 5 complicado.

▶ Morrison trabajó junto a Colt en diseños como los campos East y West de Wentworth, Hamburg Falkenstein, Nekkemer y Utrecht, y formó parte del equipo que remodeló Prince's.

▶ Con unos 600 metros de altitud, el campo de Biella tiene que cerrar en invierno, pero es posible jugar a golf entre finales de marzo y finales de noviembre.

FICHA DEL CAMPO

Hoyo	Distancia (metros)	Par
1	401	4
2	179	3
3	380	4
4	359	4
5	193	3
6	373	4
7	484	5
8	369	4
9	515	5
Ida	3.253	36
10	201	3
11	466	5
12	377	4
13	344	4
14	386	4
15	340	4
16	493	5
17	172	3
18	466	5
Vuelta	3.245	37
Total	6.498	73

«Un excelente examen en un entorno soberbio.»

PEUGEOT GOLF GUIDE

Is Molas

Is Molas

Is Molas Golf Hotel, Is Molas, Pula, Cerdeña, Italia

Dado el clima árido y caluroso que reina en la mayoría de las islas del Mediterráneo, resulta sorprendente que puedan tener campos de golf, muchos de ellos realmente buenos. Cerdeña constituye un buen ejemplo, con dos campos notables: Pevero, la extraordinaria creación de Robert Trent-Jones para el Agá Kan, y el resort de Is Molas, con 27 hoyos cautivadores en un enclave magnífico cerca de la ciudad fenicia de Nora.

El campo original fue construido por el equipo británico formado por Ken Cotton, Charles Lawrie y Frank Pennink. Los nueve hoyos adicionales se deben al equipo de diseño de Gary Player. En este campo se han celebrado cuatro Open de Italia, el primero en 1976, cuando el jugador local Baldovino Dassù se alzó con la victoria. Los campeones siguientes fueron los ingleses Mark James (1982) e Ian Poulter (2000), y el francés Gregory Havret (2001). La victoria en el Volvo Masters celebrado en 1989 situó a Vijay Singh en lo más alto del golf internacional por primera vez.

ABAJO *El golf se juega con las montañas peladas de Cerdeña al fondo. Aquí, Mark Roe patea en el 16 en el Open de Italia de 2001.*

GOLF EN LAS ISLAS MEDITERRÁNEAS

Cerdeña no es la única isla mediterránea en la que se juega a golf. En Elba hay espacio para un pequeño recorrido de nueve hoyos, Acquabona, y el Etna observa el único campo de Sicilia, el atractivo Il Picciolo. El exquisito campo de nueve hoyos Royal Malta data de 1888, mientras que en Chipre hay tres recorridos de 18 hoyos. Dos de los cuatro campos de golf de Grecia están en las islas de Rodas y Corfú, y en Córcega hay un campo construido por Robert Trent-Jones, Sperone.

Fácil para los profesionales

Aunque Is Molas mide algo más de 6.400 metros, para los profesionales es un paseo. Las puntuaciones ganadoras de los dos últimos Open de Italia celebrados aquí fueron de 21 y 20 bajo par, respectivamente. Los profesionales empiezan a derrotar al campo desde el primer hoyo alcanzando el primer par 5 fácilmente en un par de golpes con su gran potencia. Para los jugadores de a pie, los cuatro hoyos siguientes resultan bastante desafiantes. El hoyo 2 es un par 4 con sustancia que sube en dirección al green. Luego llega un par 3 serio que exige un golpe desde el tee lo suficientemente potente como para alcanzar el green, también en alto.

El 4 requiere dos golpes sólidos, aunque una gestión inteligente del dogleg puede dejar el green a una distancia asequible. Luego llega el hoyo 5, el más destructivo del campo. El catálogo de desastres potenciales incluye matorrales, fuera de límites, agua, búnkeres, un árbol en medio de la calle, un barranco frente al green y una superficie de putt colgada de una cornisa de roca.

En los nueve de vuelta, tres pares 5 ofrecen la oportunidad de recuperar golpes perdidos en la primera parte. Esta vez es el río Tintioni el que amenaza con arruinar la fiesta, bien asistido por un muro de piedra típico de Cerdeña. Un buen hoyo final aguarda con un green difícil de atacar porque es estrecho, queda en alto y está situado en ángulo respecto a la calle. ¿Hace un 20 bajo par? ¡Mejor otro día!

▶ Se cree que los fenicios fundaron Nora como lugar de intercambio comercial en el siglo VIII a.C. Luego pasó a manos de los cartagineses y los romanos antes de quedar en ruinas tras la marcha de los romanos en el siglo IV d.C.

FICHA DEL CAMPO

Hoyo	Distancia (metros)	Par
1	459	5
2	394	4
3	196	3
4	424	4
5	369	4
6	331	4
7	197	3
8	386	4
9	356	4
Ida	3.112	35
10	176	3
11	360	4
12	497	5
13	374	4
14	155	3
15	512	5
16	457	5
17	373	4
18	400	4
Vuelta	3.304	37
Total	6.416	72

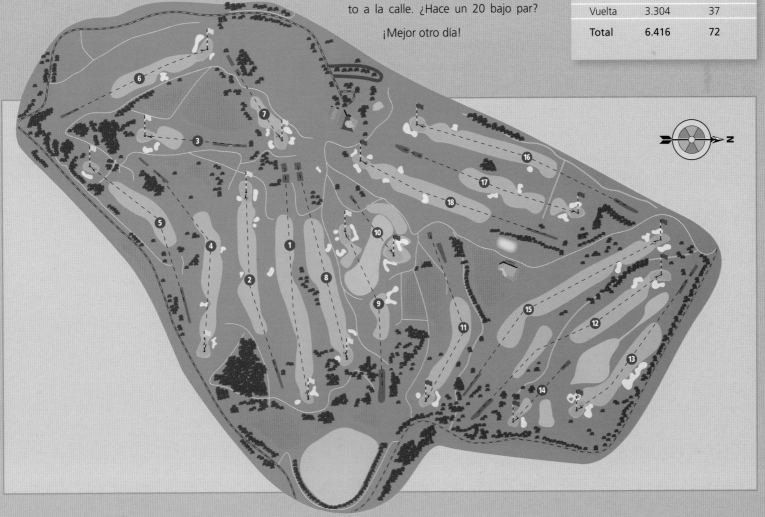

Villa d'Este

Villa d'Este, Montorfano, Italia

Pocos habrán oído hablar de Peter Gannon, uno de los diseñadores más influyentes en los primeros años del golf en Italia. Hijo de irlandeses, nació en Buenos Aires en 1874. En 1901, fue ordenado sacerdote en Londres y se convirtió en secretario del obispo de Plymouth. Pero también fue un consumado golfista zurdo y ganó los campeonatos nacionales de Austria, Francia e Italia. Con el tiempo, colgó los hábitos, se casó y se convirtió en diseñador de campos de golf.

Gannon ya había construido los modestos pero hermosos campos de Menaggio y Stresa, en Italia; Karlsbad, en Bohemia, y Engadine, en Suiza, cuando le contrataron en 1926 para diseñar un recorrido en Villa d'Este, cerca del lago Como. Muchos lo consideran su obra maestra, pero otros trabajos le disputan el título, como el Milan Golf Club de Monza y el campo florentino de Ugolino que construyó para el club más antiguo de Italia. Difícilmente podían darle mejor lienzo sobre el que trabajar. Aquí dispuso de un terreno sinuoso a 457 metros por encima del nivel del mar y con montañas como telón de fondo. Su respuesta fue un campo que ha hecho más que aguantar el paso del tiempo.

Corto pero desafiante

Villa d'Este puede parecer corto sobre el papel para los estándares actuales, pero las cifras no recogen la naturaleza accidentada del terreno y la manera en que Gannon utilizó los elementos. Existe un estupendo cambio de ritmo entre los hoyos largos y cortos de uno, dos y tres golpes, y hay que jugar desde distintos lies en pendiente, a veces con la bola por encima de los pies y a veces por debajo de éstos. Y, de vez en cuando, hay que jugar la bola desde el tee hacia zonas estrechas. Cada hoyo presenta un nuevo desafío.

Hoy en día es poco habitual encontrar un campo con seis pares 3. También resulta sorprendente topar con un recorrido en el que se ha hecho poco por atrasar los tees más allá de la longitud natural de cada hoyo. En consecuencia, quedan varios pares 4 cortos especialmente encantadores, algo que suele ignorarse con demasiada facilidad en el diseño actual. Sin embargo, la vuelta comienza con un largo par 5. Desde el elevadísimo tee, la calle se presenta como un objetivo estrecho y la colocación se revela importante en un hoyo que dibuja una curva sostenida. Con una calle inclinada, el hoyo 2 también exige precisión. Desde el principio queda claro que no se puede aporrear la bola a la ligera. Aquí el requisito principal es pensar con claridad.

Los nueve de vuelta empiezan con un hoyo corto que se adentra en el bosque, y el 11 es un hoyo complicado con un fuera de límites en el lado derecho y un green bien defendido. Después llegan dos hoyos difíciles seguidos, el 14 y el 15. El primero es de un golpe y exige una rectitud absoluta. El approach al green del 15 es igual de intolerante.

▶ Villa d'Este ha albergado 12 veces el Open de Italia. En total, se han celebrado 30 Open en siete campos de Gannon distintos. Entre 1925 y 1949, todos los Open de Italia se disputaron en campos de este diseñador, un récord extraordinario.

IZQUIERDA Y ABAJO *El campo no es largo, pero se considera uno de los campos de par 69 más difíciles de Europa, simbolizado por el truculento hoyo 18. Su green en alto tiene un contorno engañoso y está muy protegido por búnkeres.*

FICHA DEL CAMPO

Hoyo	Distancia (metros)	Par
1	540	5
2	363	4
3	194	3
4	297	4
5	134	3
6	292	4
7	186	3
8	386	4
9	356	4
Ida	2.748	34
10	179	3
11	385	4
12	337	4
13	492	5
14	204	3
15	426	4
16	166	3
17	483	5
18	315	4
Vuelta	2.987	35
Total	5.735	69

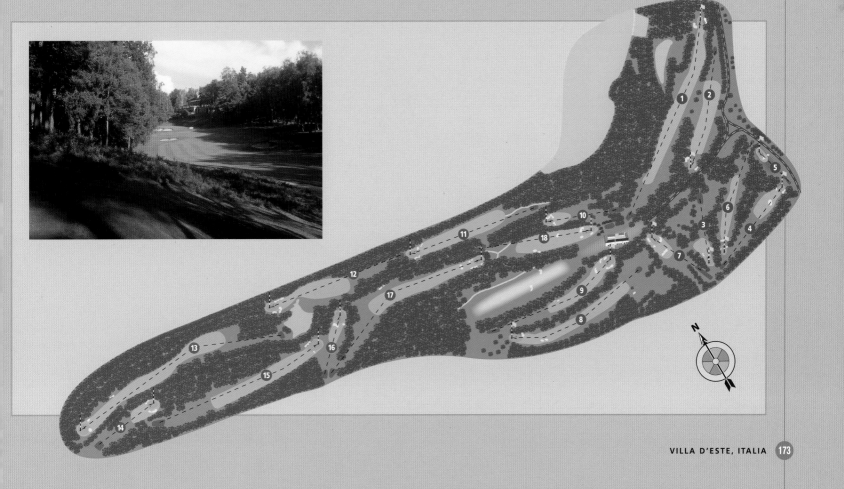

Hilversum

Hilversum

Hilversum Golf Club, Hilversum, Países Bajos

Los campos tipo links de Holanda son cada vez más conocidos. Lo menos conocido fuera del país es el gran potencial de sus campos de interior. La experiencia golfística que ofrece Hilversum es totalmente distinta a la de los campos del mar del Norte, más célebres, donde los hoyos están excavados entre las dunas y los tojos igual que en sus homólogos escoceses. Hilversum también tiene aire de campo británico, pero más al estilo inglés.

El acceso por la avenida que atraviesa los bosques evoca de inmediato los montes de Surrey y, de hecho, el diseño tradicional del campo no es muy distinto al de Sunningdale o Wentworth. Pese a albergar numerosos Open de Holanda, Hilversum no se ha visto alterado por elementos modernos como una longitud astronómica o muchos lagos artificiales. Los retos los plantean los árboles maduros y un diseño que exige una buena planificación para superar unos búnkeres bien situados y un raf feroz. Uno de los elementos más interesantes son los golpes ciegos, algo aparentemente imposible en un terreno tan plano.

COLT EN LOS PAÍSES BAJOS

El ilustre diseñador inglés Harry Colt trabajó mucho en los Países Bajos y dejó como legado varios campos de primera línea en todo el país. Reformó Hilversum, realizó un trabajo magnífico en Kennemer y su campo tipo links de La Haya es una obra maestra. Creó campos de monte arquetípicos en Einhoven y en Utrecht, para De Pan. También trabajó en De Dommel y el Old Course de Amsterdam. Un catálogo extraordinario.

El encanto del monte

Las calles flanqueadas de árboles exigen precisión y un approach cuidadoso. En el corto hoyo 2, por ejemplo, es preciso usar un hierro desde el tee para alcanzar la elevada zona de aterrizaje. Al estilo tradicional, la calle se divide en dos partes separadas por raf, de modo que se pone límite a la distancia a la que se puede golpear desde el tee. Es una forma ingeniosa de dejar a todo el mundo con el mismo approach, en el que de nuevo la precisión es clave porque el green queda encastado entre árboles y casi rodeado de búnkeres.

Suponiendo que se siga en juego, los hoyos de apertura son relativamente sencillos. Sin embargo, a pesar de su indulgente apariencia, el campo castiga los golpes errados, sobre todo en el hoyo 4, par 5, donde los brezos entran en la calle por la izquierda. Más de un golfista ha acabado con un esguince de muñeca intentando rescatar su bola entre los matorrales. El hoyo 6 plantea un desafío muy diferente. El drive debe alcanzar el lado derecho de la calle si se opta a alncanzar el green en este contundente par 4. Como en muchos de los hoyos, unos sutiles doglegs exigen seguir una línea concreta desde el tee, de lo contrario los árboles bloquearán el approach. Pero hay que tener precaución, aunque no la tuviese Seve Ballesteros, que rodeó los árboles con un golpe mágico para ganar el Open de Holanda en Hilversum.

Las sinuosidades de distinto tipo son la principal dificultad en los hoyos finales: el green del hoyo 13, par 3, es un mar de inclinaciones, y los montículos de las calles del 16 y el 17 dan lugar a segundos golpes ciegos. Durante la vuelta, se disfrutan approaches deliciosos a greenes encastados en el bosque y la bola brilla en el aire contra el follaje del fondo.

Una vuelta en Hilversum ofrece todo el encanto de los mejores recorridos de monte.

▶ Hilversum ha acogido el Open de Holanda 24 veces desde 1923. Su ganador más famoso (en 1980) es Seve Ballesteros.

IZQUIERDA *La paz y la tranquilidad que se respiran en el campo de golf de Hilversum no son patrimonio de los golfistas. Los caminos que se abren entre los bosques son bien aprovechados por ciclistas y paseantes.*

FICHA DEL CAMPO

Hoyo	Distancia (metros)	Par
1	444	5
2	310	4
3	350	4
4	372	4
5	190	3
6	399	4
7	437	5
8	124	3
9	301	4
Ida	2.927	36
10	133	3
11	386	4
12	323	4
13	435	5
14	109	3
15	411	4
16	338	4
17	349	4
18	448	5
Vuelta	2.932	36
Total	5.859	72

«Pobre del visitante que intente entrar en el comedor con unos vaqueros deshilachados y una camiseta.»

PETER DOBEREINER

Kennemer

Kennemer Golf & Country Club, Zandvoort, Países Bajos

Sería demasiado fácil decir que todo el territorio de los Países Bajos es plano. Aunque lo es en buena parte, los Países Bajos no existirían sin la cadena de dunas de arena de la costa del mar del Norte, que evita que las olas invadan los campos y los prados de los que surgió gran parte de la riqueza del país. En estas dunas encontramos tres recorridos excelentes: La Haya, Noordwijk y Kennemer.

En muchos aspectos, Kennemer es parecido a Royal Lytham & St. Annes, en la costa inglesa de Lancashire. Ambos están a poca distancia del mar, pertenecen a resorts populares (Zandvoort y Blackpool) y cuentan con hoyos flanqueados por la vía del tren. El parecido termina aquí, porque las dunas de Kennemer son más salvajes e imponentes que las de Lytham. Sin embargo, Kennemer tiene cierto aire británico, en parte por la casa-club con techo de paja pero, sobre todo, porque su diseñador fue el inglés Harry Colt, también creador de Sunningdale y Wentworth.

DEFENSAS EN TIEMPOS DE GUERRA

La supervivencia del campo es casi un milagro, ya que durante la Segunda Guerra Mundial Kennemer fue una jungla de cemento con muros antitanque y artillería antiaérea integrada en la gran zona de defensa de los alrededores de Amsterdam. El campo no quedó destruido por completo y se volvió a utilizar en 1947. Para ello fue clave la conservación de la correspondencia que mantuvo Colt con el club durante la construcción del campo.

Dunas y greenes elevados

Las dunas de Holanda no sólo son importantes como defensas frente al mar, sino también desde el punto de vista ecológico. Cuando se juega en Kennemer se produce una especie de comunión con la naturaleza. La sensación es quizás más acusada en el tee del 1, una plataforma elevada sobre las dunas junto a la casa-club. La calle sinuosa se desliza hasta un lejano green entre las dunas con matorrales a ambos lados. La sensación se prolonga en el 2, un hoyo corto sobre terreno salvaje hasta un green en alto. Una de las mejores vistas del campo la ofrece el tee del hoyo 3. La calle gira a la izquierda junto a unos búnkeres y pasa por una loma plagada de árboles camino del green. Jugados por el perímetro del campo, los cinco hoyos siguientes tienen un carácter distinto y ofrecen la oportunidad de puntuar bien antes de que el 9 lleve de nuevo a las dunas.

Un drive tonificante sobre un valle abre los nueve de vuelta y el pitch hasta un green oculto mantiene la diversión. Los hoyos 11 y 12 son largos y exigen golpes contundentes. Los pinos otorgan a esta zona del campo un aire de monte , que continúa en los hoyos 13 y 14. Luego llega el hoyo más destacado, el 15, que es corto y se juega hasta un green situado en lo alto de un empinado montículo. Quedarse corto es un error, porque la bola caerá a los pies de la colina. Tres hoyos sólidos completan la vuelta.

IZQUIERDA *El green del 14 y, detrás, el corto e inolvidable 15 colgado de lo alto de una colina con búnkeres en la parte baja. Al fondo está la atractiva casa-club de Kennemer con su techo de paja.*

FICHA DEL CAMPO

Hoyo	Distancia (metros)	Par
1	413	4
2	151	3
3	479	5
4	302	4
5	316	4
6	435	5
7	339	4
8	171	3
9	389	4
Ida	2.995	36
10	330	4
11	421	4
12	499	5
13	341	4
14	352	4
15	149	3
16	439	5
17	154	3
18	364	4
Vuelta	3.049	36
Total	6.044	72

▶ La pintura del siglo XVII de un joven golfista que cuelga en la casa-club de Kennemer nos recuerda que en los Países Bajos el golf podría ser tan antiguo como en Escocia.

▶ Cuando se celebra el Open de Holanda, se compone un recorrido en el que se incorporan hoyos del campo más reciente de Van Hengel, de nueve hoyos y diseñado por Frank Pennik.

N

Noordwijk

Noordwijk

Noordwijk Golf Club, Zuid Holland, Países Bajos

El golf holandés se remonta al siglo XIII, cuando algunos documentos ya hacen referencia al *colf,* un juego en el que los participantes golpeaban una bola hasta un objetivo en formato de stroke play. El golf contemporáneo comenzó en los Países Bajos en 1889 con la apertura de un campo de tres hoyos en La Haya, seguido de un campo en Utrecht. Noordwijk ha realizado dos contribuciones colaterales a esta cronología épica del golf.

La primera, en el Open de Holanda de 1976. Según las nuevas reglas del Tour Europeo, los participantes debían pertenecer a una asociación de golfistas profesionales (PGA), pero los organizadores del torneo las interpretaron mal y mandaron invitaciones especiales a tres norteamericanos que no pertenecían a ninguna PGA. La mayoría de los participantes se pusieron en huelga y rehusaron jugar la primera vuelta. Como sólo la jugaron algunos profesionales locales y los tres invitados, se suspendió. La situación se resolvió de forma extraña: los norteamericanos quedaron técnicamente retirados pero se disputaron un premio en metálico aparte.

La segunda contribución tuvo lugar cuando Seve Ballesteros se hizo con el Open de Holanda de 1986 y se convirtió en el primer jugador del Tour Europeo en ganar un millón de libras (unos 1,25 millones de euros). El acontecimiento se vio ensombrecido por los daños que manifestantes antiapartheid causaron en dos de los greenes, en los que no se pudo jugar durante una vuelta.

Una fusión de links y bosque

Colgado sobre un resalto que actúa como protección frente al mar del Norte, Noorwijk es tan accidentado como cualquier otro campo costero. Una extensión de dunas gigantes parece prolongarse hacia el norte en dirección al horizonte y distingue esta región del resto del paisaje holandés, carente de relieve. La casa-club es modesta para un club tan ilustre.

DERECHA *El corto hoyo 3, uno de los que resultaron más dañados por los manifestantes antiapartheid durante el Open de Holanda de 1986. Ese año Ballesteros ganó por una ventaja de ocho golpes.*

Reposa sobre una cresta de las dunas con vistas a las calles. Desde el tee del 1 queda claro que Noordwijk es un links auténtico, con un tee en alto que deja el golpe expuesto al viento. Una vista perfecta de la sutil curva de este par 4 muestra la línea de raf que protege la hierba compacta tipo links de la calle.

La ubicación de Noordwijk guarda un as bajo la manga porque el terreno arenoso está en realidad sostenido por las raíces de los árboles. Los hoyos de apertura conducen a un espeso bosque pero conservan los lies firmes típicos de un links. Es una mezcla poco habitual en la que un hoyo puede quedar totalmente expuesto al viento o protegido por dunas y el siguiente entrar, técnicamente, en la categoría de golf de bosque.

Los hoyos links son atractivos, con ondulaciones y montículos en unas calles inmaculadas flanqueadas por dunas. Pero un tramo de hoyos en el bosque ofrece auténticas joyas. La entrada al green parece diminuta en el hoyo 6, par 3. De hecho, debe de tener unos diez pasos de ancho y está protegido también por árboles y un gran búnker. Un vuelo de 183 metros por encima de los árboles sirve de atajo a los más atrevidos en el hoyo 7, facilitando un approach hasta un magnífico green en alto.

La fusión de estilos da lugar a una experiencia muy original con una hierba links firme y unos pintorescos bosques como telón de fondo.

FICHA DEL CAMPO

Hoyo	Distancia (metros)	Par
1	353	4
2	547	5
3	152	3
4	423	4
5	377	4
6	168	3
7	331	4
8	369	4
9	509	5
Ida	3.229	36
10	401	4
11	457	5
12	134	3
13	338	4
14	486	5
15	340	4
16	358	4
17	184	3
18	353	4
Vuelta	3.051	36
Total	6.280	72

«Cuando el viento arrecia, Noordwijk, como todos los recorridos links clásicos, se vuelve realmente difícil.»

GARY PLAYER,
GARY PLAYER'S TOP COURSES OF THE WORLD

Praia d'El Rey

Praia d'El Rey

Praia d'El Rey Golf and Country Club, Obidos, Portugal

Aunque en Portugal los campos de golf se concentran sobre todo en el Algarve, cerca de Lisboa hay recorridos lo bastante interesantes para retener al visitante. Después hay una especie de vacío antes de llegar a otra región de campos al norte, en la zona de Oporto. El Oporto Golf Club data de 1890, es el club más antiguo de Portugal y lo más cercano a un links que se puede encontrar tan al sur de Europa. Sin embargo, el espacio entre Lisboa y Oporto no queda totalmente desprovisto de golf. En la costa al oeste de Obidos se encuentra Praia d'El Rey, que en muchos sentidos también es equiparable a un links.

El campo disfruta de unas vistas al mar excelentes y una serie de hoyos discurren junto a la orilla. De entrada puede que esto no parezca nada del otro mundo, pero en la mayoría de los complejos modernos la primera línea de mar se reserva a los hoteles y los chalés. Los campos se trazan en el interior, ofreciendo unas vistas también atractivas para quienes alquilan o compran viviendas sin vistas al mar. Aquí, el campo de golf es lo primero, algo digno de elogio.

ABAJO Lo más próximo al golf links tratándose de la costa atlántica de Portugal. Éste es el corto hoyo 13, par 4, con 300 metros de diversión costera al estilo tradicional.

CAMPOS DE LISBOA

El campo tipo links de Robert Trent-Jones, Tróia, situado en una península de arena cercana a Setúbal, es uno de los mejores recorridos de la zona de Lisboa. Al oeste de Setúbal se traza el espacioso y elegante Quinta do Perú. Muchos de los mejores campos lisboetas se ubican alrededor de Estoril y Cascais, con Penha Longa como uno de los favoritos. El campo clásico que Mackenzie Ross creó en Estoril en 1945 es corto, pero rebosa encanto.

Un recorrido inteligente

El mar es un complemento ideal para un campo de golf, aunque hay que saber aprovechar al máximo su proximidad. El secreto reside en el recorrido. Ya en el hoyo 2 se juega en dirección al mar y las expectativas aumentan. Las dunas de arena son una parte esencial del golf de costa y crean un marco para el corto hoyo 3. Pero luego desvían hacia el interior y se tiene la sensación de que la presencia del mar es puramente anecdótica. Pero lo mejor aún está por llegar. Bastante hay con intentar conseguir una puntuación decente.

En el hoyo 9 se vuelve a girar hacia la casa-club, aunque de algún modo se intuye que ahora sí se va rumbo a la orilla del mar. De nuevo, las expectativas van en aumento en los hoyos 10 y 12, inteligentemente moderadas por el corto hoyo 11, que se juega hacia atrás. Pero al final, se consigue. Los 13, 14 y 15 son espléndidos hoyos junto al océano. No hay decepción alguna al volver al interior a partir de aquí, porque los hoyos 16, 17 y 18 presentan un desafío complejo; con vistas a los torneos, los tres hoyos pueden estirarse hasta un total de 1.355 metros, de los que 570 pertenecen al aparentemente interminable hoyo 17.

IZQUIERDA El hoyo 10, par 5, tiene vistas al hotel del resort y, tras él, al océano Atlántico.

FICHA DEL CAMPO

Hoyo	Distancia (metros)	Par
1	360	4
2	463	5
3	177	3
4	304	4
5	441	4
6	382	4
7	492	5
8	174	3
9	393	4
Ida	3.186	36
10	460	5
11	183	3
12	396	4
13	300	4
14	150	3
15	375	4
16	390	4
17	570	5
18	395	4
Vuelta	3.219	36
Total	6.405	72

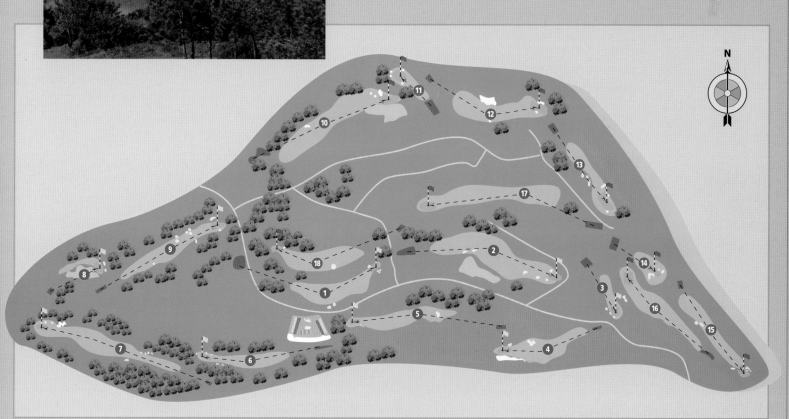

San Lorenzo

San Lorenzo Golf Course, Almancil, Algarve, Portugal

El Algarve es uno de los destinos europeos más populares para jugar a golf. Su clima resulta tremendamente atractivo para los golfistas del norte de Europa durante los fríos y oscuros meses de invierno, y las brisas del Atlántico impiden que el calor del verano resulte insoportable. Hay campos de golf por toda la región, con una oferta inacabable. Sin embargo, esto conlleva ciertos inconvenientes, y es que el Algarve se ha convertido en un laberinto de bloques de apartamentos. Para disfrutar del golf de la región hay que ser muy selectivo, y el campo que destaca sobre los demás es el de San Lorenzo.

San Lorenzo data de finales de la década de 1980 y es un diseño del norteamericano John Lee. El diseñador tuvo a su favor un terreno que descendía hasta el océano Atlántico y supo aprovechar todas sus posibilidades. Pero este club tiene otra ventaja. Como los otros campos del Algarve, está ubicado entre complejos urbanísticos. Sin embargo, en su caso se trata de chalés y mansiones al estilo de Hollywood adornadas con motivos moriscos. Puede que parezcan decorados de cine, pero son mucho más bonitos que las monstruosidades de múltiples plantas que se erigen en otros lugares.

Escenario natural

No es del todo cierto que San Lorenzo descienda hasta el Atlántico. Es más correcto decir que desciende hasta orillas del estuario de la Ria Formosa, que queda separado del océano por una cadena baja de dunas. La protección de estas dunas hace del estuario un paraíso para una gran variedad de aves que nadan, se sumergen o se adentran en el agua. Afortunadamente, la zona es una reserva natural.

Los ornitólogos tendrán prisa por llegar a los hoyos 6 y 7, y también los golfistas, ya que en este punto San Lorenzo

empieza a desplegarse. Los dos hoyos disfrutan de tees en alto desde los que mandar el drive a calles estrechas al borde del agua. El juego a lo seguro no tiene recompensa, pues las opciones de caer en los montículos arbolados de la izquierda son del 50%. Los dos greenes se ubican peligrosamente cerca de la playa y el del hoyo 7 tiene un inusual búnker en la parte posterior.

Para el golfista medio, el 8 consiste en mantenerse fuera de peligro y usar cualquier golpe del repertorio; al fin y al cabo, es un hoyo de tres golpes. Sin embargo, para los jugadores de golpe largo es un hoyo emocionante, con agua en el lado derecho y montículos que invaden el lado izquierdo.

Los nueve de vuelta se abren con un drive exigente sobre el brazo de un lago en dirección a una calle que se eleva y se curva. Desde aquí y hasta el 17, la vuelta es sólida y los golfistas amateurs se crean sus propios problemas. En el 17 aparece la perspectiva de una tumba de agua o de perder un golpe por intentar jugar a lo seguro demasiado lejos del lago. El green se ve amenazado por el agua. También el del 18, pero sin una alternativa segura para los tímidos. En algún momento hay que atacar y conquistar al menos un tramo de agua.

IZQUIERDA *El green final de San Lorenzo, rodeado de agua y arena, es un objetivo difícil sea cual sea la longitud del approach. Un toque de Florida en el Algarve.*

FICHA DEL CAMPO

Hoyo	Distancia (metros)	Par
1	494	5
2	162	3
3	334	4
4	340	4
5	131	3
6	386	4
7	345	4
8	525	5
9	366	4
Ida	3.083	36
10	519	5
11	350	4
12	395	4
13	359	4
14	157	3
15	473	5
16	190	3
17	344	4
18	371	4
Vuelta	3.158	36
Total	6.241	72

▶ San Lorenzo nunca ha pretendido albergar un torneo de golf profesional y se ha ahorrado la prolongación antinatural que tan a menudo se impone en los campos de tour.

▶ San Lorenzo está ubicado dentro de la finca de Quinta do Lago, aunque no forma parte del complejo del mismo nombre, que incluye cuatro campos de Quinta y dos de Vale do Lobo.

GOLF PORTUGUÉS DE RESORT

El crecimiento golfístico de Portugal, que se ha posicionado como uno de los principales mercados del golf de resort, es extraordinario. En el Portugal peninsular había sólo tres campos de golf al final de la Segunda Guerra Mundial. Ahora cuenta con más de 50 campos y esta cifra va en aumento de forma sostenida y casi alarmante. Aun así, se trata prácticamente de un negocio para turistas, algo comprensible teniendo en cuenta el clima invernal del norte de Europa. En comparación con el número de campos, hay pocos golfistas nativos. Por desgracia, los recorridos se crean con un estilo internacional para golfistas internacionales.

Esto es comparable al vinho verde, un vino portugués modesto que es el acompañamiento perfecto para el *bacalhau,* una especialidad exquisita a base de bacalao salado. Si se sirve el vino auténtico en una jarra resulta refrescante, seco y perfecto para apagar la sed. Si se sirve la versión para turistas embotellada con una etiqueta elegante, resulta semidulce y un poco empalagoso. Pierde su carácter y su honestidad. Los campos portugueses de resort necesitan algo más de carácter y menos etiquetas elegantes.

DERECHA *El green del 6 sólo se alcanza tras un drive perfecto desde un tee en alto y en dirección a una calle delimitada por un montículo repleto de matorrales y por la Ría Formosa.*

ARRIBA DERECHA *En el green del 7 están algunos de los pocos búnkeres del campo. Su objetivo es engañar a la vista y hacer que el objetivo parezca más pequeño.*

Vilamoura

Old Course, Vilamoura, Quarteira, Algarve, Portugal

Henry Cotton mostró al mundo por primera vez el potencial golfístico del Algarve. Su campo de 1966 construido sobre una antigua plantación en Penina, cerca de Lagos, fue el detonante que llevó a la construcción de varias decenas de campos en el tramo de costa que va de Lagos a Faro. Tres años después de completarse Penina, se inauguró el campo pionero de Frank Pennink entre los pinos y los alcornoques de Vilamoura. El resort de Vilamoura ha crecido hasta resultar irreconocible comparado con sus inicios pero, afortunadamente, la joya de Pennink ha sabido conservar su esencia. Constituye todo un referente para algunos campos zafados y exageradamente promocionados de la actualidad.

Pennink fue un diseñador británico de origen holandés, un buen jugador amateur, un conocedor de lo mejor del golf, y un escritor con talento y estilo sobre todo lo relativo al golf. Desde el principio, Vilamoura destiló elegancia. Pennick era demasiado honesto para recurrir al atractivo visual. De hecho, su estilo despreocupado se basaba sobre todo en la sutileza, por ello se agradece aún más que no hayan traído a nadie para emperifollar el campo.

Árboles en abundancia

Las calles de Vilamoura se han ido estrechando a lo largo de los años. Los pinos que flanquean las calles son indudablemente atractivos, pero también constructivos, ya que van ocupando más espacio año tras año. Los golpes rectos son básicos para puntuar bien. Con los pinos como principal defensa, Pennink tuvo poca necesidad de usar búnkeres, por lo que la contención del diseñador brilla en todo el recorrido.

El campo fue objeto de una remodelación en 1996 bajo la delicada tutela de Martin Hawtree y, en general, las condiciones del recorrido mejoraron.

El Old Course empieza de forma agradable, con un corto par 4, un par 5 asequible en dos golpes y otro par 4 corto. Luego llega el único obstáculo de agua del recorrido, un estanque de patos en el hoyo 4, par 3. Sólo da problemas con un golpe realmente malo, porque el único obstáculo importante es un árbol que queda justo en la línea directa al green. Los pares 3 están entre los mejores hoyos del campo. Después, el hoyo 5, par 5, vuelve a la casa-club. Tiene menos árboles y, por lo tanto, mas búnkeres. En los tres hoyos siguientes se requiere un golpe más largo desde el tee y los jugadores con un golpe potente sin duda querrán mandar un drive sólido hacia el green del 9, aunque sus defensas son considerables; Pennink era un golfista astuto.

Para muchos, el 12 es el mejor hoyo de la vuelta, con una curva que requiere una ubicación perfecta de los golpes para triunfar y apenas necesita búnkeres. Un solo búnker de calle es lo que hace que superar el hoyo 16, par 5, exija un ejercicio modélico de control. Hay que destinar la materia gris al Old Course y dejar los músculos para los campos vecinos. Aquí impera la elegancia.

IZQUIERDA *La honestidad de Pennink se demuestra en esta vista aérea de Vilamoura. Supo sacar el máximo provecho de las características del territorio: ondulaciones naturales y pinos.*

ABAJO *Los problemas del crecimiento excesivo de los árboles en un campo regado artificialmente son evidentes en esta imagen del hoyo 11.*

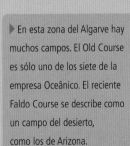

▶ En esta zona del Algarve hay muchos campos. El Old Course es sólo uno de los siete de la empresa Oceânico. El reciente Faldo Course se describe como un campo del desierto, como los de Arizona.

FICHA DEL CAMPO

Hoyo	Distancia (metros)	Par
1	310	4
2	435	5
3	324	4
4	163	3
5	486	5
6	212	3
7	393	4
8	419	4
9	265	4
Ida	3.007	36
10	153	3
11	390	4
12	487	5
13	348	4
14	440	5
15	150	3
16	514	5
17	353	4
18	413	4
Vuelta	3.248	37
Total	6.255	73

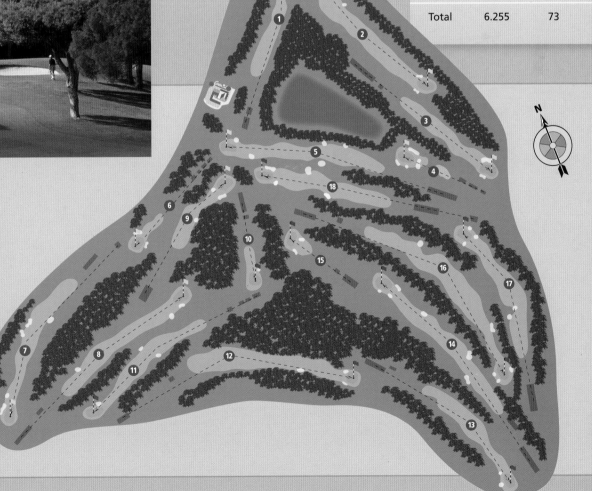

El Saler

El Saler

Parador de El Saler, Valencia, España

Unos 16 km al sur de Valencia se levanta un tramo de onduladas dunas de arena y bosques de pino en una estrecha franja de tierra situada entre los extensos pantanos del Parque Natural de la Albufera y las estupendas playas del Mediterráneo. En la década de 1960, antes del despegue turístico en España, se decidió añadir un campo de golf a las instalaciones de un hotel de lujo, el Parador Luis Vives. Javier Arana, un talentoso diseñador español muy reconocido fuera de su país en la época, fue el elegido para diseñar el campo. El Saler, su mejor creación, sigue siendo un legado magnífico de su talento.

Aunque hay varios hoyos tipo links en las dunas más cercanas al mar, buena parte de El Saler es un campo de bosque de pino con calles generosas y sinuosas y grandes greenes. Los búnkeres están a la escala del campo, tienen proporciones serias aunque los suelos planos facilitan la escapada, siempre y cuando no se caiga en uno de los profundos búnkeres de las dunas, seguramente por la parte posterior del green y teniendo que escapar en dirección a una superficie de putt cuesta abajo. Todo un reto incluso para los mejores.

Golf integrado en la naturaleza

En El Saler hay mucha fauna, sobre todo aves de bosque y de zonas húmedas, y es muy recomendable realizar un recorrido por la Albufera después del golf. Semejante abundancia de fauna y flora denota un entorno saludable. Además, el campo se mantiene en condiciones impecables aunque a costa de unos greenes lentos; si se intentasen hacer rápidos, desaparecerían bajo el sol abrasador en un santiamén.

Empezando entre los pinos, los cuatro primeros hoyos presentan las principales características del estilo de Arana, con calles salpicadas por unos resaltos engañosos que dificultan el cálculo de las distancias y la colocación desde el tee. El jugador tiene que meditar bien su vuelta, no basta golpear la bola sin restricciones. De repente, en el hoyo 5, el carácter del campo cambia con un golpe desde el tee y cuesta arriba hasta un montículo lejano. En el extremo más alejado aparece una panorámica de lo más atractiva, con la calle precipitándose cuesta abajo hasta un green construido en las dunas y un amplio paisaje marítimo al fondo.

Desde aquí, el giro links del campo sigue con el hoyo 6, par 4, que también sube y baja y es uno de los mejores del campo. En el 8 aguarda una duna monstruosa. Estos hoyos distinguen a El Saler de muchos campos españoles de pineda. El hoyo 10 nos devuelve de forma atractiva a los árboles, con un green en alto entre los pinos protegido ingeniosamente por búnkeres.

Tras una zona de alguna manera peatonal, el campo vuelve a las dunas para un final impresionante, con el green del 17 rodeado de montículos de arena y amenazantes simas. Desde el tee final hay unas vistas al mar maravillosas en el lado derecho, aunque el golfista ha de concentrarse en lo que tiene delante porque se trata de una calle inclinada y curvada difícil de alcanzar con unas peligrosas dunas a la derecha. El green, para variar, es complicado, con muchas inclinaciones con las que lidiar si no se cae en el lugar adecuado.

▶ El Saler ha albergado pocos torneos profesionales, pero entre ellos se cuentan el Open de España, el Turespaña Masters y el Seve Trophy. Bernhard Langer firmó un extraordinario 62 cuando ganó el Open de España de 1984. Sus rivales quedaron tan impresionados que insinuaron que se había saltado dos hoyos.

IZQUIERDA *Es innegable el desafío links al drive en el último hoyo, con su calle distante e inclinada y todo tipo de trampas de arena en el lado derecho.*

FICHA DEL CAMPO

Hoyo	Distancia (metros)	Par
1	391	4
2	344	4
3	486	5
4	173	3
5	471	5
6	404	4
7	327	4
8	328	4
9	143	3
Ida	3.067	36
10	365	4
11	519	5
12	181	3
13	318	4
14	379	4
15	516	5
16	391	4
17	195	3
18	426	4
Vuelta	3.290	36
Total	6.357	72

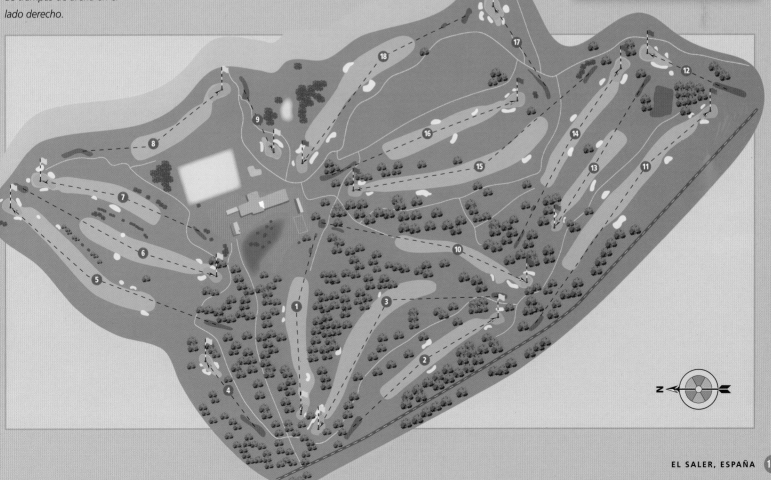

Las Brisas

Real Club de Golf Las Brisas, Nueva Andalucía, España

Actualmente hay unos 20 clubes de golf en la zona de Marbella. Todo lo que no son campos de golf parece haber desaparecido debajo de chalés, apartamentos u hoteles. Pero cuando Las Brisas abrió sus puertas en 1968, tenía su entorno más o menos a su disposición. Desde el campo se distinguía todo el paisaje hasta La Concha, el pico de la impresionante Sierra Blanca. Las Brisas era, y sigue siendo, un club exclusivo y caro.

Robert Trent Jones, el diseñador de campos de golf más prolífico del mundo, ya se hizo notar en España con Sotogrande, su primer campo europeo, en 1965. No fue el primer recorrido de la zona –ese honor corresponde a Guadalmina (1959)– pero sí el rasero por el que se midieron los campos posteriores. Lamentablemente, también fijó una pauta de estilo: todo campo de golf tenía que parecer «norteamericano». Con el agua entrando en juego nada menos que en 12 hoyos, Las Brisas, el segundo campo de Jones en España, se incluye claramente dentro de esa categoría.

ABAJO *La desafortunada consecuencia del exceso de construcción en Andalucía es que campos tan buenos como Las Brisas se ven asfixiados entre el cemento.*

UNA COPA DEL MUNDO ESTELAR

Las Brisas sólo tenía cinco años cuando albergó la Copa del Mundo. Estuvieron presentes varios equipos potentes, entre ellos la pareja norteamericana formada por Jack Nicklaus y Johnny Miller, ambos en buena forma. Naturalmente, ganaron, y Miller se llevó los honores individuales con un total de 277, 11 bajo par. También fijó un récord del campo de 65. La Copa del Mundo regresó en 1989 y también se han celebrado un par de Open de España y un Open Mediterráneo dentro del Tour Europeo. Pero la mayor parte del golf de Las Brisas es social.

Abundancia de obstáculos acuáticos

El recorrido empieza de forma placentera con un par 4 sencillo pero gana fuerza en el hoyo 2, un hoyo de drive difícil con una calle estrecha que gira a la derecha, pasando por un lago, antes de subir hasta un green en alto, uno de los muchos de la vuelta. Los hoyos siguientes son muy largos, sobre todo el 5, de 530 metros. En el 8 hay un reto bastante inusual. Se trata de un obstáculo acuático que recorre gran parte de la longitud del hoyo antes de cruzar por delante del green. En los 100 últimos metros, hay una calle alternativa al otro lado del agua. Reposa junto al eje del green y es la ruta más segura hasta la superficie de putt pero, para quienes busquen birdies o eagles, hay que atreverse con el recorrido más corto y osado por encima del agua.

Otro par 5 que exige heroísmo es el hoyo 12. Quien busque un birdie tendrá que sobrevolar un largo tramo de agua para alcanzar el green en dos golpes. En la Copa del Mundo, Nicklaus resolvió el hoyo 15 eliminando la curva por completo con un drive despreocupado por encima de los árboles y el fuera de límites en el que necesitó un vuelo de 250 metros. Se necesita un vuelo formidable sobre el agua en el hoyo 16, par 2, y el lago frente al green del 17 ha fastidiado más de una tarjeta en este sencillo hoyo de drive y pitch. Huelga decir que el drive final también se ve amenazado por agua.

IZQUIERDA Las Brisas es un campo bonito. El agua intimida al golfista pero, pase lo que pase, las estupendas condiciones hacen que cualquier vuelta sea inolvidable.

▶ Nick Faldo ganó el Open de España de 1987 en Las Brisas. Los greenes eran rápidos y complicados ese año, pero Faldo los encontró de su gusto y se impuso a sus competidores.

FICHA DEL CAMPO

Hoyo	Distancia (metros)	Par
1	365	4
2	390	4
3	436	5
4	189	3
5	532	5
6	345	4
7	158	3
8	447	5
9	316	4
Ida	3.178	37
10	361	4
11	188	3
12	467	5
13	338	4
14	361	4
15	382	4
16	203	3
17	291	4
18	362	4
Vuelta	2.953	35
Total	6.131	72

«Un reto de campeonato exigente e implacable pero muy atractivo.»

WORLD ATLAS OF GOLF

Valderrama

Valderrama

Club de Golf Valderrama, San Roque, Cádiz, España

Considerado por muchos el mejor campo de la Europa continental, Valderrama ha ido íntimamente ligado al Volvo Masters, el emblemático torneo de fin de temporada del Tour Europeo. En 1997 albergó una de las Ryder Cup más reñidas, en la que el equipo europeo capitaneado por Seve Ballesteros logró frenar el envite de los norteamericanos el último día para conservar la copa por un punto de ventaja. Pese a su alto estándar y la mala reputación del hoyo 17, Valderrama es un campo adecuado para golfistas de todos los niveles. Una gran variedad de tees asegura no sólo distancias muy diversas, sino también rutas para todo tipo de jugadores. El mérito es del imaginativo recorrido del campo que, curiosamente, fue diseñado dos veces por el mismo hombre.

Valderrama nació como el New Course de Sotogrande y después se convirtió en Las Aves justo antes de que lo adquiriera el rico industrial boliviano Jaime Ortiz-Patiño. Con la mirada puesta en los torneos de golf de alto nivel, Ortiz-Patiño llamó al prolífico Robert Trent Jones- para que realizara modificaciones en el campo. La más significativa fue la inversión de las dos mitades para que los hoyos más difíciles quedasen en el tramo final. Se puso en marcha un programa masivo de drenaje y, más tarde, se incorporó un lago frente al green del 17. Siempre está en condiciones impecables.

Aires de Augusta

La longitud nunca ha sido una prioridad en Valderrama, pero aquí se encuentran retos considerables. El recorrido es accidentado y el viento es un factor constante y variable, con dos vientos dominantes que cambian las características del campo a diario. Los árboles disminuyen opciones de juego. Normalmente, hay un único camino hacia el green, lo que significa que es golf de objetivos.

Uno de los deseos de Ortiz-Patiño fue reproducir el ambiente de Augusta, tanto en las condiciones del campo como en su diseño, y esto está bien logrado en el hoyo 10. A pesar de su corta longitud, hay poco margen de error porque el golpe desde el tee debe ser un fade sobrepasando un lago en el lado derecho y aterrizando cerca de un búnker que devorará cualquier drive demasiado recto. Desde aquí hay vistas magníficas del green, que queda rodeado de búnkeres de arena blanca y un anillo de alcornoques. Pero, igual que en el hoyo 9 de Augusta, el approach debe ser sólido, porque cualquier golpe flojo saldrá del green rodando hacia atrás e incluso puede retroceder calle abajo.

El entorno desempeña un papel importante en Valderrama, y la belleza natural del lugar es un ejemplo a seguir para otros campos. Un compromiso activo con la ecología hace que aquí se encuentren el doble de especies vegetales y una tercera parte de los pájaros que viven en el entorno. Mientras muchos campos recurren al fertilizante, los pesticidas e incluso al teñido azul de los lagos, Valderrama ha conservado su calidad sin alterar el medio ambiente. De hecho, el capitán americano de la Ryder Cup, Tom Kite, dijo que estos greenes estaban entre los mejores en los que había pateado.

▶ Cada año se invierten grandes sumas de dinero en mantener el campo en magníficas condiciones. Valderrama cuenta con 4.600 aspersores frente a los 600 de un campo medio de Estados Unidos.

IZQUIERDA *Esta vista del corto hoyo 10, par 4, demuestra por qué las distancias son irrelevantes incluso a nivel profesional cuando la topografía del lugar y la intuición del diseñador están en armonía.*

FICHA DEL CAMPO

Hoyo	Distancia (metros)	Par
1	356	4
2	365	4
3	158	3
4	489	5
5	348	4
6	149	3
7	422	4
8	315	4
9	403	4
Ida	3.005	35
10	333	4
11	500	5
12	180	3
13	368	4
14	338	4
15	183	3
16	386	4
17	467	5
18	397	4
Vuelta	3.152	36
Total	6.157	71

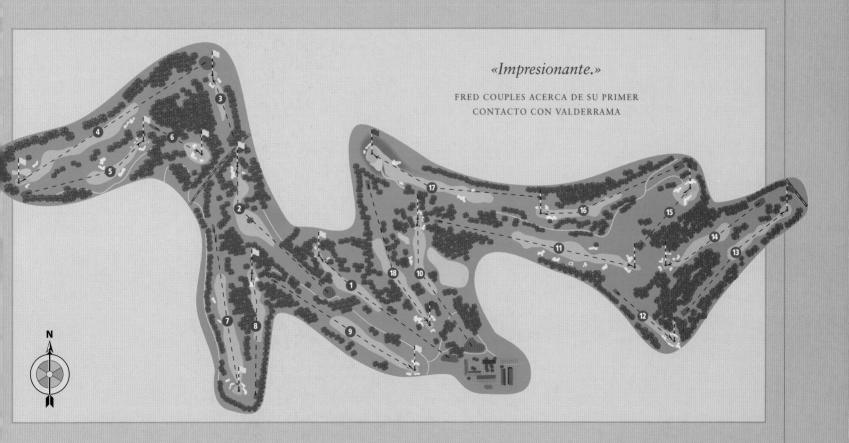

«Impresionante.»

FRED COUPLES ACERCA DE SU PRIMER
CONTACTO CON VALDERRAMA

EL CÉLEBRE 17

Con 467 metros, el hoyo 17, par 5, de
Valderrama debería ser un paseo para
los profesionales, pero en realidad
es uno de los hoyos más polémicos
del golf. Como muchos de los de este
campo, empieza con un desafiante
drive hacia una calle adornada con
búnkeres y flanqueada por alcornoques.
Tras una ligera curva a la derecha, el
green aparece protegido por un lago,
con un alto montículo detrás que acoge
tres búnkeres. La polémica se debe a
que el green se inclina peligrosamente
en dirección al agua, como descubrió
Tiger Woods con un triple bogey en
el World Golf Championship de 1999.
En la Ryder Cup de 1997, el 17 recibió
algunas críticas porque se consideró que
el green era injusto. Colin Montgomerie
lo describió como «el peor hoyo de
Europa», un comentario quizás carente
de tacto teniendo en cuenta que el
hoyo fue rediseñado por el capitán de
Europa, Seve Ballesteros. Pero el 17
demostró su principal talento: crear
espectáculo. Se convirtió en el favorito
de los emocionados espectadores que
ocuparon el montículo para ver a los
pocos jugadores que demostraron que
el green podía alcanzarse en dos golpes
y se mantuvieron sobre él.

DERECHA *En el fragor de la Ryder Cup u otros*
torneos profesionales, el hoyo 17 supone un
momento de nervios para los jugadores.
Ofrece vistas espectaculares al público, pero
¿es lícito un diseño que hace que golpes
aparentemente perfectos al green reciban
una recompensa poco coherente?

Falsterbo

Falsterbo

Falsterbo Golfklubb, Falsterbo, Suecia

Muchos descubren el evocador links de Falsterbo desde un avión cuando aterrizan en el aeropuerto de Copenhague. El campo se encuentra a unos minutos por aire de la capital danesa y, gracias al nuevo puente de Øresund, se tarda poco más en coche. Falsterbo reposa en el extremo de una península al sudoeste de Suecia. De hecho, fue la sede del primer torneo internacional sueco, compitiendo con el cercano Copenhagen Club. El torneo se disputó en 1909, el año de la fundación del club.

El profesional británico del Copenhaguen Golf Club, Robert Turnbull, creó los nueve hoyos originales de Falsterbo. El campo no tuvo 18 hoyos hasta 1930 gracias a la intervención de un médico local, Gunnar Bauer. Con la excepción de los hoyos 16 y 17, que se crearon en 1934, el campo sigue siendo el mismo que en la actualidad. El único cambio ha sido la reciente puesta al día de las superficies de green y de los búnkeres que, en general, ha sido bien recibido.

Un links auténtico

Falsterbo es innegablemente plano e innegablemente un campo links, uno de los pocos de la Europa continental. El recorrido está dominado por un viejo faro que se erige orgulloso junto a la calle del 13, rodeado de árboles y tras el green del 14. Por eso no sorprende descubrir que el campo discurre junto al mar por ambos lados, con una pequeña incursión al interior por una marisma que tiene algunos de los mejores hoyos.

El inicio es estricto, con un largo par 4 que se adentra junto a un bosque. Le sigue un hoyo corto bien protegido por búnkeres y un par 5 en el que el fuera de límites es una seria amenaza. Luego hay un hoyo realmente complicado, el 4. Con la presencia de viento puede ser endiablado. Hay agua por todo el lado derecho y un raf serio a la izquierda. Además, el green queda en ángulo y dentro del agua, exigiendo nervios de acero para el approach. El hoyo 5 apenas es más fácil, con agua a ambos lados de la calle y un green magníficamente protegido. Son dos hoyos de dos golpes excelentes. En el 7, un par 4 que se puede alcanzar desde el tee, se permite cierto respiro, aunque el green está muy bien defendido por unos búnkeres cercanos.

Cuando empiezan los nueve de vuelta, se entra en las marismas, con agua alrededor del green del 11. Afortunadamente, no es un par 3 largo. Luego el juego avanza en dirección al faro. El 13 y el 14 suman una longitud considerable y el 15 marca el comienzo del famoso tramo final de Falsterbo. Mientras el hoyo 16 se juega en el mismísimo límite de Suecia, el 17 corre paralelo a la playa, con una calle que se estrecha en la zona donde llegaría un buen drive. Para terminar hay un tentador par 5 que se juega desde un tee con vistas a la playa, con la calle en ángulo de izquierda a derecha, incrementando la presión sobre el drive si quieres golpear lejos.

En un día tranquilo, Falsterbo es idílico, pero cuando sopla el viento puede ser muy agresivo.

▶ En Europa abundan los campos de tour profesionales de longitudes exageradas. Los 6.083 metros de Falsterbo son tan buenos como los 7.000 de algunos de esos campos en términos de sutileza.

IZQUIERDA *Éste es el corto hoyo 7, par 4, aunque es un fiel reflejo de Falsterbo con sus búnkeres y sus sutiles ondulaciones.*

FICHA DEL CAMPO

Hoyo	Distancia (metros)	Par
1	411	4
2	175	3
3	510	5
4	405	4
5	370	4
6	155	3
7	290	4
8	180	3
9	385	4
Ida	2.881	34
10	350	4
11	145	3
12	371	4
13	515	5
14	210	3
15	470	5
16	355	4
17	345	4
18	440	5
Vuelta	3.201	37
Total	6.082	71

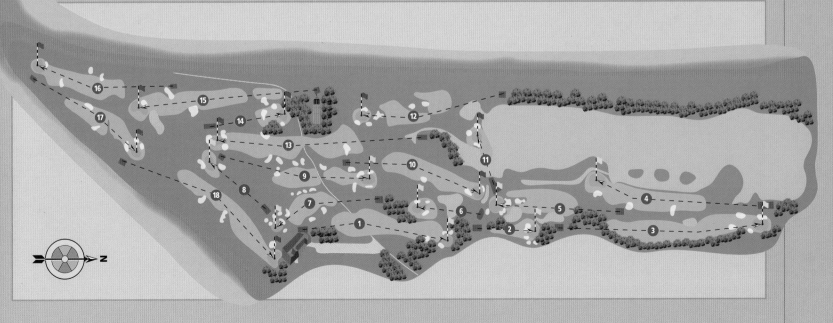

Halmstad

North Course, Halmstad Golfklubb, Tylösand, Suecia

La Solheim Cup de 2007 puso Halmstad en el mapa golfístico, aunque las jugadoras suecas ya sabían que se trataba de uno de los mejores campos del mundo. Queda un poco en el interior tras el pequeño resort costero de Tylösand, al oeste de Suecia, y se erige en una zona de arena y bosques conocida popularmente como el Wentworth sueco. Este apodo no es tan exagerado como pueda parecer, ya que el diseñador del campo, Rafael Sundblom, trabajó junto a Harry Colt durante la construcción de los campos East y West de Wentworth, y tuvo la oportunidad de aprender las técnicas y la filosofía del ilustre maestro.

ABAJO Desde siempre, la fuerza de Halmstad reside en sus largos hoyos de dos golpes. Pero sería un error pasar por alto sus hoyos cortos. El 4 guarda cierto parecido con el 2 de Wentworth.

El club se fundó en 1930 y el golf se jugaba en unos terrenos de entrenamiento militar de Halmstad antes de trasladarse a su propio campo de 18 hoyos, que se terminó de construir en 1938 en Tylösand. En 1963 se construyó un recorrido adicional de nueve hoyos con Nils Sköld como diseñador. En 1975 se añadieron otros nueve hoyos de Frank Pennink. Los nueve hoyos de Sköld se sumaron a los nueve de vuelta del campo de Sundblom para crear el North Course, y los de Pennink al nueve de ida de Sundblom para dar lugar al South Course. Constituyen dos campos formidables, a su manera comparables con los históricos East y West de Wentworth.

Bosques espesos

Los bosques son tan espesos que hay poca necesidad de raf. Las calles son bastante amplias como para no causar una preocupación adicional al golfista y los búnkeres son moderados. Pero esto no significa que se pueda jugar sin pensar. En el hoyo 1, por ejemplo, es necesario jugar a la derecha de la calle desde el tee para abrir el green. Si se va demasiado a la izquierda, los árboles bloquean el segundo golpe. En el larguísimo hoyo 5, el drive debe encontrar el hueco entre dos árboles que invaden la calle por ambos lados. De lo contrario, se juega golf de recuperación el resto del hoyo.

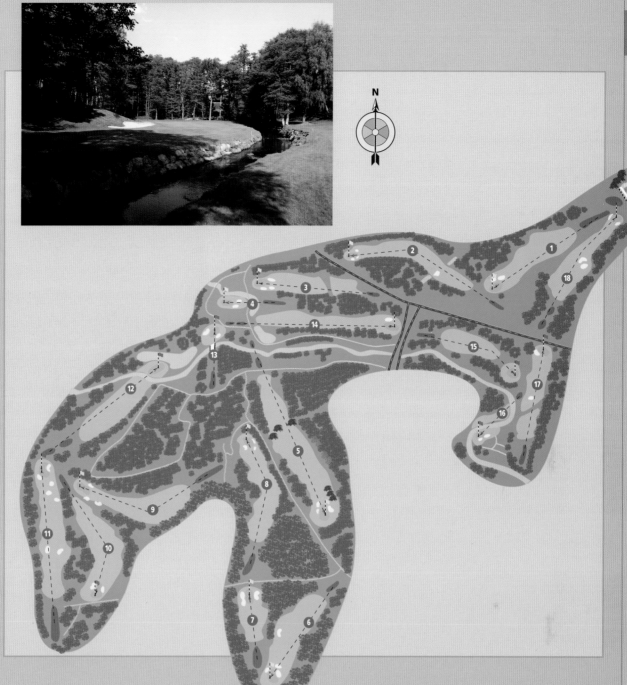

ARRIBA DERECHA *El arroyo que atraviesa el campo obedece a razones estratégicas. El de la imagen es el 16.*

▶ En la Solheim Cup de 2007, las europeas llegaron a los 12 partidos individuales de la final venciendo a las norteamericanas por 8,5 a 7,5, pero acabaron perdiendo por 16 a 12.

▶ Laura Davies, la golfista británica más extraordinaria, ganó el Chrysler Open de 1999 en Halmstad con un 15 bajo par, ocho golpes por delante de la inglesa Alison Nicholas.

FICHA DEL CAMPO

Hoyo	Distancia (metros)	Par	Hoyo	Distancia (metros)	Par
1	397	4	10	360	4
2	497	5	11	466	5
3	350	4	12	401	4
4	152	3	13	157	3
5	549	5	14	510	5
6	326	4	15	308	4
7	195	3	16	164	3
8	387	4	17	323	4
9	416	4	18	361	4
Ida	3.269	36	Vuelta	3.050	36
			Total	6.319	72

Hay muchos doglegs en el campo y hay que jugar girando a derecha e izquierda. La secuencia de los hoyos 8, 9 y 10 es especialmente agradecida para el jugador que disfruta manipulando golpes.

La concepción a dos bandas de North Course resulta evidente al comparar las dos mitades del campo. Mientras que los nueve de ida están pintados con brocha gorda, los de vuelta son más cortos y, en general, más estrechos. También ponen más énfasis en el uso estratégico del río que atraviesa el campo como obstáculo. Por ejemplo, el approach al green del 12 es especialmente exigente y una tumba de agua espera cualquier imprecisión en el 16.

Desde el tee del 17 hay que superar un montículo en diagonal a unos 180 metros, y el green queda en ángulo. Pero el hoyo no es exageradamente largo. Siempre que se eviten los búnkeres del 18 es posible terminar la vuelta con una tarjeta razonable.

Crans-sur-Sierre

Crans-sur-Sierre

Golf Club Crans-sur-Sierre, Valais, Suiza

El European Masters y, con anterioridad, el Swiss Open han atraído a jugadores de calidad a Crans-sur-Sierre cada año desde 1948, así como el Swiss Open de 1939 anterior a la guerra. En este campo se han alzado victoriosos García, Donald, Els, Romero, Westwood, Montgomerie, Ballesteros, Olazábal, Stadler, Faldo, Woosnam, Price, Locke, Rees, Nagle y Charles, por mencionar sólo algunos. Ellos disfrutan jugando aquí. Les gusta el lugar, les gusta el ambiente, les gusta el cheque del ganador y les gusta el campo de golf. Al fin y al cabo, permite puntuaciones muy bajas.

El primer campo de Crans se creó en 1905 y se inauguró al año siguiente con nueve hoyos que se ampliaron a 18 unos años después. Por desgracia, no sobrevivió a la Primera Guerra Mundial. En 1921 hubo un segundo intento de crear un campo, también de nueve hoyos. En 1929, le siguió un campo de 18 hoyos diseñado por el inglés Harry Nicholson. Se mantuvo prácticamente intacto hasta 1997, cuando Seve Ballesteros recibió el encargo de remodelar los greens, para lo cual añadió algunos obstáculos alrededor del campo y creó nuevos tees más atrasados.

PUNTUACIÓN BAJA

En Crans-sur-Sierre, en 1971, el golfista italiano Baldovino Dassù logró el primer 60 conseguido jamás por un jugador en el Tour Europeo. Contra el par del día esta puntuación dio un resultado de 13 bajo par. Colin Montgomerie tiene la puntuación récord para 72 hoyos en 260. Cerró dos vueltas de 61 y 63 y ganó por cuatro golpes.

DERECHA *El 7 es uno de los hoyos más fáciles del campo, un drive y pitch de sólo 303 metros, pero ¿cómo no disfrutarlo con semejante espectáculo?*

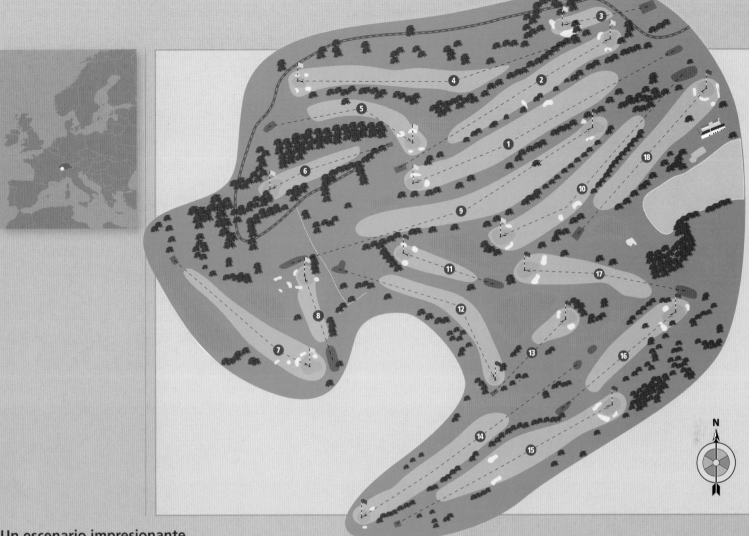

Un escenario impresionante

Si el campo de Crans se construyese sobre terrenos llanos de labranza, no llamaría la atención. Es un campo muy bueno, pero no extraordinario por sí mismo. Lo que lo distingue, con mucho, es su deslumbrante entorno. No se tiene cada día la posibilidad de jugar en dirección a un green con una gran cumbre nevada de los Alpes de fondo. Ante semejante escenario, el campo puede parecer minúsculo. Pero está lejos de serlo, ya que mide 6.343 metros desde los tees blancos, posee un par 5 de 575 metros y su par 4 más largo alcanza los 460. El campo está a 1.500 metros de altitud, lo que permite golpear más lejos.

El recorrido empieza con un par 5 asequible antes de seguir con un hoyo contundente de dos golpes y uno corto por encima del límite del campo. En el pasado, el hoyo 4 se jugaba como un par 5, pero ahora es un par 4 muy largo que, incluso desde los tees de los amateurs, mide 445 metros. La distancia es menos significativa en el curvado hoyo 5, el 6 –rodeado de pinos–, el 7 –muy abierto– y el 8, protegido por búnkeres. El extraordinario hoyo 9 se extiende 575 metros deslizándose implacable hasta el green, cerca de la casa-club.

En los nueve de vuelta hay otro hoyo con un dogleg muy marcado, el 12, y dos pares 5 seguidos en paralelo. Los visitantes juegan el 16 como un par 4 corto, pero para el European Masters lo acortan y lo convierten en un par 3 de 215 metros, dejando el par total en 71. Dos pares 4 sencillos llevan de regreso a casa.

▶ En Crans hay un segundo campo de nueve hoyos diseñado por Jack Nicklaus. Está previsto ampliarlo hasta 18 hoyos.

▶ Crans es seguramente el mejor ejemplo de campo en el que el mapa del recorrido o sus estadísticas reflejan poco la experiencia golfística.

FICHA DEL CAMPO

Hoyo	Distancia (metros)	Par	Hoyo	Distancia (metros)	Par
1	494	5	10	370	4
2	401	4	11	187	3
3	175	3	12	375	4
4	460	4	13	183	3
5	310	4	14	544	5
6	296	4	15	472	5
7	303	4	16	316	4
8	160	3	17	353	4
9	575	5	18	369	4
Ida	3.174	36	Vuelta	3.169	36
			Total	6.343	72

▶▶▶ Campos 82–89

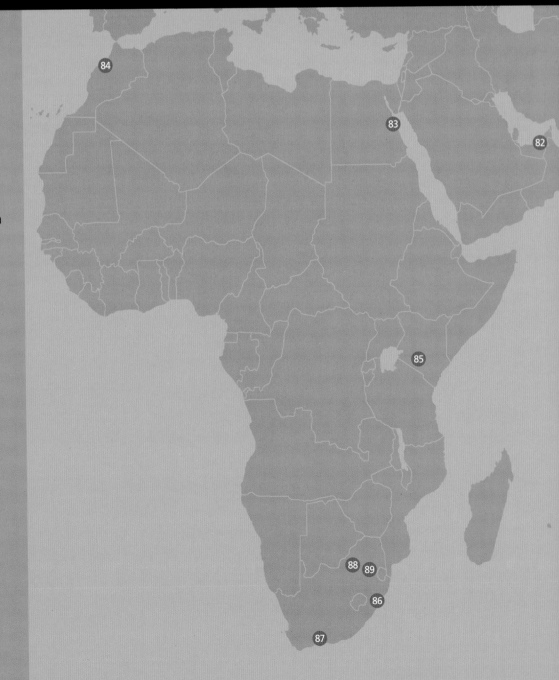

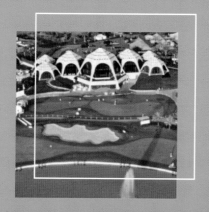

▶▶▶ Oriente Próximo y África

Puede que el golf de resort sea nuevo en Oriente Próximo y África, pero hace mucho que se juega a golf en estas regiones. El gran problema para África –a excepción del sur– es el clima. La hierba no crece en los climas áridos de África del Norte y Oriente Próximo, sólo en las zonas cálidas y húmedas del ecuador, donde es imposible cultivar variedades de calidad.

Antes, los golfistas improvisaban soluciones, como llevar una alfombra encima. Se podía clavar un tee en ella para ejecutar el drive y regalarse un lie perfecto para los golpes siguientes. Los greenes suponían un problema más serio, y la solución fue crear greenes de arena compacta tratada con aceite para que no se desmoronasen. Así se lograba una superficie de putt sólida y fácil de reparar. Este tipo de greenes siguen en uso en muchos lugares y eran habituales en los estados del sur de Estados Unidos hasta que los científicos desarrollaron variedades de hierba capaces de ofrecer una superficie de calidad incluso con un calor abrasador.

En Oriente Próximo, el agua necesaria para cultivar la hierba resulta más cara que el petróleo.

Emirates

Majlis Course, Emirates Golf Club, Dubai, Emiratos Árabes Unidos

El Emirates Golf Club se apodó el «Milagro del desierto» cuando, en 1988, se convirtió en el primer campo de hierba de Oriente Próximo. El jeque Mohammed bin Rashid Al Maktoum, de la familia dirigente de Dubai, donó la propiedad y pidió que el campo reflejase el estado natural del terreno. El diseño de Karl Litten fue un éxito inmediato, con exuberantes calles de hierba *bermuda* de un estilo que suele asociarse con el Augusta National que protegió con las dunas naturales del desierto.

El campo no sólo ha conseguido traer hierba al desierto, sino también numerosos obstáculos acuáticos. El agua desalada se transporta hasta el campo desde unas instalaciones cercanas a costa de un gasto tecnológico elevadísimo. Si ya es todo un logro que se haya construido un campo de golf en un entorno tan inhóspito, el hecho de que el resultado sea excelente lo hace merecedor de la consideración de milagro.

Reconocimiento instantáneo

La calidad del campo fue apreciada de inmediato cuando el Tour Europeo escogió el Majlis para el Dubai Desert Classic un año después de su inauguración. Así que el recorrido ya tiene una historia considerable a pesar de su juventud. El espectáculo se concentra en el hoyo 18, un par 5 largo que rodea un lago. Se puede ir a lo seguro, pero existe la tentación de cortar la curva, que puede llevar al agua. Luego, el approach tiene lugar sobre otro tramo de agua que ha devorado los golpes errados de más de un gran jugador. Tanto Ian Woosnam como Tiger Woods perdieron el torneo cuando tenían la victoria casi asegurada al caer al agua con sus approaches en el 18. Pero es un hoyo que compensa si se juega bien. Así lo demostró Ernie Els, que golpeó un majestuoso hierro 6 hasta 7 metros y embocó el putt para lograr un eagle y adjudicarse la victoria por un golpe en 2005.

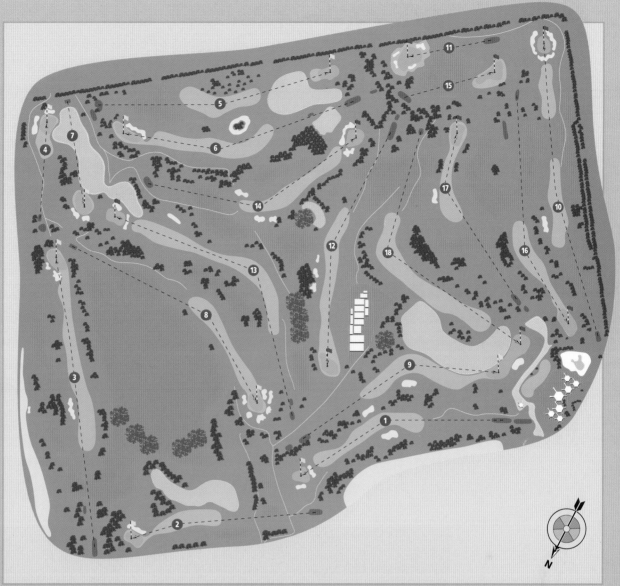

▶ Ernie Els ostenta el récord del campo con 61 golpes, que le ayudó a lograr la victoria en el Dubai Desert Classic de 1994. También ganó en 2004 y 2005.

▶ Tiger Woods ganó el Dubai Desert Classic de 2008 firmando sólo 31 golpes en los nueve de vuelta para atrapar y derrotar a Els en la vuelta final.

IZQUIERDA *El nexo de unión entre el verdor de las calles y los greens y la franja de desierto es la magnífica casa-club, que recuerda a las tiendas de los beduinos.*

FICHA DEL CAMPO

Hoyo	Distancia (metros)	Par	Hoyo	Distancia (metros)	Par
1	419	4	10	502	5
2	321	4	11	155	3
3	485	5	12	427	4
4	172	3	13	503	5
5	399	4	14	397	4
6	443	4	15	165	3
7	168	3	16	389	4
8	397	4	17	328	4
9	423	4	18	500	5
Ida	3.227	35	Vuelta	3.366	37
			Total	6.593	72

Igual que el 18, muchos hoyos requieren nervios de acero y precisión para jugar sobre los pintorescos lagos, pero el hoyo más atractivo es el impresionante 8. La calle gira alrededor del desierto en este difícil par 4, generando una vista cautivadora desde el tee con una calle de un verde exuberante recortada sobre los matojos del desierto. Igualmente bonito es el golpe de approach, que se juega hasta un green en alto con la espectacular casa-club de fondo.

El club social aparece como una visión extraordinaria. De cemento y cristal, recuerda a una tienda beduina y es un telón de fondo estupendo para un campo de golf. La hospitalidad es motivo de orgullo y se hace extensiva más allá de la casa-club. Se cuida a los golfistas también sobre el campo, donde se han construido cabañas con aire acondicionado donde se ofrecen refrescos; al fin y al cabo, esto es el desierto y las temperaturas oscilan entre los 30 y los 50 grados.

En 2006, el segundo campo de 18 hoyos, el Wadi, fue rediseñado por Nick Faldo. Este campo también es atractivo e incorpora el *wadi* (del árabe «valle») en el diseño lo que, junto a los búnkeres característicos de Faldo, genera un recorrido interesante que exige una gestión disciplinada del campo.

The Cascades

The Cascades

The Cascades Golf & Country Club, Bahía de Soma, Egipto

Cuesta creer que, hasta hace poco, este idílico campo fuera una base militar egipcia testigo del conflicto armado con Israel; de hecho, antes de comenzar la construcción del campo hubo que retirar las minas terrestres. Afortunadamente, esos días han quedado atrás y el Cascades de hoy, que se terminó en 1999, es uno de los lugares más apacibles que puedan imaginarse.

Las calles con el mar Rojo de fondo y los lagos en forma de cascada realzan el ambiente zen del lugar. El resort de cinco estrellas está diseñado con la relajación como premisa, con unas grandes instalaciones de spa. También es famoso por el submarinismo, ya que las aguas del mar Rojo son extraordinariamente cristalinas. Parece estar a años luz de los siniestros barracones que ocuparon anteriormente esta zona.

Aun así, la complejidad del campo no permite relajarse del todo. Como en muchos campos de desierto, Gary Player hizo un uso efectivo de las dunas como defensa natural ante golpes desviados –Player fue uno de los mejores jugadores de búnkeres de todos los tiempos–, pero también hay lagos influyentes en un par de hoyos. El mar Rojo ofrece un bonito telón de fondo para el green del 4, con una perspectiva atractiva desde el tee en alto, pero también entra directamente en juego en cuatro hoyos. Situado en una lengua de tierra que se adentra en el mar, el hoyo 5 es el más emblemático. Es un par 3 de longitud media jugado sobre un búnker continuo hasta el green. El viento dominante añade distancia a un golpe ya de por sí desalentador.

DERECHA *El green del 4 y, más atrás, el hoyo 5, donde varios tees permiten a jugadores de todos los niveles disfrutar del desafío del hoyo emblemático del campo.*

FICHA DEL CAMPO

Hoyo	Distancia (metros)	Par
1	389	4
2	561	5
3	390	4
4	401	4
5	189	3
6	310	4
7	351	4
8	174	3
9	494	5
Ida	3.259	36
10	439	5
11	389	4
12	325	4
13	500	5
14	170	3
15	327	4
16	168	3
17	430	4
18	389	4
Vuelta	3.137	36
Total	6.396	72

Belleza del desierto

Vistas impresionantes acompañan cada hoyo. Cascadas, cadenas de montañas, el mar y calles exuberantes hacen que este campo sea inconfundible. Se construyó con una gran variedad de hoyos. Teniendo en cuenta la ubicación del recorrido, habría sido muy fácil diseñar cada hoyo con pequeñas variaciones y dejar que las vistas hicieran lo demás. Pero aquí la diversidad es máxima.

El hoyo 2 es un par 5 potente, con búnkeres de calle bien colocados para hacer meditar el segundo golpe. Hay un par de hoyos cortos de dos golpes que están bien, incluido el 6 que, con 310 metros desde el tee más atrasado, permite alcanzar el green en un golpe pero exige buenos nervios; un slice muy marcado se perdería en el océano. La gestión del campo es clave para acertar en muchos hoyos, porque el uso eficaz de los búnkeres (e incluso una calle partida en el 12) requiere la elección de una trayectoria según las propias habilidades.

Gary Player también diseñó el segundo campo del club, de nueve hoyos pares 3. Como es de suponer, es abundante en hoyos cortos bien diseñados. Pero hay que tener cuidado. Lo que parece una forma perfecta de relajarse una tarde al sol puede echarse a perder en el difícil hoyo 9, de 141 metros, en el que hay que sobrevolar un lago hasta un pequeño green en isla.

▶ Éste es el primer campo de campeonato diseñado en la región del Golfo por uno de los «tres grandes»: Arnold Palmer, Jack Nicklaus y Gary Player.

▶ Hurghada, la ciudad más próxima, fue en su día una empobrecida villa pesquera. El resort la ha convertido en un centro turístico de primer orden.

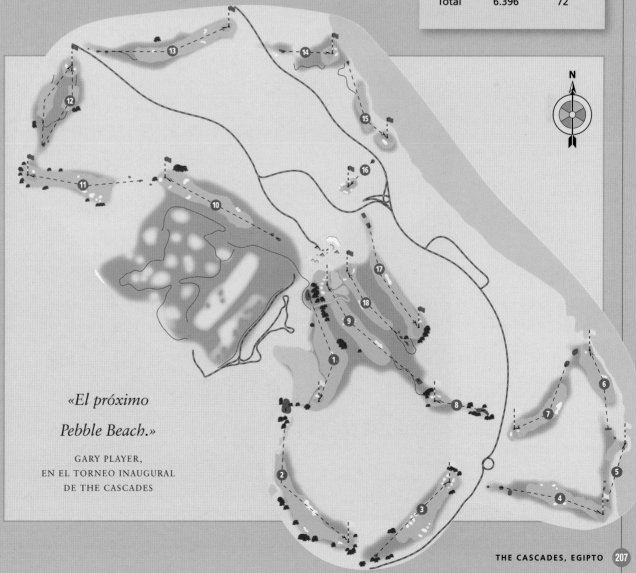

«El próximo
Pebble Beach.»

GARY PLAYER,
EN EL TORNEO INAUGURAL
DE THE CASCADES

Royal Dar Es Salam

Royal Dar Es Salam

Red Course, Royal Golf Dar Es Salam, Rabat, Marruecos

En una ocasión, el diseñador de campos de golf Robert Trent Jones dijo: «El rey es un chiflado del golf, por decirlo suavemente». Se refería a Hassan II de Marruecos, que le contrató para construir 45 hoyos en Rabat entre 1970 y 1974. África del Norte es un lugar de grandes contrastes, especialmente entre ricos y pobres. El golfista con sensibilidad no puede dejar de sentirse muy privilegiado por jugar en Royal Rabat, porque esto es mucho más que un simple oasis. Es una maravilla horticultural. Si estos campos hubieran existido en la Antigüedad, habrían podido hacer sombra a los jardines colgantes de Babilonia en la lista de las Siete Maravillas del Mundo.

Trent Jones no dejó su sello personal en el mundo del golf por ser tan prolífico, sino por *construir* campos en el sentido de mover miles y miles de toneladas de tierra. En Rabat, Jones dispuso de un terreno abundante en alcornoques. En el campo todavía quedan muchos y el golfista impreciso enseguida descubre su capacidad de frenar bolas. Los golfistas que tengan la suerte de jugar aquí descubrirán calles inmaculadas, greens con una manicura perfecta, lagos y estanques profundos y azules, y flores naturales que destacan entre el espeso raf.

El Red Course es exigente y largo, con tres de los pares 3 por encima de los 180 metros y todos los pares 4 –a excepción de dos– con más de 360 metros. Sin embargo, los buenos jugadores deben ver el hoyo 10, de sólo 440 metros, como una opción obligatoria de birdie (y, posiblemente, de eagle). Y los buenos jugadores han sido abundantes en estas calles, porque el Open de Marruecos formó parte del Tour Europeo durante muchos años. El récord de Howard Clark de 66 golpes en este campo, logrado en 1987, se ha visto a menudo amenazado, pero nunca superado.

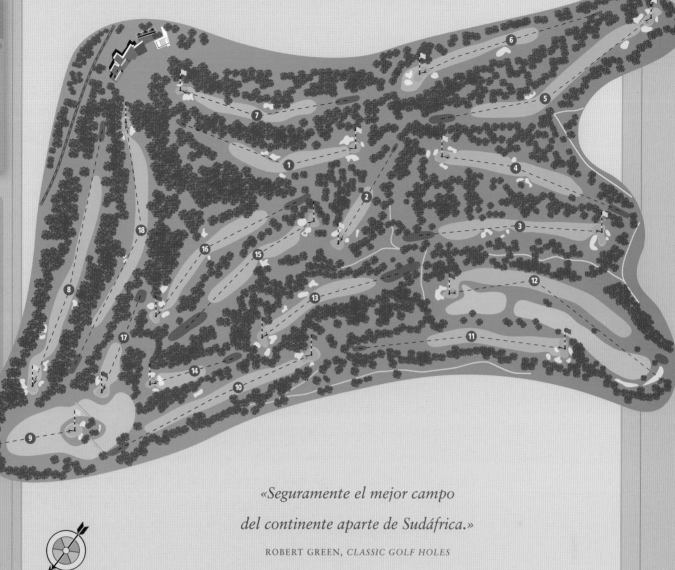

▶ Robert Trent Jones y el rey Hassan II se hicieron amigos y, en 1971, cuando Jones asistió al cumpleaños del monarca en un palacio con un campo de golf, se fraguó una intentona de golpe de estado. El golpe falló, pero a Jones lo tuvieron a punta de bayoneta un par de horas. No es algo habitual para alguien que se dedica a construir campos de golf pero es una buena anécdota.

IZQUIERDA *Todo parece muy tranquilo y agradable, pero este green en isla, el del 9, está totalmente rodeado de agua y no es un objetivo fácil desde el tee más atrasado.*

«*Seguramente el mejor campo del continente aparte de Sudáfrica.*»

ROBERT GREEN, *CLASSIC GOLF HOLES*

FICHA DEL CAMPO

Hoyo	Distancia (metros)	Par	Hoyo	Distancia (metros)	Par
1	366	4	10	440	5
2	212	3	11	427	4
3	405	4	12	481	5
4	369	4	13	351	4
5	518	5	14	188	3
6	402	4	15	358	4
7	384	4	16	388	4
8	532	5	17	207	3
9	172	3	18	505	5
Ida	3.360	36	Vuelta	3.345	37
			Total	6.705	73

Approach castigador

La filosofía de Jones es castigadora. O se está en el punto ideal de la calle para atacar los bien defendidos greenes o se sufre por lograr un golpe de rescate milagroso. Por ejemplo, el hoyo 1 tiene una calle estrecha que gira a la izquierda junto a una avenida de robles. Si ya es difícil manipular el golpe desde el tee para tomar la curva, dos grandes búnkeres estrechan la calle en un punto realmente complicado. De hecho, los búnkeres de la zona de aterrizaje son un elemento recurrente de toda la vuelta. Jones espera que se ejecute el drive con una precisión máxima y mucha distancia o bien que se cumpla el castigo.

Tampoco es más fácil alrededor de los greenes, basta con ver los búnkeres del 16. Tras salvar el búnker que espera el drive, hay que superar otro búnker que queda frente al green en línea directa, evitar los que hay a ambos lados y detener la bola en una superficie de putt plana. De hecho, hay búnkeres en todos los greenes y en casi todas las calles de las zonas de aterrizaje.

Karen

Karen Country Club, Nairobi, Kenia

Más allá de los aciertos y los errores de la colonización de África, en el continente queda un legado que resulta más evidente en Kenia que en ningún otro país africano: una infraestructura de golf. La geografía y el clima de Kenia son aptos para el cultivo del té y del café, y muchos de los clubes se fundaron a principios del siglo xx de la mano de propietarios de plantaciones y agricultores. Los campos de golf no quedaron confinados en una región concreta, sino que están repartidos por todo el país.

ABAJO *A 1.650 metros de altitud, el golf de Karen no resulta tan caluroso como cabría esperar. Aquí, unos golfistas patean en el green del 12.*

Primero llegó el Nairobi Golf Club, que empezó con un campo de nueve hoyos en 1906. Recibió el calificativo «Royal» de manos del rey George V y hoy es un gran campo de 18 hoyos. Luego llegarían los campos de interior, con el pionero Nyeri en 1910. La costa del océano Índico también era prometedora para el golf, y el Mombasa Golf Club data de 1911. No muy lejos estaba el primitivo campo Kiisi (1914), entre la parte occidental del Gran Valle del Rift y el lago Victoria. Pero quizá el más notable sea el Nandi Bears Club, creado por un grupo de cultivadores de té. Afortunadamente, la industria del turismo de golf está floreciendo en Kenia y los visitantes disfrutan de un juego magnífico en un entorno maravilloso.

Orígenes literarios

La esencia de Kenia en los años previos a la Segunda Guerra Mundial quedó reflejada en la novela *Memorias de África*, de la baronesa Karen von Blixen. En una parcela de su antigua plantación de café, en la zona que hoy se conoce como Karen, se construyó uno de los mejores campos keniatas en 1930. El Karen Country Club fue el resultado del trabajo de un joven banquero, Remi Martin, que se encargó de comprar el terreno para el campo, montar la empresa que debía construirlo y diseñar el proyecto, que tenía que resultar especialmente atractivo a los inversores porque el campo de golf iba a tener greens de hierba –no «marrones»–, por

▶ Durante los primeros años del club, entre los obstáculos naturales había cobras (una interrumpió la inauguración oficial del club en 1937), babuinos, cebras, antílopes y, sobre todo, leones.

DERECHA *Un incendio destruyó la casa-club en 1977 y casi llevó al cierre del club. Se sustituyó por una edificación que recuerda a un pabellón de caza.*

aquel entonces algo inédito en Kenia. Semejante inversión dio lugar a un campo que se conserva en buenas condiciones, tanto como para acoger el Open de Kenia anual del European Challenge Tour.

El campo de golf de Karen es tan bonito como una fotografía, y es rico en flora y fauna gracias a una política activa de conservación y promoción de la naturaleza y los pantanos. En todas partes reina el color y la belleza. Además, a la hora de jugar plantea una variedad considerable de retos.

El campo conserva la estructura de siempre y aproximadamente la misma longitud que hace 30 años. No ha sido necesario alargarlo en exceso para plantar cara a los jóvenes profesionales de hoy. Lo único que se ha hecho es bajar el par de 72 a 71, haciendo que uno de los pares 5 de los socios (el hoyo 3) se juegue como par 4 en torneos. Otro par 5 original es el 2, un hoyo exigente que gira casi en ángulo recto a la distancia de un drive decente.

FICHA DEL CAMPO

Hoyo	Distancia (metros)	Par
1	320	4
2	530	5
3	492	4
4	354	4
5	186	3
6	447	4
7	169	3
8	351	4
9	405	4
Ida	3.254	35
10	331	4
11	361	4
12	275	4
13	418	4
14	125	3
15	513	5
16	178	3
17	419	4
18	511	5
Vuelta	3.131	36
Total	6.385	71

Durban Country Club

Durban Country Club, Durban, Natal, Sudáfrica

El Durban Country Club es una de las grandes instituciones del golf de Sudáfrica. Ha albergado 16 Open de Sudáfrica, más que ningún otro club del país y, en general, el mundo del golf lo considera uno de los pocos campos de auténtica talla mundial de la región y, por lo tanto, de todo el continente africano.

Se creó en 1922 porque el Durban Golf Club (posteriormente Royal Durban) estaba en malas condiciones, anegado por el agua y con pocas perspectivas de mejora inmediata. Para el nuevo Durban Country Club se buscó un terreno con buenas condiciones de drenaje, elevado, arenoso y con vistas al océano Índico. Dos buenos golfistas sudafricanos, George Waterman y Laurie Waters, diseñaron el campo de forma que aprovechase al máximo el potencial de los dos tipos de suelo a su disposición: las dunas, expuestas al viento del océano, y una zona más baja, plana y parcialmente boscosa. Aunque con los años han habido cambios inevitables, en general el recorrido y la naturaleza del campo se han mantenido extraordinariamente intactos y dan testimonio del sólido diseño de Waterman y Waters.

El factor viento

No es raro escuchar a los golfistas de St. Andrews o Lahinch describiendo las condiciones del campo de esta forma: «Hoy hace un viento de tres palos». Esto quiere decir que el viento tiene tanta fuerza que lo que normalmente se jugaría con un hierro 6 será hoy un hierro 3 o un 9, dependiendo de si el golpe es con el viento en contra o a favor. El viento que afecta a Durban puede ser igual de extremo y variar muchísimo en cuestión de un par de horas. Waterman y Waters pusieron toda la carne en el asador para que su recorrido fuese practicable con semejantes vientos y no permitiese puntuaciones muy bajas en los días calmados. Para apreciar el buen hacer de estos diseñadores hay que jugar el campo bajo distintas condiciones de viento.

FICHA DEL CAMPO

Hoyo	Distancia (metros)	Par
1	354	4
2	172	3
3	468	5
4	166	3
5	420	4
6	322	4
7	340	4
8	458	5
9	397	4
Ida	3.097	36
10	512	5
11	439	4
12	143	3
13	310	4
14	482	5
15	177	3
16	381	4
17	367	4
18	251	4
Vuelta	3.062	36
Total	6.159	72

▶ Gary Player registró un récord de 273 golpes en el Open de Sudáfrica de 1969 en Durban. Esta puntuación fue igualada en 1998 por Ernie Els.

ARRIBA DERECHA *El Durban Country Club durante un torneo. Un pequeño grupo de espectadores se reúne en el green del 1.*

IZQUIERDA *El golf de costa en su versión más divertida: las grandes ondulaciones del hoyo 18 son el elemento clave de un par 4 corto tan bueno.*

Algunos de los mejores hoyos llegan al principio de la vuelta, con un hoyo de apertura que exige un golpe sólido. Hay un fuera de límites a la derecha, una calle inclinada, un approach cuesta arriba hasta el green y muchos problemas a ambos lados de la superficie de putt. El 2 es un hoyo corto con buenas vistas del océano. Muchos consideran el 3, que requiere un golpe muy recto, como uno de los mejores pares 5 del mundo. El 4 se juega cuesta abajo, desde las dunas hasta un green situado en una zona baja, y el 5 es un hoyo muy difícil de dos golpes con una calle ondulada.

En el hoyo 8 se vuelve brevemente a las dunas, pero los dos hoyos finales son los que hacen un mayor uso de ellas. El 17 es atractivo y se juega a lo largo de un valle con calles onduladas y un green en alto. En teoría, el 18 permite alcanzar el green desde el tee, pero si no se consigue y la ansiedad por conseguir distancia lleva a un pull o un push, es muy probable que el viento arruine el hoyo al golfista.

«El jugador no lo ve todo de entrada, sino que disfruta de la emoción de las expectativas y la incertidumbre.»

BOB GRIMSDELL, DISEÑADOR DE CAMPOS DE GOLF

Fancourt

The Links at Fancourt, Fancourt Hotel and Conuntry Club Estate, George, Sudáfrica

El 23 de noviembre de 2003, el Links albergó uno de los más grandes duelos del golf. En la President's Cup, el equipo de Estados Unidos y el Internacional habían empatado. Cada equipo seleccionó a un jugador para un enfrentamiento cara a cara, golf a muerte súbita. Unos 800 millones de personas en todo el mundo vieron a Ernie Els y a Tiger Woods luchando por la copa a medida que caía la noche en este pintoresco campo.

Con los dos primeros hoyos empatados, ambos jugadores encararon sendos putts para salvar el par en el tercer hoyo del play off. Tiger embocó desde 4,5 metros, dejando que el putt de Els a 2,5 metros mantuviera vivo el partido. Els se sobrepuso a la presión y embocó. El capitán rival, Jack Nicklaus, le dijo más tarde: «No había nadie en el mundo que quisiera verte fallar ese putt». Finalmente, Nicklaus y Player acordaron aceptar el empate y compartir la copa.

Diseñado por Gary Player, este hermoso campo se extiende entre montículos a los pies de las montañas Outeniqua, aunque las dunas generan una experiencia tipo links.

Estos montículos parecen naturales, ya que están muy equilibrados con relación a las montañas que los rodean, pero en realidad son fruto de un masivo movimiento de tierra. De hecho, desde los túmulos a la derecha del hoyo 13 se ve el terreno de labranza plano que refleja el estado natural del terreno. Sin embargo, natural o no, el campo se juega como un links. Los montículos envuelven las calles y unos búnkeres redondos y fieros protegen greens complicados.

ABAJO *La casa-club de Fancourt refleja el ambiente de la Manor House, el centro del resort, donde la buena comida está a la orden del día.*

Riesgo y recompensa

El campo presenta los elementos clave del diseño de Player: riesgo y recompensa, y juego para todos los niveles. Los jugadores de golpe potente pueden ejecutar drives largos en la mayoría de los hoyos, y más de uno se sentirá tentado de alcanzar el green desde los dos pares 4 cortos, el 6 y el 14. Los drives deben ser perfectos porque el diseño inteligente de los hoyos incluye grandes búnkeres redondos y dunas con raf espeso que esperan atrapar los golpes desviados.

La variedad de tees mantiene el interés en todo tipo de golfistas, de modo que un jugador de golpe largo y otro de golpe corto pueden vivir un enfrentamiento interesante. Algunos campos suelen ser estrechos para el jugador largo o largos para el jugador corto. El diseño de Player hizo este campo perfecto para la President's Cup, porque un jugador puede buscar la seguridad en la calle y dejar a su compañero las líneas más agresivas.

El largo hoyo 15, par 4, recuerda al 18 de Sawgrass, girando alrededor de los pantanos. Sin embargo, un hoyo que no tiene el reconocimiento que merece es el 17, par 3. Con un arroyo separado por un muro en el lado izquierdo, la mayoría de los golfistas optan por jugar a la derecha, preparándose un chip difícil hasta un green muy rápido. Los árboles tras el green añaden confusión respecto a la dirección del viento. Entonces lo mejor es pedir ayuda a los caddies de Fancourt, unos de los mejores del mundo.

LOS CUATRO CAMPOS DE FANCOURT

El Links es el campo de más alto nivel de los cuatro de Fancourt. El Montagu ha sido reformado recientemente por David McClay Kidd, diseñador de Bandon Dunes (Oregon, EE. UU.), y el Outeniqua es un diseño de Gary Player de 6.400 metros. Para jugar en estos recorridos hay que alojarse en el resort. El campo abierto al público es Bramble Hill, diseñado por Player para «golfistas de todos los niveles».

FICHA DEL CAMPO

Hoyo	Distancia (metros)	Par
1	362	4
2	216	3
3	429	4
4	452	4
5	502	5
6	312	4
7	435	4
8	185	3
9	557	5
Ida	3.450	36
10	373	4
11	147	3
12	440	4
13	487	5
14	330	4
15	436	4
16	534	5
17	170	3
18	563	5
Vuelta	3.480	37
Total	6.930	73

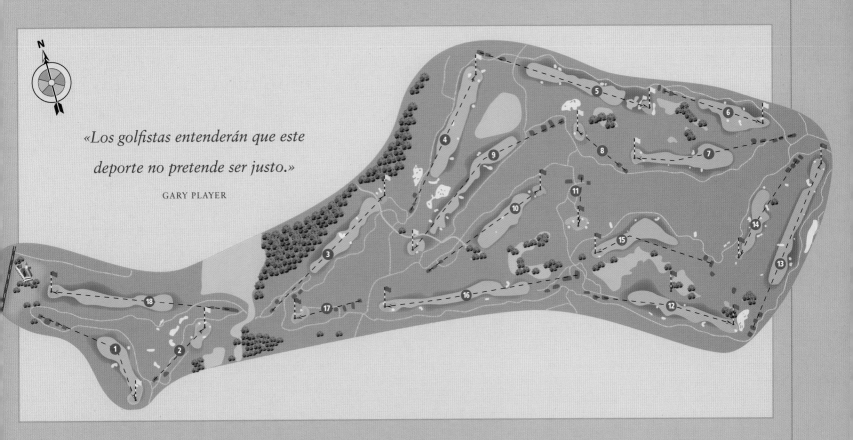

«Los golfistas entenderán que este deporte no pretende ser justo.»

GARY PLAYER

Fancourt

UN BUEN TRABAJO

Para dotar al campo del carácter links adecuado, Player (de quien se dice que es el deportista con más viajes a la espalda del mundo) visitó distintos recorridos links de Escocia e Irlanda. Player dijo acerca de Fancourt: «Se ha diseñado para que los golfistas se sientan como si estuvieran en Ballybunion, Dornoch o St. Andrews, con calles onduladas, búnkeres redondos, grandes greenes, raf alto y aspecto de campo de costa».

ARRIBA *El 17, aquí visto desde la izquierda del tee, se considera uno de los pares 3 más difíciles de los tres campos. Los montículos y las hondonadas diseñados para proporcionar al campo un aspecto links auténtico se ven claramente al fondo.*

DERECHA *La clave para crear una experiencia de juego tipo links es que las ondulaciones artificiales tengan la escala adecuada para no quedar abrumadas por las montañas que se ven al fondo, como bien demuestra aquí el hoyo 12.*

Gary Player Country Club

Gary Player Country Club, Sun City Resort, Sudáfrica

Gary Player es uno de los rivales más fuertes. Se adjudicó su primer «grande» a los 23 años, fue el primer golfista que no era norteamericano en ganar el Masters y, además, el que lo consiguió a una edad más temprana, con 29 años. Pero, cuando el «caballero negro» llegó al terreno en el que debía crear este campo en 1978, estuvo a punto de tirar la toalla. Player tenía instrucciones de construir un campo capaz de albergar el torneo de golf más caro del mundo, que tendría lugar en el Sun City Resort, un complejo al estilo de Las Vegas. Pero el lugar no se prestaba exactamente para el golf.

Para empezar, el lugar elegido era un antiguo volcán. El terreno es rocoso y árido y, lamentablemente, no hay agua corriente. En comparación, que la zona estuviera atestada de ganado, estiércol y cercos de alambre de espino era un problema menor. Por si esto fuera poco, había que sumar la dificultad de combinar en un mismo campo un recorrido de campeonato capaz de poner a prueba a los mejores golfistas del mundo y un recorrido de resort apto para golfistas amateurs. Pero los responsables de resorts de esta talla no se rinden fácilmente y el presupuesto adecuado permitió al equipo de Player mover toda la tierra necesaria.

Tees múltiples

La solución de Player fue realizar cambios eficaces en la distancia del campo con múltiples tees, de modo que los búnkeres de calle que amenacen al jugador de handicap alto también afecten al juego de Ernie Els jugando desde los tees más atrasados. Aunque este campo es uno de los más largos del mundo desde los tees de campeonato con 7.164 metros, los diferentes tees permiten cambiar la longitud en función de las necesidades. Naturalmente, la altitud hace que el campo no se juegue tan largo como indica la ficha, pero hay algunos hoyos de dos golpes con bastante sustancia.

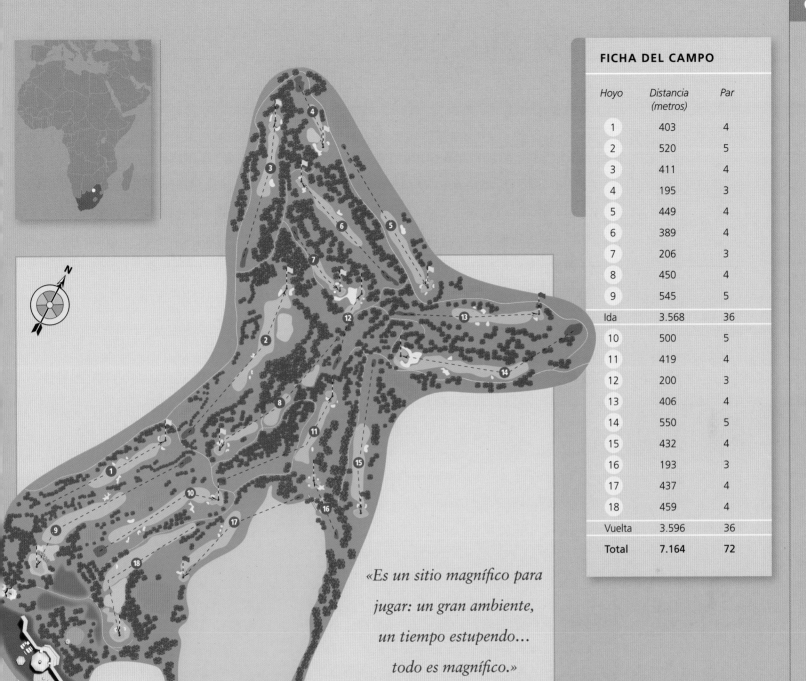

FICHA DEL CAMPO

Hoyo	Distancia (metros)	Par
1	403	4
2	520	5
3	411	4
4	195	3
5	449	4
6	389	4
7	206	3
8	450	4
9	545	5
Ida	3.568	36
10	500	5
11	419	4
12	200	3
13	406	4
14	550	5
15	432	4
16	193	3
17	437	4
18	459	4
Vuelta	3.596	36
Total	7.164	72

«Es un sitio magnífico para jugar: un gran ambiente, un tiempo estupendo... todo es magnífico.»

JUSTIN ROSE

▶ «El 18 es uno de los mejores hoyos finales que juego durante el año. Me encanta: el público, el lago… Este hoyo parece mejorar cada año.» (Ernie Els)

IZQUIERDA *Player describió el hoyo 9 como «un par 5 heroico, aunque normalmente lo preparen para que los jugadores lleguen al green en su segundo golpe».*

La posibilidad de que los profesionales jueguen una versión acortada del campo hace que el diseño de riesgo y recompensa se aproveche al máximo. El mejor ejemplo es el hoyo 9. Aunque mide 545 metros desde los tees más atrasados, suele jugarse desde los más adelantados –el golfista medio juega este par 5 a 464 metros– y ha de jugarse en corto a causa de un ligero dogleg. Un buen drive animará a buscar el green en dos golpes para preparar un birdie, pero el green es más receptivo al golpe de un hierro corto y puede que no retenga una madera de calle. Los greenes contorneados ofrecen gran variedad de posiciones de bandera.

Gary Player dijo una vez: «Si soy uno de los grandes es por la sencilla razón de que nunca me ha asustado un golpe de búnker y nunca me asustará». Con su talento, no sorprende que hiciera un buen uso de los búnkeres de calle y de green. También es importante su énfasis en la precisión. Los drives pobres encuentran matorrales espesos, los greenes rápidos no aceptan los approaches desde el raf y sus severos contornos hacen rodar hasta el exterior las aproximaciones mediocres. Aunque el campo puede ser brutal, sobre todo en el gran hoyo 8, par 4, y el crispante 18, el recorrido es justo y el jugador astuto y preciso suele salir airoso.

Leopard Creek

Leopard Creek Country Club, Malelane, Mpumalanga, Transvaal, Sudáfrica

Leopard Creek es un club situado en la sabana africana de carácter exclusivo, hasta el punto de que sólo se puede ser socio por invitación. Pero Leopard Creek saltó a la escena pública con el Alfred Dunhill Championship de 2007, cuando Ernie Els, que parecía ir camino de la victoria por cuarta vez en este torneo, mandó dos bolas seguidas al agua que rodea el último green, terminó con un 8 y regaló el trofeo al inglés John Bickerton, un golfista prácticamente desconocido.

El responsable de Leopard Creek fue Johann Rupert, quien contrató al sabio sudafricano Gary Player para crear su campo soñado. A Player no le era ajeno este entorno, porque ya había diseñado recorridos de campeonato como el del Gary Player Country Club en Sun City. Sin embargo, en Leopard Creek había que superar dificultades especiales: las del Parque Nacional Kruger, su hábitat y sus habitantes. Naturalmente, la cuestión iba más allá de evitar que los fertilizantes y los pesticidas contaminaran las cristalinas aguas del parque. Rupert quería que sus huéspedes disfrutasen de la fabulosa fauna de la zona pero sin arriesgarse a que un cocodrilo pudiera merendarse a un socio. El diseño tenía que quedar lo suficientemente elevado respecto al río Crocodile como para que los hipopótamos se recrearan en el agua sin preocupaciones y los golfistas se concentraran en el juego sin tener que estar pendientes de una emboscada. El campo abrió sus puertas en 1996 y fue modificado unos años después, cuando se rebajaron algunos tees y greenes, y se eliminó un muro tras el green del 13 para abrir las vistas al entorno.

DERECHA *Actualmente es casi obligatorio ingeniárselas para que los hoyos finales se jueguen con un green en isla, como en Leopard Creek, escenario de los infortunios de Els en 2007.*

Diseño expansivo

Al crear Leopard Creek, Gary Player y su equipo utilizaron tantos elementos naturales como pudieron. Es un campo amplio aunque con golpes muy exigentes, como el drive del hoyo 3. Con búnkeres a la izquierda y árboles a la derecha, la rectitud es esencial. Pero la longitud también es obligada, porque un riachuelo cruza la calle a poca distancia del green. El agua entra en juego en todo el recorrido, sobre todo en los hoyos 9 y 18, que discurren paralelos y tienen sus greenes protegidos por un lago. Para el Alfred Dunhill, estos hoyos se intercambiaron, de modo que el hoyo 18 terminase en un green en isla.

Pero, para espectacular, el hoyo 15, par 5. Bordea un río en todo su recorrido hasta un green colgado sobre un lago con unas vistas impresionantes del parque Kruger y su vida salvaje. Pero la diversión no termina aquí, porque en el corto hoyo 16, el drive se juega por encima del mismo lago hasta un green rodeado casi por completo de agua. El 17 ofrece un raro interludio seco.

▶ Desde el campo hay muchas vistas hermosas del parque nacional Kruger, pero pocas como la del tee en alto del 12, un lugar estratégico desde el que se juega un difícil golpe cuesta abajo hasta un green rodeado de búnkeres.

DERECHA *El green del 13, junto al río Crocodile. Debe de ser uno de los campos más exigentes del mundo en cuanto a concentración teniendo en cuenta la belleza del entorno y la proximidad de la fauna.*

Hoyo	Distancia (metros)	Par
1	383	4
2	496	5
3	410	4
4	390	4
5	150	3
6	292	4
7	197	3
8	439	4
9	495	5
Ida	3.067	36
10	395	4
11	343	4
12	176	3
13	505	5
14	378	4
15	547	5
16	190	3
17	410	4
18	435	4
Vuelta	3.379	36
Total	6.446	72

FICHA DEL CAMPO

«*Jugar mientras oyes gruñir a un hipopótamo o ves un león cerca de la valla es una experiencia única.*»

GARY PLAYER

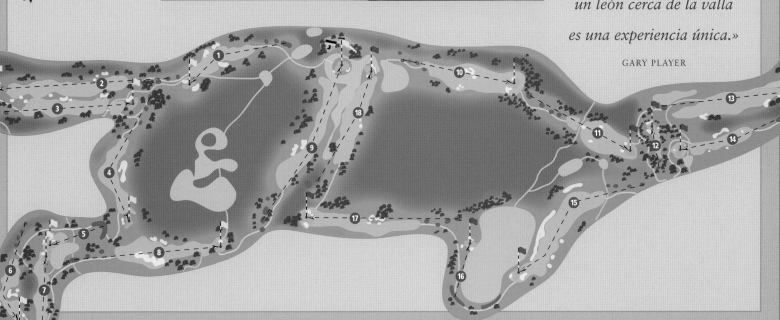

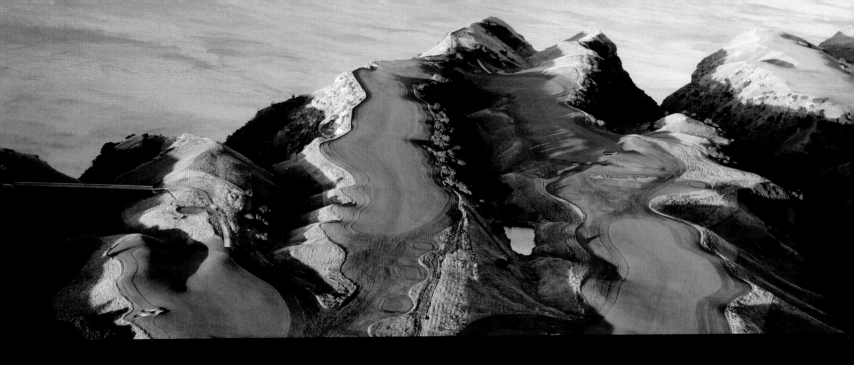

▶▶▶ Campos 90–101

▶▶▶ Asia y Australasia

En Asia, el golf está en eclosión. Sus jugadores son de los más competitivos y exitosos de los circuitos europeo y norteamericano. El turismo asociado crece a un ritmo sin precedentes y se están construyendo muchos campos nuevos. China se ha tomado en serio este deporte y, con ayuda estatal, el golf está en plena expansión. En Mission Hills hay nada menos que 12 campos, el doble que en St. Andrews. Pero no es un tema nuevo, ya que el Royal Calcutta es el club más antiguo del mundo después de las islas británicas. En general, el golf se jugó en colonias europeas o cerca de los grandes núcleos comerciales. Japón, en concreto, apostó por un golf de alto nivel en el período de entreguerras.

Australia y Nueva Zelanda, con sus históricos vínculos con Gran Bretaña, han contado con buenos campos de golf, muchos de ellos de auténtica talla mundial. Igual que en Asia, la construcción de nuevos recorridos ha pisado el acelerador y la calidad de los diseños es tan alta que cualquiera de los 20 campos más modernos podría tener cabida en este libro, aunque hay muchos recorridos clásicos que pueden plantarles cara.

Royal Calcutta

Royal Calcutta Golf Club, Calcuta, India

El Royal Calcutta Golf Club es el más antiguo del mundo después de los británicos y se fundó con el nombre de Dum Dum Golf Club en 1829. Pasaron 12 años más antes de que se creara otro club en India, el Mumbai. Ambos clubes promovieron la expansión del golf en el subcontinente. De hecho, Royal Calcutta (se convirtió en «Royal» a raíz de la visita del rey Jorge V y la reina María a India en 1911) fue tan influyente que ostentaba un estatus similar al del R&A como conservador de las reglas y la etiqueta del golf en el país. El club también creó el Amateur Championship de India.

Bajo dominio británico, Royal Calcutta excluyó a los socios indios. Afortunadamente, esto ya no ocurre, aunque el club aún mantiene un fuerte vínculo con el R&A y con varios clubes británicos. Por desgracia, el campo no pudo conservar los terrenos de sus 36 hoyos originales y tuvo que vender una parte al gobierno de Bengala. Sin embargo, lo que queda constituye un formidable recorrido de 18 hoyos.

Peligros ocultos

A simple vista, Royal Calcutta parece benévolo, con calles planas y pocos búnkeres. Pero lo que el ojo no ve es todo el entramado de lagos y estanques, y las acequias que los comunican, que cruzan todo el campo por debajo del nivel de las calles. Fueron creados cuando hubo que eliminar tierra para formar los greenes y los tees y, como ahora se usan para almacenar agua, se conocen como depósitos. Sus ubicaciones son impredecibles y es habitual verse obligado a sobrevolarlos desde el tee en cualquier hoyo.

Uno de los hoyos más difíciles del campo es el 7, un par 4 sólido que discurre junto al límite del campo. El drive cruza una línea de árboles en dirección a una calle que gira a la izquierda junto al agua antes de verse cortada bruscamente por un depósito. Con la longitud del drive limitada, el segundo golpe ha de ser potente. Otro hoyo interesante en la ida es el 3, que gira a la derecha y obliga a un vuelo serio sobre un depósito para coger la calle.

Royal Calcutta es un campo largo, pero esto se debe en buena medida a que sólo posee dos hoyos cortos.

DERECHA *La espléndida casa-club, que ha sido el hogar espiritual del golf indio desde 1829, sigue destilando un aire de esplendor y formalidad.*

Los pares 5 no son especialmente largos para los estándares actuales, pero los 4 se estiran lo bastante como para hacer trabajar a los hierros medios y largos. Un buen ejemplo es el 10, que implica un segundo golpe por encima del agua hasta un green en forma de pera. Y la cosa sigue igual, depósito tras depósito, hasta que, de repente, el último hoyo se presenta libre de agua. Aunque todo indica que debe de haber algún otro depósito oculto que espera devorar algún golpe incauto ante el green, no es así, ya que sólo hay un búnker de calle y un par de búnkeres junto al green acechando a los despistados.

▶ La Cashmere Cup, presentada por el Royal Calcutta Golf Club al R&A en 1882, fue el trofeo para el primer torneo handicap del mundo, ahora conocido como Calcutta Cup.

DERECHA *Estas cabras se protegen del sol en un búnker de Royal Calcutta. Los rebaños de ovejas que buscaban resguardarse del viento crearon muchos de los primeros búnkeres de Escocia.*

FICHA DEL CAMPO

Hoyo	Distancia (metros)	Par
1	328	4
2	129	3
3	399	4
4	480	5
5	390	4
6	386	4
7	379	4
8	378	4
9	364	4
Ida	3.233	36
10	395	4
11	375	4
12	337	4
13	177	3
14	374	4
15	459	5
16	331	4
17	339	4
18	393	4
Vuelta	3.180	36
Total	6.413	72

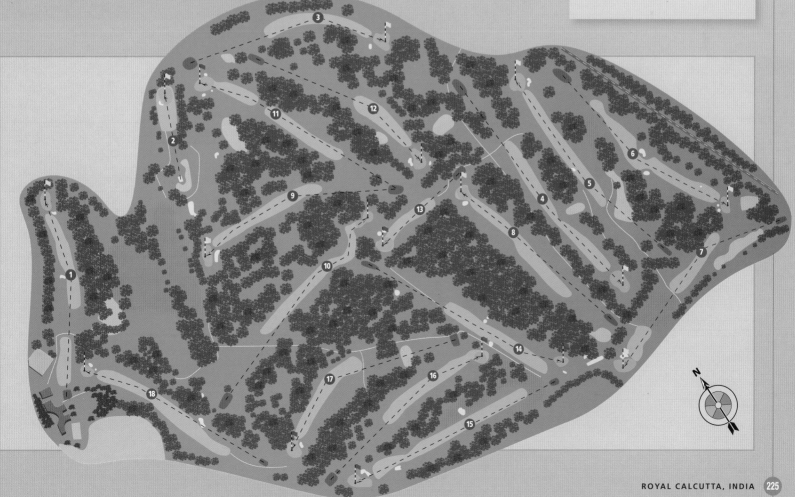

Mission Hills

Mission Hills

Olazábal Course, Mission Hills Golf Club, Shenzhen, China

Con 216 hoyos repartidos en 12 campos, cada uno con el nombre de un gran golfista, Mission Hills ya es uno de los resorts de golf más grandes del mundo. Los nombres, o la mayoría de ellos, traban un poco la lengua: Annika, Duval, Els, Faldo, Leadbetter, Nicklaus, Norman, Olazábal, Ozaki, Pete Dye, Vijay y Zhang Lian Wei. El Nicklaus Course acogió la Copa del Mundo de 1995, la primera ocasión que un campo chino contaba con la confianza de la PGA norteamericana. El torneo volvió en 2007, esta vez para celebrar la primera de las 12 Copas del Mundo que el resort albergará anualmente.

Es asombroso ver cómo China ha abrazado el golf. Está por ver si la construcción de campos y resorts a un ritmo alarmante es bueno para el golf chino, pero el enorme potencial turístico es indudable. Mission Hills tiene a favor el hecho de estar a sólo 20 minutos del aeropuerto de Hong Kong; además, los enlaces de transporte necesarios para hacer viable el tráfico de toda la gente que visita un resort de estas dimensiones son excelentes. Otra gran ventaja es el clima, adecuado durante todo el año como bien saben los jugadores de Hong Kong desde que el golf llegó aquí en 1889.

Largo y con muchos búnkeres

El Olazábal Course fue elegido sede de la Copa del Mundo de 2007. Olazábal nunca ha sido el jugador con el drive más largo (o preciso) del tour, aunque es un jugador de mucho talento con los hierros. Por eso sorprende descubrir que el campo que lleva su nombre es el más largo de los 12 de Mission Hills. En esa ocasión, los ganadores fueron escoceses (por primera vez desde que el torneo empezó como Canada Cup en 1953). Colin Montgomerie y Marc Warren se impusieron un año después de quedar segundos.

El largo hoyo 6, con su calle estrechada en la zona de aterrizaje del drive, es seguramente el más difícil de los pares 4. Como en muchos otros hoyos de este campo, el paisaje de jungla es espectacular. Se puede disfrutar mejor desde los tees en alto del 8, un largo y difícil par 3, y el 9, un par 5 lleno de búnkeres. Olazábal es un jugador de búnker impresionante y esto se refleja en el elevado número de estos obstáculos que hay en el campo, unos 150. Hay muchos en el hoyo 10 y la gran mayoría de ellos se concentran en el lado izquierdo de este par 4 corto pero que se juega cuesta arriba.

Hoy en día, es casi obligatorio ofrecer un hoyo emblemático. En el Olazábal Course, se trata del 15. Es una refriega con el agua que corre por la derecha de la calle y ofrece varias oportunidades a los más valientes (o estúpidos) para recortar el dogleg y convertir un par 5 en un hoyo de dos golpes desafiando a la muerte. Este tipo de hoyo se ha convertido en algo habitual, igual que las imitaciones del hoyo final del TPC de Sawgrass. El último hoyo guarda un parecido asombroso con esta estructura, de nuevo con agua por el lado izquierdo.

▶ Cuando Olazábal visitó este lugar durante su construcción en 2002, le dijeron que su campo y los otros cuatro debían estar terminados en un año. Así fue: 3.000 trabajadores y 600 máquinas se encargaron de ello.

ARRIBA IZQUIERDA *El green del 16 en el Faldo Course guarda un asombroso parecido con el 17 del TPC de Sawgrass.*

ABAJO IZQUIERDA *El imaginativo 6 del Ozaki Course, todo un alarde de creatividad.*

FICHA DEL CAMPO

Hoyo	Distancia (metros)	Par
1	409	4
2	160	3
3	501	5
4	370	4
5	161	3
6	435	4
7	518	5
8	196	3
9	524	5
Ida	3.274	36
10	369	4
11	519	5
12	418	4
13	220	3
14	367	4
15	530	5
16	395	4
17	180	3
18	421	4
Vuelta	3.419	36
Total	6.693	72

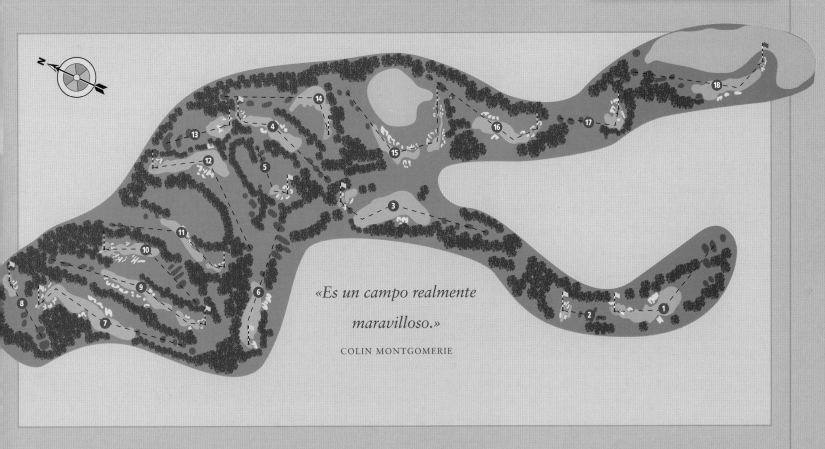

«Es un campo realmente maravilloso.»

COLIN MONTGOMERIE

POSIBILIDAD DE ELECCIÓN

Con 12 campos, los visitantes tienen donde elegir en este impresionante resort. Pese al atractivo del Olazábal Course, muchos querrán probar el Nicklaus Course, que acogió la Copa del Mundo en 1995. Seguramente el recorrido más difícil es el Norman Course, considerado uno de los más complicados de Asia. El Sorenstam Course, diseñado por la primera jugadora que se enfrentó a golfistas masculinos en el PGA Tour, es lo bastante largo para mantener a estos últimos a raya. David Leadbetter tiene fama de ser uno de los maestros más importantes del golf mundial. Pero el suyo no es un campo académico, sino que es tan largo y exigente como los demás.

ARRIBA *En el hoyo 10 del Olazábal Course es mejor quedarse en el lado izquierdo de la calle, bordeando los numerosos búnkeres, para abrir el approach al green.*

DERECHA *La arena también está muy presente en el 15, el hoyo emblemático del Olazábal, pero en la mayoría de los casos los búnkeres salvan la bola de caer al agua.*

Spring City

Mountain Course, Spring City Golf and Lake Resort, Kunming, China

Kunming, en el sur de China, disfruta de un clima ideal todo el año. Spring City, que debe su nombre al clima de la zona, se encuentra a 2.134 metros de altitud, rodeado de montañas y con vistas al lago Yang Zong Hai. Con dos campos de golf, el Mountain, diseñado por Jack Nicklaus, y el Lake, diseñado por Robert Trent Jones Jr., ha entrado en el mercado de los resorts de golf de más alta calidad. Tiene fácil acceso por aire e instalaciones ajenas al golf con todos los lujos que comporta un complejo de este tipo.

El golf en estas circunstancias puede ser idílico, pero el precio es también exclusivo. Se necesitan muchos socios para pagar el mantenimiento de dos campos diseñados por dos grandes nombres; por eso el resort ha construido chalés, casas y apartamentos cuyos residentes se convierten automáticamente en socios del club de golf. Por ello, muchos de los hoyos están rodeados de propiedades que, aunque tienen un diseño atractivo, impiden que los golfistas disfruten a solas de la naturaleza. Dicho esto, el resort ofrece unas vistas y unos momentos magníficos que saborear en cada campo.

EL LAKE COURSE

Robert Trent Jones Jr. pudo decidir en qué parte de la finca construiría su campo. Eligió la zona más baja, pero se encontró con una caída de 46 metros hasta el lago. Para mantener los hoyos razonablemente planos, hay considerables cambios de nivel entre uno y otro a lo largo de la vuelta y, por lo tanto, son necesarios los buggies.

DERECHA *Los búnkeres elaborados son característicos del hoyo 11 del Mountain Course, un par 4 corto entre los hoyos más atractivos del campo.*

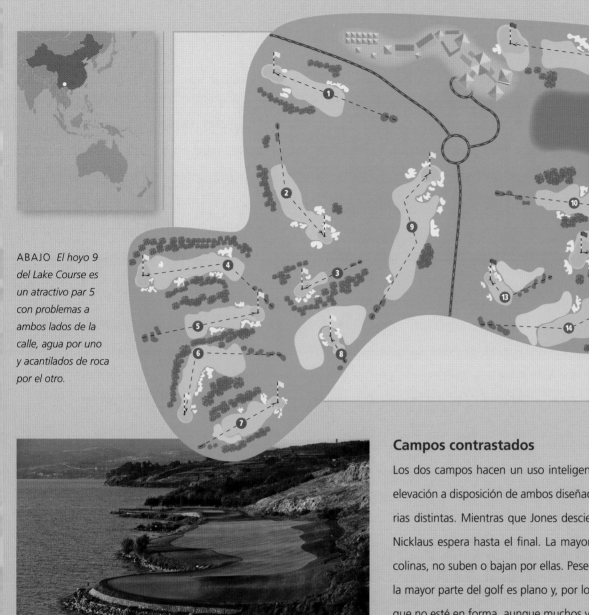

ABAJO *El hoyo 9 del Lake Course es un atractivo par 5 con problemas a ambos lados de la calle, agua por uno y acantilados de roca por el otro.*

FICHA DEL CAMPO

Hoyo	Distancia (metros)	Par	Hoyo	Distancia (metros)	Par
1	410	4	10	400	4
2	413	4	11	354	4
3	165	3	12	524	5
4	549	5	13	187	3
5	421	4	14	346	4
6	394	4	15	574	5
7	380	4	16	177	3
8	142	3	17	409	4
9	546	5	18	425	4
Ida	3.420	36	Vuelta	3.396	36
			Total	6.816	72

Campos contrastados

Los dos campos hacen un uso inteligente de la topografía. Con cambios de elevación a disposición de ambos diseñadores, los recorridos adoptan trayectorias distintas. Mientras que Jones desciende hasta el lago a mitad de vuelta, Nicklaus espera hasta el final. La mayoría de los hoyos discurren junto a las colinas, no suben o bajan por ellas. Pese a la naturaleza accidentada del lugar, la mayor parte del golf es plano y, por lo tanto, poco agotador para el golfista que no esté en forma, aunque muchos visitantes optan por los buggies.

El hoyo 1 de Nicklaus es un buen ejemplo. Se juega junto a un túmulo con una caída al lado derecho de la calle y una pared de roca al izquierdo. Queda a merced del viento y, desde el tee más atrasado, es un hoyo inicial difícil. Cada hoyo dispone de cinco salidas de tees diferentes que marcan una diferencia considerable en la longitud del campo y permiten que puedan jugar golfistas de todos los handicaps. Sin embargo, hay que estar en plena forma en los dos hoyos finales, unos pares 4 largos que se juegan contra el viento, protegidos por búnkeres y con un barranco que corta la calle final a poca distancia del green. Sea cual sea la puntuación, las vistas del lago son impresionantes.

Mientras que Nicklaus sitúa hoyos en todas las direcciones, el de Jones comprende muchos hoyos totalmente paralelos. Inevitablemente, hay colinas altas a ambos lados de la mayoría de los hoyos. En algunos puntos pueden ser intimidatorias, como por ejemplo en el drive del hoyo 11, que exige un golpe muy largo para superar un profundo cañón frente al tee. Este lugar trae consigo la recompensa de unas vistas espléndidas y algunas ubicaciones de greenes apasionantes, como el del 13, con el green colgado del borde de un precipicio.

Kawana

Fuji Course, Kawana Golf Resort, Ito City, Shizuoka, Japón

Un periodista describió Japón como «el país más golfista del mundo». Es cierto, a los japoneses les apasiona su golf. El único problema es que en el país hay tan pocos campos que sólo puede practicar este deporte una pequeña parte de los aspirantes a golfista. Muchos de los mejores campos, como el venerable Hirono, cerca de Kobe, son completamente exclusivos y la mayoría de los golfistas nipones no tiene más remedio que conformarse con leer acerca de ellos. Pero hay una excepción: Kawana.

ABAJO *Un hoyo impresionante para un campo impresionante: el 15, par 5. Se trata de un hoyo estupendo con un green espléndido.*

El Fuji Course de Kawana es uno de los campos más bellos de Asia, sobre todo el precioso hoyo 15, que se desliza sobre unas colinas con vistas a la bahía de Sagami. A simple vista puede parecer un campo moderno que ha utilizado las últimas tecnologías para mover grandes cantidades de tierra y crear un campo espectacular de la nada, pero no es así. Es fruto de una época dorada del diseño de golf de entreguerras. Fue diseñado por Charles Alison, un inglés que se convirtió en compañero de diseño del gran Harry Colt. Alison realizaba la mayor parte del trabajo de la empresa fuera de Europa. Viajó a Japón varias veces en la década de 1930 y sus campos son de los más venerados del país.

En realidad, Kawana tiene dos campos, Fuji y Oshima, el más corto, que ya existía cuando Alison llegó a Kawana. Es también muy bello, pero para ponerse a prueba los visitantes prefieren Fuji Course.

Un comienzo de ensueño

Hay pocos hoyos de apertura tan atractivos como el del Fuji Course. Se precipita cuesta abajo, con el contorno de la calle bien definido por bosques a ambos lados. Un campo de golf no tiene que ser deslumbrante para ser excelente, pero lo cierto es que nunca está de más.

Alison fue un maestro en el arte de los búnkeres. Sus trampas de arena son bellísimas y miran a la cara, desafiando a superarlos pero también dando la bienvenida con cantos de sirena. Hay unos cuantos en la esquina del hoyo 3, de 411 metros, que se juega como par 5 porque sube colina arriba de forma bastante empinada. Hay de superar estos búnkeres si se aspira a tomar el green en dos golpes, incluso en el caso de los más potentes golpeadores.

Uno de los mejores hoyos es el 7, de dos golpes y cuesta abajo, con una asombrosa calle en forma de montaña rusa y un approach estrecho a green a través de una avenida de búnkeres. Una vez más, el océano se muestra como un telón de fondo de lujo. Hay otra calle sin orden ni concierto en el hoyo 9 que es todo un examen para el drive. En este campo de contrastes, el diminuto hoyo 10 da paso de inmediato a un par 5 gigantesco. Pero sus 566 metros ofrecen vistas fabulosas. Por si este lugar no fuera ya lo suficientemente bello, la montaña más elevada y simbólica de Japón, el monte Fuji, lo contempla como un dios viendo a los mortales disfrutando del golf en la tierra.

▶ Mientras que los golfistas de Europa y Estados Unidos van directos al bar después de sus vueltas, en Japón es costumbre que los compañeros de juego compartan el ritual de un baño en común.

FICHA DEL CAMPO

Hoyo	Distancia (metros)	Par
1	379	4
2	376	4
3	411	5
4	441	5
5	166	3
6	397	4
7	359	4
8	137	3
9	336	4
Ida	3.002	36
10	131	3
11	566	5
12	369	4
13	361	4
14	380	4
15	430	5
16	169	3
17	375	4
18	335	4
Vuelta	3.116	36
Total	**6.118**	**72**

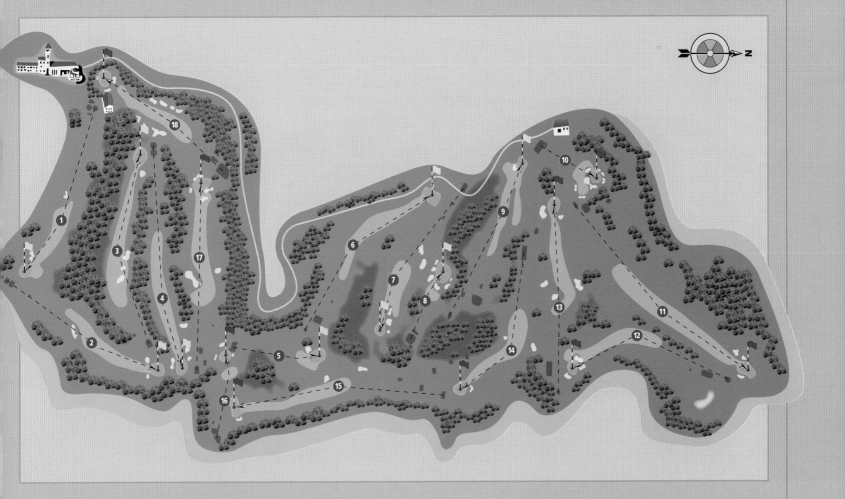

Blue Canyon

Blue Canyon

Canyon Course, Blue Canyon Country Club, Phuket, Tailandia

Tailandia está llena de campos de golf, algunos buenos y otros muy buenos. El más famoso es Blue Canyon, un club de campo con dos recorridos magníficos situado en un lugar paradisíaco. Tiene vistas al mar de Andamán y cuenta con las montañas Phang Nga como atractivo y terrenal telón de fondo. Es realmente bello, pero no siempre ha sido así. En el pasado fue una mina de estaño y una plantación de caucho.

Cuando se decidió construir un campo de golf aquí, Yoshikazu Kato fue contratado como arquitecto jefe con el cometido de realizar cambios mínimos en cuanto al terreno y usar los elementos naturales de la finca. Estas instrucciones le fueron de gran ayuda porque, cuando esto era una mina, ya se movieron grandes cantidades de tierra y los vacíos se llenaron con el agua de la lluvia, tan abundante que formó un entramado de lagos y estanques. En este clima, el rápido crecimiento de la vegetación también ayudó a suavizar lo que antes eran formas severas. Kato empezó con el Canyon Course, que se construyó en 1991. El Lakes Course llegó en 1999 y está más que a la altura de su nombre: hay obstáculos de agua en 17 de los 18 hoyos.

UN TIGER TRIUNFANTE

El Johnnie Walker Classic de 1994 se jugó en el Canyon Course. Greg Norman arrasó en la última jornada con un 64 que le dio la victoria. Empatado en el puesto 34 quedó un joven amateur, Tiger Woods. Woods, hoy profesional, volvió a Blue Canyon para el Johnnie Walker Classic de 1998. Comenzó la última vuelta nueve golpes por debajo del líder, Ernie Els, pero remontó y atrapó a Els en el hoyo final. Woods ganó el play off. Fue una victoria muy popular, en gran parte porque la madre de Tiger es de Tailandia.

El Canyon Course

Tras un hoyo inicial razonablemente sencillo, se encuentra agua por primera vez en el 2, un par 3 de cierta longitud. En el 3 hay un árbol de las calabazas en medio de la calle que encara al golfista, que no sabe por qué lado rodearlo. La precisión desde el tee y un approach preciso a greens de distintos niveles son necesarios para los pares 4 relativamente cortos previos al difícil hoyo 6, par 5, que es como un aperitivo de los desafíos que aguardan.

Las vistas al mar desde el tee del 10 son magníficas y el hoyo dibuja una curva asequible a la izquierda. Luego llega un monstruoso par 5 de 549 metros, con agua para complicar la vida a jugadores de golpe largo. El agua también aparece en el siguiente hoyo y hay que tomar decisiones estratégicas para evitar un remojón en el 14, par 3, con su green en isla en forma de riñón, y el 15. El 17, encastado entre los árboles del lado izquierdo y el agua del derecho, es un hoyo corto extraordinario. El 18, bien protegido por el agua, garantiza la tensión de este delicioso campo hasta el final.

IZQUIERDA *El 14 es un hoyo engañoso que se juega más corto de lo que parece porque hay una gran caída entre el tee y el green, y puede ser complicado con viento cruzado.*

ABAJO *El hoyo final, con un drive sobre el agua.*

«*Uno de los mejores en los que he jugado.*»

TIGER WOODS, JOHNNIE
WALKER CLASSIC, 1998

FICHA DEL CAMPO

Hoyo	Distancia (metros)	Par
1	357	4
2	199	3
3	411	4
4	372	4
5	364	4
6	508	5
7	187	3
8	377	4
9	513	5
Ida	3.288	36
10	358	4
11	549	5
12	402	4
13	357	4
14	177	3
15	536	5
16	326	4
17	202	3
18	369	4
Vuelta	3.276	36
Total	6.564	72

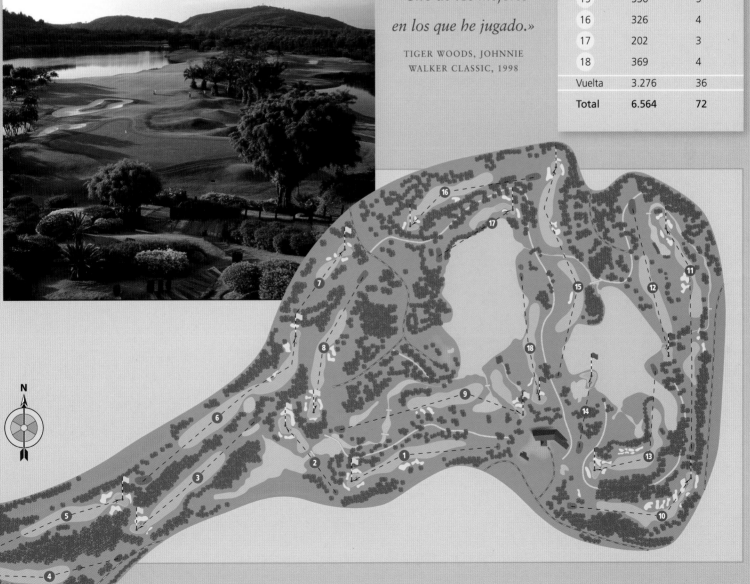

Nirwana Bali

Nirwana Bali Golf Club, Bali, Indonesia

La isla de Bali es un destino turístico popular. De hecho, el turismo es la principal industria de la isla, con el llamado «turismo de congresos» como un factor decisivo. El Nirwana Bali Golf es la principal atracción del resort homónimo, ubicado sobre unos acantilados con vistas al templo más famoso de Bali, Tanah Lot. Turistas y autóctonos se reúnen al atardecer para contemplar las impresionantes puestas de sol que enmarcan el templo, que se erige en un saliente de roca y queda aislado de tierra firme cuando sube la marea.

Los golfistas están en deuda con la presencia del templo que, según se dice, está protegido de las influencias terrenales por las venenosas serpientes del mar, muy abundantes en estas aguas. En parte por respeto a lo sagrado del templo y en parte a causa de las serpientes marinas, el promotor del resort decidió no construir el complejo demasiado cerca del agua. Optó por dejar este tramo de terreno para el campo de golf, que haría las veces de parachoques entre los huéspedes del resort y las temibles serpientes.

El campo lleva la firma de Greg Norman, pero fue el diseñador jefe de Norman, Bob Harrison, quien llevó a cabo la mayor parte del trabajo. Le entusiasmó la posibilidad de poder construir un campo tan cerca del mar. Harrison decidió que diseñaría el recorrido de modo que hubiera hoyos de costa en ambas mitades del campo. Para el resto se basó en la jungla y los arrozales. Estos, y algunos ríos y estanques, ya son obstáculos más que suficientes para no abusar de los búnkeres.

▶ Los arrozales que se incorporaron al recorrido los cuidan agricultores locales que plantan las semillas de forma sucesiva, asegurando la cosecha durante todo el año.

IZQUIERDA *De los hoyos de mar, el 7 es el que los visitantes nunca olvidan, tanto por el desafío de alcanzar el green como por su extraordinaria ubicación.*

«Cuando te dan un lugar así, no quieres estropearlo.»

BOB HARRISON, RESPECTO A LA CONSTRUCCIÓN DEL CAMPO

Ración doble de océano

Una plantación de arroz es el primer obstáculo que hay que superar cuando empieza la vuelta rumbo al interior. Sin embargo, son más pertinentes los búnkeres del lado izquierdo de la inclinada calle. El corto hoyo 2 nos aleja más del mar, el 3 cruza la zona más alta de la propiedad, y los tres hoyos siguientes –todos con doglegs– se deslizan por la parte central del campo.

En el hoyo 7, todo cambia. El primer hoyo de mar resulta bastante impresionante. Como es un par 3, hay que mandar la bola al green, pero éste queda a 196 metros de distancia y junto al océano Índico, que está lleno de serpientes marinas. A la izquierda queda el templo, pero la atención del golfista debe estar muy centrada en la velocidad y la dirección del viento. No es un buen lugar para quedarse corto. En el hoyo 8 comienza el camino de regreso a la casa-club y el 9 exige un pitch emocionante sobre un valle para alcanzar el green.

En los nueve de ida, uno de los mejores hoyos vuelve al océano. El green del 12, construido sobre un saliente de roca, es un regalo para la vista pero difícil de golpear. Sobre el papel, el hoyo siguiente parece sencillo, pero en realidad resulta extraordinariamente complicado y se juega junto al océano. Desde los tees más atrasados, el green del 14 queda sobre un acantilado, casi totalmente rodeado de agua, y hay que sobrevolar la playa para alcanzarlo. A partir de aquí, el campo vuelve al interior, pero la emoción se mantiene hasta el final, con un approach a vida o muerte en el hoyo final.

FICHA DEL CAMPO

Hoyo	Distancia (metros)	Par	Hoyo	Distancia (metros)	Par
1	350	4	10	407	5
2	172	3	11	193	3
3	366	4	12	348	4
4	401	4	13	308	4
5	403	4	14	170	3
6	458	5	15	409	4
7	196	3	16	394	4
8	497	5	17	319	4
9	355	4	18	475	5
Ida	3.198	36	Vuelta	3.023	36
			Total	6.221	72

Barnbougle Dunes

Barnbougle Dunes, Bridport, Tasmania, Australia

Uno de los campos de golf más fascinantes que se han construido en Australia en los últimos años queda inesperadamente apartado de los núcleos turísticos habituales. Se encuentra en la costa del norte de Tasmania, en lo que antes era una parcela inutilizable dentro de un campo de patatas. Su propietario no estaba interesado en el golf, pero un joven llamado Greg Ramsey detectó el potencial de este tramo de terreno con dunas y, tras mucha persuasión, convenció al propietario de que aquí podía construirse un campo excelente. El destacado diseñador Tom Doak fue el responsable de explotar el potencial del terreno con un resultado brillante.

ARRIBA *El hoyo 4, un par 4 corto excelente, es un buen ejemplo del talento de Tom Doak para crear hoyos muy bellos pero con algo de veneno.*

El terreno en el que se construyó Brabougle Dunes recuerda a campos de 18 hoyos de ida y vuelta como Royal Aberdeen o el Old Course de St. Andrews. Sin embargo, aquí, en lugar de ubicar la casa-club en un extremo, se ha optado por ponerla en el centro, generando así dos mitades en bucle. Todos los hoyos, a excepción del 2, disfrutan así de una combinación de dunas y/o mar a ambos lados de la calle. Afortunadamente, el estilo de Doak consiste en crear calles amplias con espacio suficiente para que los jugadores de handicap alto lidien con las exigencias del omnipresente viento, pero también ofrece opciones de juego múltiples para los golfistas más avanzados que sean capaces de aprovecharlas al máximo.

Tantas opciones son especialmente atractivas cuando el arquitecto ha optado por emplearlas en un par 4 corto como el 4, de 271 metros. No se puede planificar cómo jugar este hoyo. Hay que esperar a llegar allí, comprobar cómo sopla el viento y dónde está ubicada la bandera, y ponerse a trabajar teniendo en cuenta los puntos fuertes y flacos de cada uno. No son habituales los hoyos tan *distinguidos* y de longitud semejante. Esperemos que nunca lo alarguen, sea cuál sea el desarrollo de los palos y las bolas que nos depare el futuro. El hoyo 5, par 3, también es intemporal y pide un golpe desde el tee que ruede en el aterrizaje dejando que las formas del terreno conduzcan la bola hasta la bandera.

DERECHA *La calle doble del 8 no es una invitación a golpear sin pensar. Hay que planificar la ruta hasta el green según la posición de la bandera.*

▶ Para tratarse de un campo moderno, Barnbougle Dunes se sale de la norma con dos pares 4 (el 4 y el 12) que miden menos de 275 metros desde los tees más atrasados.

▶ Los golfistas visitantes tienen posibilidades de alojamiento, pero no en un gran hotel de lujo sino en una hilera de casitas con encanto al estilo de las cabañas de playa tradicionales.

FICHA DEL CAMPO

Hoyo	Distancia (metros)	Par	Hoyo	Distancia (metros)	Par
1	507	5	10	409	4
2	381	4	11	475	5
3	339	4	12	254	4
4	271	4	13	188	3
5	201	3	14	508	5
6	381	4	15	321	4
7	110	3	16	153	3
8	447	4	17	401	4
9	401	4	18	402	4
Ida	3.038	35	Vuelta	3.111	36
			Total	6.149	71

Brillantez arquitectónica

Tom Doak es uno de los arquitectos más extraordinarios de nuestro tiempo por su predisposición a ser poco convencional si con ello consigue ubicar el hoyo adecuado en el lugar adecuado. Un buen ejemplo de ello es el 13, un sustancial par 3 de 188 metros que queda al alcance de un hierro medio para la mayoría de los jugadores. Pero lo que distingue al hoyo es el green. Su contorno es tan imaginativo que el típico golpe elevado de parada rápida no basta. El control de la distancia y la forma del golpe son imprescindibles. Hay que enviar la bola al lado correcto del green para permitir que sus extraordinarios contornos conduzcan la bola hasta la zona de la superficie de putt en la que se encuentra la bandera. Gracias a la imaginación de Doak, los golfistas se ven obligados a responder con igual imaginación en el planteamiento de cada hoyo.

En Barnbougle Dunes, Doak contó con la colaboración de Michael Clayton, un golfista de tour con una mentalidad arquitectónica igualmente original. Ojalá que en el futuro se construyan más campos que rompan moldes en Australia.

«Odiaba esas dunas. Era imposible

plantar patatas allí.»

RICHARD SATTLER,
PROPIETARIO DE BARNBOUGLE DUNES

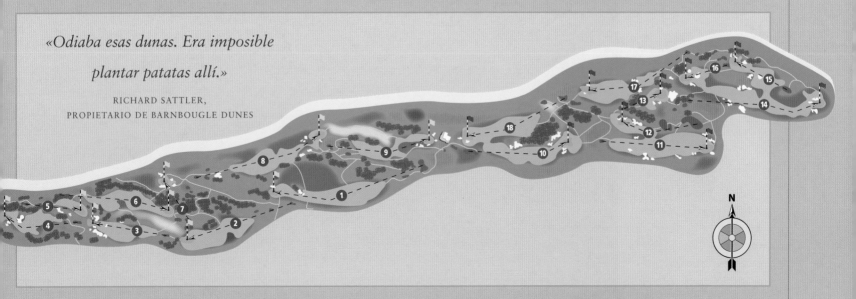

N

New South Wales

New South Wales Golf Club, Matraville, Nueva Gales del Sur, Australia

La ciudad más grande de Australia, Sidney, disfruta de campos extraordinarios. El más fascinante se traza sobre los acantilados de la bahía de Botany, en el New South Wales Golf Club. Las vistas son estupendas y, cuando arrecia el viento (lo cual sucede a menudo), este campo tan accidentado puede resultar brutal. Pero, ¿quién rechazaría jugar en un campo tan difícil sabiendo que la experiencia es de lo más tonificante?

Los golfistas impacientes no pueden esperar a alcanzar los hoyos de costa, pero no es fácil. El hoyo 2 es un difícil par 3 y el 3 es un hoyo desconcertante que se juega a ciegas por encima de una gran duna. En una época facilitada por el uso excesivo de los *bulldozer* y las excavadoras, es reconfortante encontrar intacto un campo del pasado.

¿El Pebble Beach de Australia?

Aunque New South Wales no puede competir con Pebble Beach en cuanto al número de hoyos a pie de costa, la calidad de los que tiene es incomparable. Empiezan con el hoyo 5, en cuyo tee aguardan unas vistas magníficas del mar. La habilidad del jugador se pone a prueba de inmediato. Si no se puede superar el resalto que atraviesa la calle a la distancia de un driver, hay que jugar un temible segundo golpe a ciegas atravesando el montículo con un destino incierto al otro lado. Los golfistas que tengan fuerza suficiente para superar el resalto desde el tee disfrutarán de unos estupendos metros adicionales de rodado que dejarán el green al alcance en dos golpes. El nivel de golf y la puntuación en este hoyo están de más, lo que verdaderamente importa es salir de este green la mar de satisfecho.

DERECHA *El hoyo 6, visto por detrás del green, se juega desde un tee en las rocas y se extiende junto a la bahía de Botany, donde desembarcó el capitán Cook en abril de 1770.*

▶ El nombre de Alister MacKenzie destaca entre los créditos del New South Wales, aunque tuvo que realizar pocas modificaciones porque el recorrido original era excelente. El artífice fue el australiano Eric Apperly, un jugador amateur de talento que debe recibir el reconocimiento que merece.

DERECHA *Para el visitante primerizo, el hoyo 3 es desconcertante. Dibuja un dogleg marcado y desde el tee cuesta detectar cuál es la línea de juego adecuada.*

FICHA DEL CAMPO

Hoyo	Distancia (metros)	Par	Hoyo	Distancia (metros)	Par
1	294	4	10	360	4
2	185	3	11	149	3
3	380	4	12	482	5
4	391	4	13	375	4
5	468	5	14	323	4
6	177	3	15	372	4
7	376	4	16	403	4
8	505	5	17	153	3
9	340	4	18	501	5
Ida	3.116	36	Vuelta	3.118	36
			Total	6.234	72

El hoyo 5 viene seguido de un hoyo corto que supera a cualquiera de Pebble Beach por su espectacular ubicación. Se juega desde un tee bajo entre las rocas sobrevolando las olas del océano y aterrizando, al otro lado, en un green sobre un pliegue del terreno. Hay pocas cosas mejores en el golf.

Pero el tramo más exigente está por llegar. Hay una serie de pares 4 difíciles entre el 13 y el 16 que pueden poner en jaque una tarjeta prometedora con la vuelta tan avanzada que no haya opción a recuperarse. El green en alto del 13 es extraordinariamente difícil de atacar y el 14 es uno de esos raros pares 4 cortos que se han vuelto un poco más fáciles con la llegada de los palos y las bolas modernos. En el 15, el golpe desde el tee atemoriza a muchos, porque el margen de error para el drive es nulo. Cualquier escaramuza con las dunas del 16 tiene opciones de acabar al menos con un golpe perdido.

Se trata, quizá, de la secuencia de hoyos más difícil de Australia, sobre todo cuando el viento pone a prueba la técnica y la determinación del golfista, evidenciando sin piedad el más mínimo defecto. El corto 17 queda muy expuesto al viento y el hoyo final recompensa a los jugadores de golpe largo.

Royal Adelaide

Royal Adelaide Golf Club, Seaton, Adelaida, Australia Meridional, Australia

En muchos campos, sobre todo los británicos con mucha solera, la vía de tren acompaña al menos algunos hoyos, si no todos. Royal Troon, Wentworth, Carnoustie y Prestwick son buenos ejemplos de ello. Otros, como el Old Course de St. Andrews y Royal County Down, perdieron de vista las vías hace años. En sus primeros tiempos, Royal Adelaide disfrutó de su propia estación de ferrocarril, en la que los socios podían bajar del tren y llegar a pie hasta el tee del 1. La estación ha desaparecido, pero la línea de tren sigue activa y supone un obstáculo insólito para los hoyos 2 y 4, en los que el drive se ejecuta de un lado al otro de las vías.

El club se trasladó a su ubicación actual en Seaton, a las afueras de Adelaida, en 1904. El golf se jugaba en la ciudad y sus alrededores desde 1869. El golfista local Cargie Rymill fue el principal responsable del recorrido, buena parte del cual sigue intacto a pesar de la visita de Alister MacKenzie en 1926. MacKenzie presentó al club planes detallados para una mejora (y alteración considerable) del campo, pero sólo se adoptaron y se aplicaron algunas de sus ideas.

Royal Adelaide cuenta con dos pares 4 cortos excelentes que siguen emocionando a los golfistas a pesar de la llegada de las bolas y los palos más modernos y potentes.

Con 266 metros, el hoyo 3 bien podría alcanzarse de uno por los jugadores más largos, pero en el lado derecho hay una amenazante duna de arena y el green, largo y estrecho, exige una rectitud absoluta incluso desde cerca. El otro par 4 memorable es el hoyo 11, Crater Hole. Aquí, la calle se ve interrumpida por una trampa de arena a la distancia de un drive decente, así que todo el mundo cae cerca de ella recortando el golpe desde el tee. Luego llega un approach difícil sobre la arena hasta un green mecido en los brazos de una duna. Unos pinos solían vestir la duna, pero tuvieron que ser retirados para mejorar la superficie de putt.

DERECHA *El hoyo 14 es seguramente el más complejo de Royal Adelaide. El drive es bastante difícil, pero lo es más el approach a green por encima de una acequia.*

▶ La vía del hoyo 2 se considera parte integrante del campo, y las bolas que aterricen en ella deben jugarse como repose o droparse bajo la penalización de un golpe.

▶ Royal Adelaide, sede del Eisenhower Trophy 2008, ha albergado 9 Open de Australia y 16 Australian Amateur Championships.

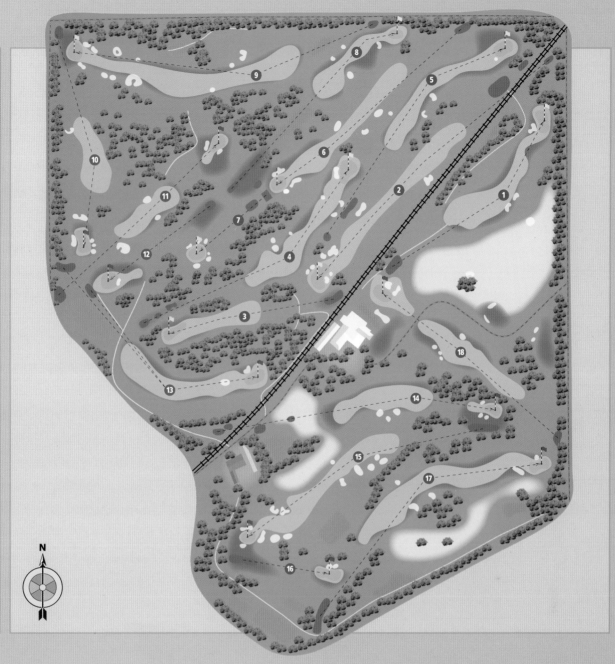

FICHA DEL CAMPO

Hoyo	Distancia (metros)	Par	Hoyo	Distancia (metros)	Par
1	348	4	10	345	4
2	500	5	11	353	4
3	266	4	12	205	3
4	411	4	13	396	4
5	420	4	14	445	4
6	420	4	15	455	5
7	175	3	16	166	3
8	358	4	17	473	5
9	496	5	18	383	4
Ida	3.394	37	Vuelta	3.221	36
			Total	6.615	73

En Seaton abunda la arena y, en muchos sentidos, Royal Adelaide se juega como un campo links, con calles rápidas y greenes esbeltos que exigen experiencia en juego sobre el suelo y una técnica de chip sólida.

Tres excelentes pares 3

Quizás los mejores hoyos del campo sean los tres más cortos. El 7 es el único par 3 de los nueve de ida y se ha alargado recientemente. De hecho, suele jugarse más largo que su distancia oficial, porque queda cuesta arriba y el viento suele soplar de cara. El 12 aún es más largo y alcanza los 205 metros. El último de los tres es el 16, seguramente el mejor del lote. Tiene un green en forma de cúpula que rechaza cualquier golpe de hierro que no sea impecable. Este hoyo está considerado, junto al 14, par 4, el más difícil de los nueve de vuelta y ambos tienen greenes maravillosamente ubicados. Sólo dos golpes excelentes pueden encontrar el centro del esquivo green del 14, un hoyo curvado y bien protegido por búnkeres.

Royal Melbourne

Royal Melbourne

West Course, Royal Melbourne Golf Club, Black Rock, Victoria, Australia

El Royal Melbourne Golf Club ha sido, y es, el club más influyente de Australia. Su importancia se debe a un visitante, nada menos que Alister MacKenzie. Le envió el R&A tras una solicitud de Royal Melbourne pidiendo consejo para crear un campo nuevo. MacKenzie llegó en octubre de 1926 y se quedó dos meses, tiempo en el que también visitó otros campos y sugirió mejoras para éstos.

La principal aportación de MacKenzie fue el fichaje de Alex Russell, campeón del Australian Amateur de 1924 y socio de Royal Melbourne, y de Mick Morcom, el greenkeeper del club. MacKenzie no podía quedarse en Australia para ver los campos que había propuesto para tantos clubes ni supervisar la construcción de Royal Melbourne. Russel y Morcom asimilaron rápidamente los principios arquitectónicos de MacKenzie y llevaron a cabo una revolución en el diseño estratégico, sobre todo el de los búnkeres, que ha llegado a nuestros días, especialmente en el cinturón de arena de Melbourne.

Búnkeres ejemplares

Hace algunos años, cuando Nick Faldo –por aquel entonces un principiante en el diseño de campos– estuvo en Australia para disputar varios torneos, era imposible encontrarle en los campos de prácticas. Se le veía caminar, tomar fotos y comprobar medidas por los búnkeres de Royal Melbourne. Así de impresionado se mostraba por la amplia variedad y la gran influencia que siguen ejerciendo los búnkeres en la estrategia de juego pese a la experiencia de los profesionales actuales a la hora de lidiar con estos obstáculos.

DERECHA *Ambos campos se entrelazan de forma atractiva en Royal Melbourne. Desde la parte posterior del green 2 del East Course, se ve a lo lejos el famoso hoyo 6 del West deslizándose por el lado derecho.*

Los búnkeres son sólo una parte de la historia, porque la auténtica genialidad del West Course es el modo en que MacKenzie dibujó el recorrido para aprovechar la topografía del lugar. Por ejemplo, veamos la secuencia de hoyos del 3 al 10, que hace un uso brillante de dos montículos de arena grandes y dos pequeños. El 4 es un hoyo magnífico, tanto si se juega como un par 5 corto o como un par 4 largo con un drive por encima de un búnker gigantesco hasta alcanzar un túmulo distante. El segundo golpe, largo, se juega seguramente desde un lie elevado hacia una calle curvada con un green distante y muy protegido por búnkeres. Luego llegan el 5, un excelente hoyo corto, y el 6, uno de los mejores hoyos de dos golpes del mundo. El drive se juega sobre unos búnkeres considerables y prepara un approach hasta un green cornisa muy protegido por búnkeres y acunado por las dunas de una de las colinas más altas.

Se suele prestar poca atención al corto hoyo 7, que se juega mejor colina arriba que por encima de un lago adyacente. El green del 8 es poco receptivo y cae en pendiente hacia la parte posterior, donde esperan unos búnkeres. Luego llega un par 4 de longitud media, con un pitch complicado hasta el green y seguido del fabuloso hoyo 10, un estupendo par 4 corto que tienta al jugador largo a mandar el drive al green y castiga el más pequeño error. Sigue siendo un gran hoyo a pesar de los avances en palos y bolas.

▶ Para los torneos se prepara un recorrido compuesto por los campos West y East, manteniendo el juego dentro de los límites del club principal y evitando cruces de caminos.

▶ Entre los fundadores de Royal Melbourne se encuentran varios escoceses: John Bruce, Tom Finlay y Hugh Playfair, de St. Andrews, y William Knox y Tom Brentnall, de Musselburgh.

FICHA DEL CAMPO

Hoyo	Distancia (metros)	Par
1	392	4
2	439	5
3	324	4
4	430	5
5	161	3
6	391	4
7	135	3
8	347	4
9	380	4
Ida	2.999	36
10	279	4
11	416	4
12	435	5
13	134	3
14	335	4
15	427	5
16	202	3
17	401	4
18	396	4
Vuelta	3.025	36
Total	6.024	72

«Es uno de los mejores campos del mundo, pero juega con el factor miedo.»

NICK FALDO

Royal Melbourne

EL EAST COURSE

Además de los cinco Open de Australia
jugados en el Composite Course y los dos
del West, en el East Course también se han
celebrado dos Open. Es un campo magnífico
creado por Alex Russell y Mick Morcom
entre 1930 y 1931. La visita de Alister
MacKenzie en 1926 influyó claramente
porque, estilísticamente, el recorrido tiene
mucho en común con el West Course,
sobre todo en los búnkeres. Obviamente,
Russell y Morcom compartían el talento de
MacKenzie para identificar ubicaciones de
green excelentes, y ambos campos plantean
magníficos retos para el juego de approach.
Los hoyos cortos son muy atractivos. El 4,
de 184 metros, es tan difícil como cualquier
hoyo corto del West. Se juega más largo de
lo que parece porque discurre cuesta arriba
entre búnkeres muy serios.

ARRIBA *El green en alto
del hoyo 7 (West) está en
ángulo cruzado respecto
a la trayectoria de vuelo.
Con búnkeres en la parte
posterior, no conviene
pasarlo de largo.*

DERECHA *Un gran par 3,
el hoyo 5 (West) conlleva
un golpe desde el tee
sobre un terreno bajo y
hasta un green con una
inclinación marcada y muy
protegido por búnkeres.*

Cape Kidnappers

Cape Kidnappers Golf Course, Hawke's Bay, Isla Norte, Nueva Zelanda

Durante muchos años, Nueva Zelanda ha vivido al margen del golf. A pesar de las ventajas naturales de su clima y su paisaje, pocos campos han sabido aprovechar su verdadero potencial. Paraparaumu Beach es una de las excepciones. Ahora cuenta con dos campos modernos, Kauri Cliffs y Cape Kidnappers, que han subido enormemente el listón, igual que el promotor norteamericano Julian Robertson ha subido el listón del turismo de golf en Nueva Zelanda.

El nombre, Cape Kidnappers («cabo de los secuestradores»), basta para indicar la presencia de vistas impresionantes al mar con varios hoyos adyacentes. Pero la clave para aprovechar el potencial de un lugar de estas características es lo que se hace con el resto del campo. Sería decepcionante tener que jugar hoyos aburridos en un terreno aburrido sólo como medio para llegar a la parte excepcional. Eligiendo a Tom Doak como diseñador, Robertson apostó por un gana-

dor, porque Doak es un maestro dibujando recorridos y asegurándose de que todo hoyo tenga interés golfístico, de que exista un buen equilibrio entre tipos y formas de hoyos, y que todo el campo sea memorable. Él y su equipo caminaron por el terreno varias veces antes de empezar a trabajar, asumiendo la enormidad del proyecto y familiarizándose con el magnífico lienzo del que disponían. Doak exprimió su talento y logró ubicaciones de green extraordinarias.

DERECHA *Al borde del abismo, el green del 12 es uno de los varios objetivos estupendamente ubicados que encuentra el golfista durante la vuelta.*

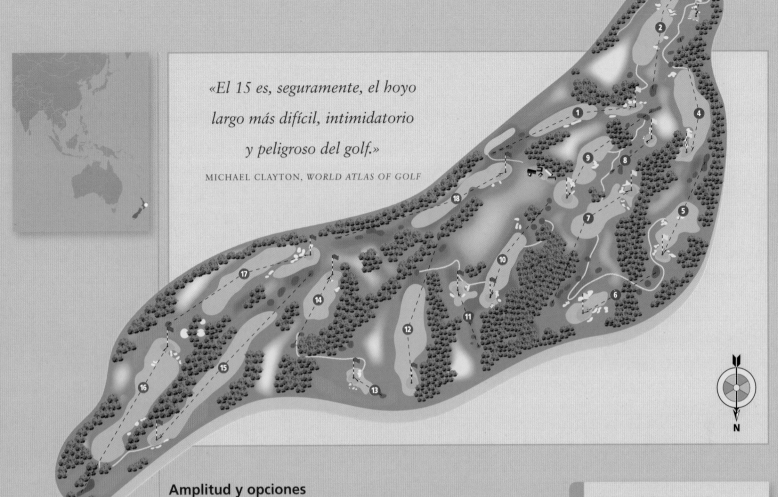

«El 15 es, seguramente, el hoyo
largo más difícil, intimidatorio
y peligroso del golf.»

MICHAEL CLAYTON, *WORLD ATLAS OF GOLF*

Amplitud y opciones

Doak se ha rebelado ante la arquitectura de muchos de sus contemporáneos: las calles estrechas que exigen golf de objetivos en cada hoyo no le interesan. En lugar de eso, donde puede, Doak ofrece amplitud, igual que hacía MacKenzie a principios del siglo pasado. Así como MacKenzie defendía los greenes de forma tan inteligente que había que jugar un golpe de approach distinto en función de la colocación en la calle, Doak exige recurrir a la imaginación a través del ofrecimiento de distintas opciones.

Por ejemplo, en el hoyo 1 una calle muy amplia invita a un drive potente. Pero el green queda en ángulo respecto a la línea de la calle y está bien defendido por búnkeres. A menos que se esté en la zona adecuada de la calle, no se dispone de un golpe hacia el green. Hay que hacer los deberes en todos los hoyos: aquí no valen los zambombazos irreflexivos.

Cape Kidnappers sería un buen campo incluso si sólo tuviese hoyos comparables con los iniciales. Pero a partir del 12 se vuelve excepcional, encadenando una serie de hoyos impresionantes sobre los acantilados. El green del 12 parece encontrarse a medio camino entre el cielo y el infierno. Viene seguido de un hoyo corto al borde del precipicio y un inteligente hoyo de drive y pitch especialmente endiablado a causa de un temible búnker redondo. Luego llega un par 5 de 594 metros increíblemente bello y muy temible: a la izquierda tiene una caída directa al océano y a la derecha un barranco «tragabolas». Aunque es posible recuperar un golpe en el 16, los dos hoyos finales son francamente difíciles y Doak obliga a estar pensando hasta embocar el último putt.

▶ En 2007, la revista *Golf Digest* situó Cape Kidnappers como el décimo mejor campo del mundo aparte de Estados Unidos, todo un honor para un campo tan joven inaugurado en 2004.

▶ El nombre del lugar («cabo de los secuestradores») se lo puso el capitán Cook en 1769 después de que unos maoríes intentaran secuestrar al grumete de su navío *HMS Endeavour*.

FICHA DEL CAMPO

Hoyo	Distancia (metros)	Par
1	402	4
2	494	5
3	197	3
4	497	5
5	384	4
6	206	3
7	414	4
8	166	3
9	369	4
Ida	3.129	35
10	393	4
11	205	3
12	421	4
13	119	3
14	318	4
15	594	5
16	457	5
17	423	4
18	439	4
Vuelta	3.369	36
Total	6.498	71

Cape Kidnappers

EL ARTE DE ROBERTSON

La otra contribución de Julian Robertson al golf de lujo en Nueva Zelanda es Kauri Cliffs, en la Isla Norte. Igual que en Cape Kidnappers, este campo en lo alto de los acantilados ofrece vistas increíbles sobre el mar. Fue creado por David Harman, un diseñador de campos de golf con sede en Florida. Cuenta con 15 hoyos con vistas al mar, aunque algunos de los mejores están en el interior, como el 4, par 5. La primera refriega con el océano llega con el hoyo 7, par 3, con un vuelo a todo o nada por encima de un abismo. Los nueve de vuelta también tienen una secuencia tonificante de hoyos sobre acantilados, del 14 al 17. Obviamente, ambos campos se parecen a causa de sus espectaculares ubicaciones, pero lo que hace fascinante su comparación es el detalle del trabajo de dos diseñadores muy distintos.

DERECHA *La espectacular ubicación de los hoyos 14 al 17 queda perfectamente plasmada en esta fotografía aérea. Los greenes del 14 y el 17 están en primer plano.*

Paraparaumu Beach

Paraparaumu Beach Golf Club, Kapiti Coast, Isla Norte, Nueva Zelanda

El tradicional suelo arenoso con su capacidad de drenaje rápido, la hierba de la calle segada muy corta, los greenes rápidos y los búnkeres profundos del golf links son elementos difíciles de encontrar fuera de las islas británicas. Hay pocos lugares tan alejados de Gran Bretaña como Nueva Zelanda, pero en Paraparaumu Beach se erige un campo links auténtico de talla mundial.

Aquí se jugó por primera vez en 1929, sobre un recorrido de 9 hoyos que se amplió a 18 poco antes de la Segunda Guerra Mundial. La idea de convertirlo en un campo excelente existían hacía tiempo, así que se contrató al australiano Alex Russell, que había trabajado con Alister MacKenzie en Royal Melbourne, para diseñarlo. El proyecto se acabó en 1949 y, desde entonces, ha habido pocos cambios.

Nunca es demasiado corto

Con una longitud de 6.035 metros, Paraparaumu Beach parece demasiado corto para golfistas como Michael Campbell y Tiger Woods, dos de las estrellas internacionales que han jugado recientemente en él. Pero el campo está bien defen-

dido y el error más pequeño se ve castigado a menudo con más severidad de la esperada. Como por ejemplo el hoyo 5, un hoyo corto de modestas dimensiones sin ningún búnker. Si se alcanza el green y se consigue mantener la bola, bien. Si se falla, se necesita un toque perfecto para asegurar que el tercer golpe sea un putt, porque este green queda elevado sobre unas pendientes cuesta abajo implacables. El 16 es aún más corto, pero también es un buen ejemplo de que la longitud no es necesaria para crear un hoyo excelente de un golpe. Si no se alcanza el green, la excepcionalidad del diseño resultará demasiado evidente.

No sólo los hoyos cortos dan lugar a un gran campo, de modo que hay varios hoyos largos destacables. Por ejemplo,

el 3 y el 4 son pares 4 largos y paralelos que se juegan en direcciones opuestas, maximizando los efectos del viento. El hoyo definitivo quizás sea el 13, un par 4 de 408 metros con una calle sinuosa cuyo último tramo queda de algún modo por debajo del nivel del green. Para tomar green desde la parte alta de la calle se requiere un golpe considerablemente largo. Por otro lado, aunque el golpe desde la parte baja es mucho más corto, necesita una altísima precisión.

El 17 también es maravilloso. La calle tiene dos niveles y está dividida al bies por un resalto. Permite elegir entre dos opciones, pero la que es aparentemente más fácil puede resultar equivocada en función de la habilidad y el nervio. El nivel más bajo de la calle es más fácil de alcanzar, pero deja con un approach largo y complicado hasta un green en ángulo protegido por búnkeres a la derecha y una marcada pendiente a la izquierda. Para alcanzar el nivel más alto de la calle se necesita un golpe más largo y preciso desde el tee, y fallar no es una opción. Sin embargo, el approach subsiguiente se puede ejecutar con un palo mucho más corto, aunque si se falla aguardan los mismos peligros.

En el Open de Nueva Zelanda de 2002, disputado en este campo, un estudiante de 13 años, Jae An, ganó el torneo de clasificación y se convirtió en el participante más joven de un torneo profesional. Pasó el corte con sólo dos golpes por debajo de Tiger Woods.

IZQUIERDA *Una ubicación maravillosa para el green de un par 4 largo. Alister MacKenzie seguramente habría aprobado efusivamente el diseño de su protegido Alex Russell para el hoyo 13 de Paraparaumu Beach.*

FICHA DEL CAMPO

Hoyo	Distancia (metros)	Par
1	369	4
2	180	3
3	424	4
4	408	4
5	148	3
6	297	4
7	457	5
8	339	4
9	359	4
Ida	2.981	35
10	283	4
11	390	4
12	498	5
13	408	4
14	134	3
15	340	4
16	126	3
17	404	4
18	503	5
Vuelta	3.086	33
Total	6.067	71

N

«La fama de Paraparaumu será centenaria.»

PETER THOMSON, NUEVE VECES GANADOR DEL OPEN DE NUEVA ZELANDA

▶▶▶ Índice

Agradecimientos

La editorial quiere expresar su agradecimiento a las siguientes empresas y profesionales que han permitido reproducir el material con derechos de autor:

Sean Arbie, página 58.

Barnbougle Dunes Golf Club, páginas 238 y 239.

Michael Calderwood/Peninsula Papagayo, página 136.

Celtic Manor Resort, página 56.

Corbis/Tony Roberts, página 133.

Getty Images, página 78; /David Alexander, páginas 12, 13 y 96; /Stan Badz/PGA, página 104; /David Cannon, páginas 2, 6, 6-7, 7, 8-9, 16, 20, 26, 28, 29, 32, 34, 48, 49, 50, 52, 54-55, 60, 61, 64, 70, 86, 92, 100, 108, 110, 112, 114, 115, 156, 158, 159, 176, 180, 196, 198, 199, 200, 222, 230, 231, 240, 241, 244, 246-247, 248, 250-251 y 252; /Chris Condon/PGA, página 102; /Stuart Franklin, páginas 174, 218; /Richard Heathcoate, páginas 44, 223, 228 y 228-229; /Harry How, páginas 74, 78-79, 79 y 90; /Image Source Black, páginas 4-5; /Craig Jones, páginas 92-93; /Ross Kinnaird, páginas 104-105; /Warren Little, página 23, 154, 155, 212, 213, 220 y 221; /Steve Munday, páginas 11, 38 y 170;

/PGA of America/Stringer, página 111; /Paul Severn, páginas 194-195.

Hotel Transamérica Ilha de Comandatuba, páginas 140 y 141.

Kapalua Resort, página 82.

Karen Country Club, páginas 210 y 211.

Kiawah Island Golf Resort, páginas 84 y 85.

La Dehesa Golf Club, página 142.

Ed Lopez/Vista Vallarta Golf Club, páginas 134 y 135.

Iain Lowe Photography, páginas 30-31.

Master Golf Club, página 152.

Brian Morgan, páginas 22, 72, 122, 127, 132, 146, 160, 161, 168, 172, 173, 224, 225 y 232.

Ran Morrissett/GolfClubAtlas.com, páginas 116, 117, 121 y 138.

Mark Rowlinson, página 188.

Rungsted Golf Club, página 150.

Frank Sauve/St George's Golf & Country Club, página 118.

Phil Sheldon Golf Picture Library, páginas 10, 36, 37, 40, 46, 66-67, 75, 76, 80, 94, 95, 97, 98, 106, 124, 125, 190, 191, 195, 203, 204, 214 y 242; /Liz Anthony, páginas 14-15, 18, 42, 68 y 88; /Bob Atkins, página 62; /Richard Castka, páginas 226 arriba, 226 abajo, 235 y 236; /Patrick Eagar, página 208; /Karina Hoskyns, páginas 184-185 y 185; /Jan Traylen, página 178.

Stefan von Stengel, páginas 120, 126, 128-129, 130, 131, 144, 145, 148, 162, 164, 166, 167, 181, 182, 186, 187, 192, 202, 206, 216, 216-217, 234.